BOA-FÉ
NO CONTRATO
DE SEGURO

LUIZA PETERSEN

20
24

Dados Internacionais de Catalogação na Publicação (CIP) de acordo com ISBD

P484b   Petersen, Luiza
Boa-fé no contrato de seguro / Luiza Petersen. - Indaiatuba, SP : Editora Foco, 2024.

216 p. ; 16cm x 23cm.

Inclui bibliografia e índice.

ISBN: 978-65-6120-147-6

1. Direito. 2. Direito civil. 3. Seguros. 4. Contratos. I. Título.

2024-2356 CDD 347   CDU 347

Elaborado por Vagner Rodolfo da Silva – CRB-8/9410
Índices para Catálogo Sistemático:

1. Direito civil 347
2. Direito civil 347

BOA-FÉ
NO CONTRATO
DE SEGURO

LUIZA
PETERSEN

2024 © Editora Foco
Autora: Luiza Petersen
Diretor Acadêmico: Leonardo Pereira
Editor: Roberta Densa
Coordenadora Editorial: Paula Morishita
Revisora Sênior: Georgia Renata Dias
Capa Criação: Leonardo Hermano
Diagramação: Ladislau Lima e Aparecida Lima
Impressão miolo e capa: FORMA CERTA

DIREITOS AUTORAIS: É proibida a reprodução parcial ou total desta publicação, por qualquer forma ou meio, sem a prévia autorização da Editora FOCO, com exceção do teor das questões de concursos públicos que, por serem atos oficiais, não são protegidas como Direitos Autorais, na forma do Artigo 8º, IV, da Lei 9.610/1998. Referida vedação se estende às características gráficas da obra e sua editoração. A punição para a violação dos Direitos Autorais é crime previsto no Artigo 184 do Código Penal e as sanções civis às violações dos Direitos Autorais estão previstas nos Artigos 101 a 110 da Lei 9.610/1998. Os comentários das questões são de responsabilidade dos autores.

NOTAS DA EDITORA:

Atualizações e erratas: A presente obra é vendida como está, atualizada até a data do seu fechamento, informação que consta na página II do livro. Havendo a publicação de legislação de suma relevância, a editora, de forma discricionária, se empenhará em disponibilizar atualização futura.

Erratas: A Editora se compromete a disponibilizar no site www.editorafoco.com.br, na seção Atualizações, eventuais erratas por razões de erros técnicos ou de conteúdo. Solicitamos, outrossim, que o leitor faça a gentileza de colaborar com a perfeição da obra, comunicando eventual erro encontrado por meio de mensagem para contato@editorafoco.com.br. O acesso será disponibilizado durante a vigência da edição da obra.

Impresso no Brasil (8.2024) – Data de Fechamento (8.2024)

2024
Todos os direitos reservados à
Editora Foco Jurídico Ltda.
Rua Antonio Brunetti, 593 – Jd. Morada do Sol
CEP 13348-533 – Indaiatuba – SP
E-mail: contato@editorafoco.com.br
www.editorafoco.com.br

Ao Professor Bruno Miragem, com toda gratidão.
Ao Raphael e ao Gabriel, com todo amor.

AGRADECIMENTOS

O trabalho que ora se oferece ao público resulta da tese de doutorado que defendi, em agosto de 2022, no Programa de Pós-Graduação em Direito da Universidade Federal do Rio Grande do Sul (UFRGS), intitulada: "*Bona fides, uberrima fides* e boa-fé: transição conceitual e função estruturante no contrato de seguro".

A defesa da tese de doutorado marcou a conclusão de um longo processo de formação acadêmica, iniciado em 2015, quando ingressei no mestrado do Programa de Pós-Graduação em Direito da Universidade Federal do Rio Grande do Sul. Desde lá, sob a percuciente orientação do Professor Dr. Bruno Miragem, de quem tive o privilégio de ser aluna, me dediquei ao estudo do Direito dos Seguros. Em 2017, defendi a dissertação intitulada "O risco como elemento do contrato de seguro". Em 2018, ingressei como aluna do doutorado no Programa de Pós-Graduação em Direito da mesma universidade. Em março de 2022 publicamos, em coautoria com o Prof. Dr. Bruno Miragem, a primeira edição do livro "Direito dos Seguros". Foram-se quatro anos e meio de doutorado. No total, sete anos e meio de PPGDir-UFRGS e muito aprendizado.

O caminho trilhado foi intenso e, felizmente, enriquecedor. Permitiu meu amadurecimento como pesquisadora e, especialmente, como pessoa. O percurso, porém, não teria sido possível sem o apoio e a colaboração de muitas pessoas, às quais passo a agradecer.

Inicio registrando a minha gratidão ao Professor Dr. Bruno Miragem, que é fonte constante de aprendizado e admiração, a quem agradeço pela segura orientação, pelo constante apoio e incentivo e por todos esses anos de convívio, parceria e acolhida. Também gostaria de fazer um agradecimento especial à Professora Dra. Dr. h.c. Claudia Lima Marques, Diretora da Faculdade de Direito, que tanto me apoiou nesta caminhada e por quem tenho especial estima e admiração.

Agradeço, igualmente, por terem integrado a banca examinadora, pelas contribuições e críticas que tanto colaboraram para o aprimoramento do trabalho, à Professora Dra. Dr. h.c. Claudia Lima Marques, ao Professor Dr. Luis Renato Ferreira da Silva, ao Professor Dr. Adalberto de Souza Pasqualotto, ao Professor Dr. Gustavo José Mendes Tepedino, e ao Professor Dr. Ernesto Tzirulnik. Da mesma forma, agradeço ao Professor Dr. Alfredo Dal Molin Flores, que participou da banca de qualificação, cuja análise e crítica foram fundamentais para o desenvolvimento do trabalho.

Na pessoa do professor orientador, agradeço aos demais professores do PPGDir-UFRGS e, muito especialmente, aos servidores desta instituição. Também agradeço ao Min. Paulo de Tarso Sanseverino (*in memoriam*) e ao Dr. Marco Aurélio Moreira, os quais tiveram particular importância na minha formação acadêmica e profissional.

Os resultados alcançados na presente pesquisa não teriam sido possíveis sem a bolsa de pesquisa concedida pelo Max-Planck-Institut für ausländisches und internationales Privatrecht, em Hamburgo, na Alemanha, e o período de pesquisa na instituição. Também foram fundamentais o acesso ao acervo do Seminar für Versicherungswissenschaft, situado na biblioteca da Faculdade de Direito da Universidade de Hamburgo, assim como aos acervos das bibliotecas da Autoridade de Supervisão de Seguros e Fundos de Pensão – ASF, em Lisboa, e da Faculdade de Direito da Universidade de Lisboa.

Pelo apoio incondicional, agradeço à minha família: ao meu marido, Raphael, aos meus pais, Ana e Felipe, à minha irmã, Athenaís, ao meus tios Marco Aurélio e Ingrid. Agradeço, também, aos meus cunhados, aos meus sogros e aos amigos do círculo íntimo por compreenderem a minha ausência em momentos importantes.

Pela interlocução sobre o Direito dos Seguros, agradeço aos professores e amigos: Thiago Junqueira, Maria Inês Oliveira Martins, Luís Poças, Margarida Lima Rego, Patrícia Assunção, Sergio Ruy Barroso de Mello, Pedro Roncarati, Andrea Signorino, Felipe Aguirre, Pery Saraiva Neto, Bárbara Bassani, Ilan Goldberg, Paula Müller, Ingrid Moreira e Shana Fensterseifer.

Pela parceria nos estudos, agradeço aos colegas: Paulo Emílio Dantas Nazaré, Guilherme Spillari Costa, Thiago Tavares, Henrique Fernandes, Roberto Soares, Márcio Jobim, Ana Lúcia Badia, Renata Pozzi Kretzmann, Ana Helena Pamplona e Gabriela Prado.

Pela incansável leitura do trabalho, críticas, apontamentos e auxílio nas traduções, agradeço ao Raphael e à Athenaís. Também agradeço à minha professora de alemão, Magda Gans, sem cujo auxílio não seria possível o recurso às referências em língua alemã.

Também gostaria de fazer um agradecimento especial à Editora Foco, na pessoa da Dra. Roberta Densa, pela acolhida e por tornar possível a publicação desta obra.

NOTA PRELIMINAR

O presente trabalho constitui a versão comercial, revisada e adaptada, da tese de doutorado defendida pela autora em agosto de 2022 junto ao Programa de Pós-Graduação em Direito da Universidade Federal do Rio Grande do Sul (UFRGS). Desde lá, acelerou-se, no Congresso Nacional, a tramitação do Projeto de Lei 29 de 2017 da Câmara dos Deputados (número atual na Casa de origem: PL 2.597/2024), conhecido como "Marco Legal dos Seguros", que se propõe a estabelecer nova disciplina legal aos seguros privados no país, revogando dispositivos da Lei 10.406, de 10 de janeiro de 2002 (Código Civil), particularmente aqueles relativos ao contrato de seguro (arts. 757 a 802 e inciso II do § 1º do art. 206), bem como disposições do Decreto-Lei 73 de 1966 (art. 9 a 14), entre outras providências. Recentemente aprovado pelo Plenário do Senado Federal, o Projeto de Lei 29 de 2017 retornou à Câmara dos Deputados para apreciação, pela Casa de origem, do novo texto (substitutivo) consolidado no Senado.

Em razão disso, visando manter a integridade do texto original da tese de doutorado, mas buscando atualizar o leitor sobre as normas que possam vir a integrar o direito brasileiro (após a *vacatio legis* de um ano da publicação oficial da nova lei),[1] procedeu-se, na versão que ora se oferece ao público, a inclusão do exame, em nota de rodapé, das disposições do Projeto de Lei 29/2017 que dizem respeito ao tema da boa-fé no contrato de seguro.

---

1. Conforme prevê o art. 134 do Projeto de Lei 29/2017 (substitutivo do Senado Federal): "Esta Lei entra em vigor após decorrido 1 (um) ano de sua publicação oficial".

PREFÁCIO

Nas últimas décadas o tema da boa-fé tornou-se onipresente entre nós. Revalorizou-se sua recepção original no direito brasileiro,[1] do modelo do direito alemão fundado no desenvolvimento jurisprudencial e doutrinário do §242 do BGB,[2] em especial a partir de estudos de grande alcance e repercussão,[3] que encontraram solo fértil também na jurisprudência nacional.[4] O modelo engendrado pela boa-fé e suas funções típicas na criação de efeitos jurídicos, critério para o exercício de posições jurídicas, e cânone de interpretação e integração dos negócios jurídicos em geral, transformou profundamente a dogmática dos contratos em geral,[5] e ultrapassou os limites das relações privadas, criando raízes também no direito público.[6]

---

1. Refira-se, neste particular, as obras de Clóvis do Couto e Silva. *A obrigação como processo*, Porto Alegre: UFRGS, 1964 (em versão comercial de 1976); e de Orlando Gomes. *Transformações gerais do direito das obrigações*, São Paulo: Saraiva, 1967. Não se desconhece, contudo, a referência, no art. 131, 1, do Código Comercial de 1850 à interpretação do contrato conforme a boa-fé, todavia de desenvolvimento posterior limitado pela jurisprudência e doutrina.
2. A influência do direito alemão no Brasil, nesse particular, é marcada sobretudo pelas obras de Karl Larenz, *Lehrbruch des Schuldrechts*, Bd I-II, München: C.H.Beck, 1953; em especial a partir da sua tradução espanhola, de 1958: Karl Larenz, *Derecho de obligaciones*, t. I e II. Madrid: Editorial Revista de Derecho Privado, 1958. Do mesmo modo, merece registro a obra de Josef Esser, *Grundsatz und Norm in der richterlichen Rechtsfortbildung*, Tübingen: J.C.B. Mohr (Paul Siebeck), 1956, cuja tradução espanhola também angariou prestígio no direito brasileiro: Josef Esser, *Principio y norma en el desarrollo jurisprudencial del derecho privado*, Trad. Eduardo Valentí Fiol, Barcelona: Bosch, 1961. Mais adiante, mereceu atenção o estudo monográfico de Franz Wieacker, *Zur rechtstheoretischen Präzisierung des § 242 BGB*, Tübingen: Mohr, 1956; largamente acessada em sua tradução espanhola: Franz Wieacker, *El principio general de la buena fé*, trad. Jose Luis Carro. Madrid: Civitas, 1977
3. Destacam-se, no ponto, as teses de doutoramento do professor português António Menezes Cordeiro, *A boa-fé no direito civil*, cuja primeira edição, publicada pela editora Almedina em 1985; e, no Brasil, de Judith Martins-Costa, *A boa-fé no direito privado*. São Paulo: RT, 1999. A previsão normativa da boa-fé no direito brasileiro recente, contudo, se deu a partir da edição do Código de Defesa do Consumidor, de 1990, cujas repercussões se expandiram por todo o direito privado, com merecido destaque para a obra de Claudia Lima Marques, *Contratos no Código de Defesa do Consumidor*, cuja primeira edição, pela editora RT, é de 1992.
4. Dentre outras contribuições de relevo, em caráter ilustrativo remeta-se ao itinerário jurisprudencial cultivado por Ruy Rosado de Aguiar Júnior como magistrado, inicialmente no Tribunal de Justiça do Rio Grande do Sul e, depois, no Superior Tribunal de Justiça, conforme examino em: MIRAGEM, Bruno. Ruy Rosado de Aguiar Júnior: renovador o direito privado brasileiro (1938-2019). *Revista de direito do consumidor*, v. 131. São Paulo: RT, set.-out./2020, p. 419-443.
5. AGUIAR JÚNIOR, Ruy Rosado de. A Boa-fé na relação de consumo. *Revista de direito do consumidor*, n. 14. São Paulo: RT, abr./jun. 1995, p. 20-27; COUTO E SILVA, *Clóvis. O princípio da boa-fé no direito brasileiro e português*, Jornada Luso-Brasileira de Direito Civil, 2, 1980, Porto Alegre, Estudos de direito civil brasileiro e português, 3. ed., São Paulo: RT, 1980, p. 45.

Recorde-se que, no direito alemão, entrelaçam-se – embora não se identifiquem completamente – a boa-fé e o princípio da confiança.[7] No direito brasileiro, nem sempre essa distinção é bem compreendida. Da mesma forma, há certa tendência em apreensão de expressões que designam institutos de direito estrangeiro, adaptando seu conceito na transposição ao direito nacional, o que não é mau, desde que se identifique e compreenda tal adaptação em atenção às características próprias do nosso sistema – e não, simplesmente, querendo dizer que o que se tem aqui, é e deve ser exatamente o que há no seu sistema jurídico de origem.[8]

Faço essas ponderações para situar bem a contribuição que a obra que tenho a honra de prefaciar – "*A boa-fé no contrato de seguro*" – vem prestar para o direito brasileiro. A boa-fé acompanha o contrato de seguro desde as origens da sua formação moderna. Pelas características do contrato, no qual há uma natural interdependência das partes – tomador do seguro e segurador – para a correta definição do seu objeto e da execução ao longo do tempo, a noção de boa-fé como conduta exigível é ínsita ao tipo. Afinal, retomando premissas básicas, o segurador só poderá mensurar o risco tendo presente as informações relevantes para esse fim. Ocorre que ele próprio não dispõe de todas elas (mesmo nos dias de hoje, em que o tratamento de dados e as tecnologias da informação revelam, muitas vezes, mais do que a própria pessoa a quem digam respeito sequer pode saber). Nesse particular, o segurador depende do tomador do seguro para conhecer certas informações, assim como para que o risco se conserve como elemento aleatório enquanto dure o contrato. Daí porque, segundo nosso direito, o segurado perde o direito à garantia se fizer declarações inexatas ou omitir circunstâncias que possam influir na aceitação da proposta ou na taxa do prêmio (art. 766 do Código Civil), assim como se

---

6. Veja-se: MÜLLER-GRUNE, Sven. *Der Grundsatz von Treu und Glauben im Allgemeinen Verwaltungsrecht: Eine Studie zu Herkunft, Anwendungsbereich und Geltungsgrund*. Verlag Dr. Koovac, 2006. No direito alemão, contudo, a partir da distinção entre a boa-fé do §242 do BGB e a proteção da confiança legítima (*Vertrauenschutz*) que se projeta sobre as relações jurídico-administrativas, este ocupa espaço mais relevante, associado à segurança jurídica, conforme se vê em: BLANKE, Hermann-Josef. *Vertrauensschutz im deutschen und europäischen Verwaltungsrecht*. Tübingen: Mohr Siebeck, 2000. No direito brasileiro, o tema foi introduzido pelo mestre da UFRGS, Almiro do Couto e Silva em inúmeros estudos, referindo-se em especial: *Princípios da legalidade da Administração e da segurança jurídica no Estado de Direito contemporâneo*, *Responsabilidade pré-negocial e culpa in contrahendo no direito administrativo brasileiro* e *O princípio da segurança jurídica (proteção à confiança) no direito público brasileiro e o direito da administração pública de anular seus próprios atos administrativos: o prazo decadencial do art. 54 da Lei do Processo Administrativo da União (Lei no 9.784/99)*. Todos esses estudos, publicados em diferentes épocas, foram reunidos em volume de homenagem ao autor da: *Revista da Procuradoria-Geral do Estado. Cadernos de direito público*. Porto Alegre: Procuradoria-Geral do Estado do Rio Grande do Sul, 2004, p. 13 e ss.
7. Examino em: MIRAGEM, Bruno. *Direito das obrigações*. 3ª ed. Rio de Janeiro: Forense, 2021, p. 61 e ss.
8. MIRAGEM. Bruno. A contribuição essencial do direito comparado para a formação e o desenvolvimento do direito privado brasileiro. *Revista dos Tribunais*, v. 1000. São Paulo: RT, 2019, p. 157-190.

agravar intencionalmente o risco (art. 767 do Código Civil), deixar de comunicar o segurador sobre evento que agrave o risco (art. 769), ou não participar a ele, tão logo saiba, a ocorrência do sinistro (art. 771). Por outro lado, é característico do seguro, igualmente, estipular-se sob a forma de contrato de adesão, segundo condições gerais pré-estipuladas pelo segurador (e mesmo, em muitos casos, com a marcada influência do que lhe seja imposto pelo ressegurador), cumprindo ao tomador do seguro aceitá-las, e apenas em um restrito espaço de exercício da autonomia negocial, deliberar ou pretender alterações pontuais. Trata-se de uma exigência do tipo, a necessária padronização dos contratos, que permite a homogeneização e dispersão dos riscos. Ou em seguros de grandes riscos, sua própria distribuição no conjunto de obrigações do segurador e do ressegurador.

Muitas das situações mencionadas, e ainda outras que envolvem o contrato de seguro, são exemplares para a distinção entre a boa-fé subjetiva e a boa-fé objetiva. A omissão intencional, pois, de má-fé, situa-se no âmbito do anímico, próprio da boa-fé subjetiva; o dever de informar, exigível e passível de sanção independentemente da intenção das partes, situa-se no campo dos deveres de lealdade e cooperação, reconhecíveis na boa-fé objetiva. Outras situações são invariáveis, e todas conduzem ao papel da boa-fé no contrato de seguro.

O art. 765 do Código Civil define: "O segurado e o segurador são obrigados a guardar na conclusão e na execução do contrato, a mais estrita boa-fé e veracidade, tanto a respeito do objeto como das circunstâncias e declarações a ele concernentes." Para além dos estritos termos da norma, a boa-fé orienta amplamente o comportamento das partes do contrato de seguro, desde antes da sua celebração, até depois da sua extinção. Mais do que um dever ou princípio aplicável ao seguro, a boa-fé se integra à própria função estruturante do contrato em suas projeções econômica e social. Explico: só há sentido no seguro como um contrato que representa uma dada realidade no âmbito social e econômico, se as partes contratantes o compreendem e, daí para diante se comportam, em vista da sua função elementar de oferecer garantia de interesse legítimo em relação a riscos pré-determinados.

Daí a relevância do estudo que Luiza Petersen ora oferece, resultante da sua festejada tese de doutoramento, em versão para publicação comercial. A primeira nota sobre a obra é a de que a autora não escolhe o caminho mais fácil para o exame do seu objeto de pesquisa, mas seguramente o mais completo: o contrato de seguro, na origem e ao longo do seu desenvolvimento histórico, tem na boa-fé um elemento indissociável. A reconstituição desse caminho a partir da literatura técnica e da realidade prática do mercado ao longo dos séculos, é decisiva para sua compreensão contemporânea. A autora se dispôs a enfrentar o desafio, do que resultou – seja consentido destacar – um trabalho sem par na literatura jurídica de língua portuguesa.

Do mesmo modo o exame da boa-fé no contrato de seguro, e ademais, o próprio estudo do tipo contratual, exige um olhar comparatista permanente. O desenvolvimento do seguro se dá, em paralelo, no direito continental europeu e no direito anglo-saxão, com seus institutos próprios e vicissitudes. Serão os ingleses que, na sua jurisprudência, identificarão o contrato de seguro como de 'máxima boa-fé' (*uberrima fides* ou *utmost good faith*), que afinal resulta da recepção da *bona fides* pela *Lex Mercatoria*.[9] Trata-se de saber se essa 'máxima boa-fé' que se integra à estrutura e ao desenvolvimento do contrato de seguro, distingue-se funcionalmente ou em intensidade, da boa-fé subjetiva de matriz romana (como rejeição ao comportamento malicioso), ou mesmo da boa-fé objetiva (e a concretização de deveres de comportamento esperados pelas partes no contrato). Luiza Petersen trilha o percurso de modo afirmativo, aliando a pesquisa profunda nas melhores fontes, a técnica apurada no trabalho com o direito comparado, mas, igualmente, atenta às repercussões práticas dos entendimentos forjados para solução de questões difíceis que envolvem, até hoje, o relacionamento entre o segurador e o segurado na formação e desenvolvimento do contrato.

A autora observa que, originalmente, o recurso à boa-fé (*bona fides*) no moderno contrato de seguro – em especial, no seguro marítimo – foi tópico e assistemático, relacionado à rejeição ao dolo e à fraude, como expressão de uma certa moralidade. Seu tratamento sistemático será observado apenas na segunda metade do século XVIII, tanto no direito inglês,[10] quanto também no direito francês e alemão, seguindo associado à prevenção da fraude, mas acolhendo também os deveres pré-negociais de informação do segurado. A partir daí é que propõe, genuinamente, suas teses, distinguindo modelos operativos da boa-fé no direito dos seguros contemporâneo, resultado dessa transição identificada entre a noção de 'máxima boa-fé' e o conteúdo concreto do dever de boa-fé hoje expresso tanto em lei, quanto reconhecido nos usos da atividade securitária.

Como instrumento de tutela da confiança, a boa-fé surge tanto como vedação à fraude e à malícia (em uma dimensão subjetiva), quanto na imposição de deveres de informação de circunstâncias relevantes do risco pelo tomador do seguro para o segurador, cuja desatenção libera este de prestar a garantia, independentemente do *animus* do titular do dever. Nestes termos, prescreve conduta devida (em dimensão objetiva).

Um segundo modelo operativo, próprio do nosso tempo, frente à complexidade de previsão e prescrição do comportamento das partes nos diversos ramos de seguro,

---

9. MEYER, Rudolf. *Bona fides und lex mercatoria in der europäischen Rechtstradition*. Verlag: Göttingen Wallstein, 1994. p. 68.
10. EGGERS, Peter; PICKEN, Simon. *Good faith and insurance contracts*. 4. ed. Abingdon: Informa Law from Routledge, 2018. p. 101 e ss; BOTES, Johan Hendrik. *From good faith to utmost good faith in marine insurance*. Frankfurt am Main: Peter Lang, 2006. p. 89.

adota a 'calibragem' dos efeitos do descumprimento dos deveres de boa-fé, admitindo consequências jurídicas distintas conforme o grau de censurabilidade da conduta daquele que tenha violado o dever, e da presença de dolo ou culpa. Já um terceiro modelo estará vinculado à boa-fé objetiva, incorporando, sobretudo, a compreensão do dever de probidade e sua projeção específica sobre o contrato de seguro.

Os modelos apresentados pela autora devem ser dimensionados no tempo, nas várias fases do desenvolvimento do contrato de seguro, reconhecendo no perfil atual da boa-fé no seguro uma expansão horizontal em relação ao conceito histórico de 'máxima boa-fé' (*uberrima fides*), ao abranger situações originalmente não contempladas na origem, como, por exemplo, sua eficácia de controle de cláusulas do contrato, o reconhecimento de deveres de informação também ao segurador, ou o limite ao exercício de certas posições jurídicas em diferentes fases do contrato (como no caso da regulação do sinistro). Observa uma concretização do dever recíproco de boa-fé das partes, em especial com a definição de deveres não apenas ao segurado, mas também ao segurador como meio de proteção da confiança legítimas de ambos e de realização da função econômico-social do contrato.

Alerta, contudo, que não se confundem o princípio da boa-fé e o dever de máxima boa-fé (*uberrima fides*), sendo esta mais ampla, e desempenhando uma função estrutural no seguro, que em razão da sua natureza e características, tem como base uma relação de confiança entre as partes, resultante da própria causa contratual – a garantia de interesse do segurado contra riscos predeterminados. Nesses termos a 'máxima boa-fé' fundamenta um sistema normativo de tutela da confiança no contrato de seguro, tomando-a em dimensão normativa e fática, com suas naturais consequências bem delineadas pela autora.

A riqueza das conclusões de Luiza Petersen é evidente. Para chegar a elas, a autora correu o mundo: destaco seus estágios de pesquisa e acesso a bibliotecas decisivas para boa compreensão do tema da tese, notadamente no *Max-Planck--Institut für ausländisches und internationales Privatrecht* e do *Seminar für Versicherungswissenschaft*, na *Universität Hamburg*, ambos na Alemanha; assim como na Faculdade de Direito da Universidade de Lisboa e na Autoridade de Supervisão de Seguros e Fundos de Pensão – ASF, em Portugal. Contaram, ademais, com o exame crítico de uma qualificada banca que examinou a tese e a aprovou com louvor no Programa de Pós-Graduação em Direito da Universidade Federal do Rio Grande do Sul, integrada pelos Professores Gustavo Tepedino, da Universidade do Estado do Rio de Janeiro; Ernesto Tzirulnik, do Instituto Brasileiro de Direito dos Seguros; Adalberto Pasqualotto, da Pontifícia Universidade Católica do Rio Grande do Sul; bem como Claudia Lima Marques e Luis Renato Ferreira da Silva, da nossa UFRGS.

Ao concluir esse prefácio – o segundo[11] que tenho a honra de redigir para um trabalho de Luiza Petersen – me permito uma referência especial sobre a autora. Sua passagem pelo nosso Programa de Pós-Graduação em Direito foi exemplar, seja na dedicação ao estudo e à pesquisa – ou mesmo naquilo que considero tão importante quanto, uma postura de solidariedade acadêmica, de compromisso genuíno com o conhecimento e a contribuição com a sociedade brasileira.

Gosto de uma frase reproduzida à exaustão em diferentes contextos, de que "a gente não faz amigos, os reconhece" ("*One does not make friends. One recognizes them*"). Em relação à Luiza Petersen, estendo o alcance da expressão. Não se trata 'apenas' de amizade, mas de uma admiração acadêmica e pessoal por sua seriedade e integridade em diferentes dimensões da vida. Tive oportunidade de conhecê-la no início da trajetória de pós-graduação, sendo orientador de seus trabalhos de especialização, mestrado e, por fim, da sua tese de doutoramento. Ao mesmo tempo, nos lançamos em outros tantos projetos – aulas, palestras, artigos e livros[12], sempre sobre o tema do seguro – semeando solo fértil para o que hoje é também uma parceria profissional nas lides da advocacia. Essa admiração se estende a sua bela família, com quem compartilha os mesmos valores, e que com ela divide mais esse êxito na sua caminhada profissional e pessoal.

Todos esses predicados não afastam minha objetividade no exame desse trabalho e na viva recomendação para sua atenta leitura. É uma contribuição original e relevante – como disse antes, sem par, para a compreensão da boa-fé no seguro – mais uma que nos oferece a autora. Aproveito, igualmente, para cumprimentar a editora Foco pela iniciativa da publicação, na pessoa da Professora Roberta Densa – competente e engajada profissional, cuja contribuição à literatura jurídica nacional deve ser sempre destacada – e desejo a todos um excelente proveito.

Porto Alegre, agosto de 2024.

Bruno Miragem,
Professor da Universidade Federal do Rio Grande do Sul (UFRGS), nos cursos de graduação e no Programa de Pós-Graduação em Direito. Professor Associado Convidado da Universidade de Coimbra Advogado, parecerista e árbitro.

---

11. Refiro-me à publicação de sua dissertação de mestrado: PETERSEN, Luiza. *O risco no contrato de seguro*. São Paulo: Roncarati, 2018.
12. Destaco, em especial no nosso: MIRAGEM, Bruno; PETERSEN, Luiza. *Direito dos seguros*. 2ª ed. Rio de Janeiro: Forense, 2024.

SUMÁRIO

AGRADECIMENTOS.. VII

NOTA PRELIMINAR.. IX

PREFÁCIO XI

1. INTRODUÇÃO... 1

2. BOA-FÉ NA TRADIÇÃO DO DIREITO DOS SEGUROS: ANÁLISE HISTÓRICO-COMPARADA... 7

  2.1 Formação do conceito de boa-fé no contrato de seguro 7

      2.1.1 Boa-fé na fase de formação do contrato de seguro 7

           2.1.1.1 Surgimento e formação do seguro marítimo 8

           2.1.1.2 Boa-fé na *Lex Mercatoria* e sua difusão no seguro 9

           2.1.1.3 Boa-fé nos primeiros regulamentos do seguro 11

           2.1.1.4 Boa-fé nos primeiros tratados do seguro............. 16

           2.1.1.5 Característica *bona fides* do seguro e suas primeiras funções ... 22

      2.1.2 Boa-fé na fase de desenvolvimento moderno do seguro 24

           2.1.2.1 Expansão e desenvolvimento moderno do seguro 24

           2.1.2.2 Boa-fé e seguro nos primórdios da ciência comercial e do jusracionalismo 27

           2.1.2.3 Primeiras linhas do princípio da boa-fé no seguro do *common law* 30

           2.1.2.4 Boa-fé na tradição francesa pré-codificação 36

           2.1.2.5 *Besondere Treue, Redlichkeit und Aufrichtigkeit* na tradição germânica 43

           2.1.2.6 Linhas de continuidade da característica *bona fides* do seguro 44

  2.2 Boa-fé no direito dos seguros contemporâneo 46

2.2.1	Desenvolvimento contemporâneo do direito dos seguros	46
2.2.2	Boa-fé no direito dos seguros francês	50
	2.2.2.1 Boa-fé no Código Comercial francês e os vícios de consentimento	50
	2.2.2.2 Boa-fé na lei francesa do seguro de 1930 e os aportes sistemáticos	54
	2.2.2.3 Boa-fé no *Code de Assurance* e a proteção do consumidor ..	58
2.2.3	Boa-fé no direito dos seguros alemão	61
	2.2.3.1 Boa-fé e seguro no direito comercial alemão do séc. XIX....	62
	2.2.3.2 Boa-fé na fundação do direito dos seguros alemão.............	65
	2.2.3.3 Interpretação e concreção do §242 do BGB no contrato de seguro	69
	2.2.3.4 Boa-fé nas reformas do direito contratual dos seguros alemão...	72
2.2.4	*Uberrima fides* no direito dos seguros inglês	73
	2.2.4.1 *Uberrima fides* na jurisprudência inglesa	74
	2.2.4.2 *Uberrima fides* no *Marine Insurance Act*	77
	2.2.4.3 Papel tradicional da boa-fé no direito dos seguros inglês ...	80
	2.2.4.4 Novas funções da boa-fé no direito dos seguros inglês	83
2.2.5	Funções da boa-fé no direito dos seguros contemporâneo	86

3. FUNÇÃO ESTRUTURAL DA BOA-FÉ NO CONTRATO DE SEGURO 91

3.1 Natureza *bona fides* do contrato de seguro 91

3.1.1	Natureza *bona fides* do seguro e seu significado no direito brasileiro	96
	3.1.1.1 Natureza *bona fides* do seguro na formação do direito comercial brasileiro	97
	3.1.1.2 Recepção do dever de máxima boa-fé no Código Civil de 1916...	101
	3.1.1.3 Recepção da boa-fé objetiva no direito privado brasileiro...	106
	3.1.1.4 Perfil atual da boa-fé no direito dos seguros brasileiro	109
3.1.2	Proteção da confiança e a função da *uberrima fides* no seguro	113
	3.1.2.1 Conteúdo do princípio da proteção da confiança	114
	3.1.2.1.1 Pressupostos da proteção da confiança	116

		3.1.2.1.2	Tipologia da proteção da confiança......................	120
		3.1.2.1.3	Relações entre a boa-fé e a confiança	121
	3.1.2.2	Proteção da confiança no contrato de seguro		123
		3.1.2.2.1	Situações típicas de confiança derivada da causa do seguro...	123
		3.1.2.2.2	Função estrutural da *uberrima fides* no seguro...	130
		3.1.2.2.3.	Tipologia da proteção da confiança pela *uberrima fides*	137
3.2	Conteúdo da *uberrima fides* no contrato de seguro			140
	3.2.1 Relações entre o princípio da boa-fé e a *uberrima fides*			142
		3.2.1.1	Conteúdo do princípio da boa-fé	142
		3.2.1.2	Funções princípio da boa-fé	144
	3.2.2 *Uberrima fides* como dever de probidade específico do seguro			148
		3.2.2.1	*Uberrima fides* como fonte de deveres anexos à garantia.....	151
		3.2.2.1.1	Deveres de informação em relação ao objeto da garantia...	151
		3.2.2.1.2	Deveres de gestão ética do objeto da garantia e do sinistro..	153
		3.2.2.1.3	Efeitos da inobservância dos deveres anexos à garantia	156
		3.2.2.2	*Uberrima fides* como critério de interpretação do contrato.	158
		3.2.2.3	*Uberrima fides* como fundamento à sanção da má-fé (fraude)...	160
	3.2.3 Relações entre ordem pública, bons costumes e *uberrima fides*			161
		3.2.3.1	Conteúdo dos princípios da ordem pública e dos bons costumes	161
		3.2.3.2	Concretizações da ordem pública e dos bons costumes pela *uberrima fides*	162
		3.2.3.2.1	Vedação à garantia de ato intencional do segurado	163
		3.2.3.2.2	Vedação à garantia de interesse contrário à moral e à ordem pública...	166

4. CONSIDERAÇÕES FINAIS.. 169

REFERÊNCIAS 183

1
INTRODUÇÃO

A boa-fé é conceito imanente ao contrato de seguro. Esteve presente na historiografia do seguro desde as suas origens. A fonte mais antiga que se tem conhecimento a respeito do uso da boa-fé na disciplina do tipo ("Statuto Dell'Uffizio di Mercanzia di Firenze Sull'assicurazione di navi e merci straniere"), segundo a qual este deveria observar e ser executado conforme a boa-fé e os costumes do comércio ("et debeant observari et executioni" "secundum bonam fidem et consuetudinem mercatorum"),[1] data de 1393. Neste momento, o seguro surgia na modalidade marítima, encontrando, na prática mercantil italiana, suas primeiras apólices e regulamentações. Desde então, o papel proeminente da boa-fé na disciplina jurídica do seguro é uma constante, considerando as diferentes fases históricas, as diferentes escolas de pensamento, tradições jurídicas e codificações. Dos diversos usos e funções da boa-fé na história do seguro resultou o reconhecimento da sua natureza *uberrima fides* ou, simplesmente, *bona fides*.

No direito dos seguros brasileiro, usa-se afirmar que o seguro é um contrato *uberrima fides*, de máxima boa-fé ou, mesmo, de mais estrita boa-fé. A rigor, são diferentes modos de expressar uma mesma ideia. São expressões empregadas para designar o especial significado assumido pela boa-fé no contrato de seguro. No direito positivo, dispõe o art. 765 do Código Civil: "O segurado e o segurador são obrigados a guardar na conclusão e na execução do contrato, a mais estrita boa-fé e veracidade, tanto a respeito do objeto como das circunstâncias e declarações a ele concernentes". No Código Civil de 1916, dispunha o art. 1.443: "O segurado e o segurador são obrigados a guardar no contrato a mais estrita boa-fé e veracidade, assim a respeito do objeto, como das circunstâncias e declarações a ele concernentes".

Nesses termos, a importância da boa-fé no contrato de seguro está imbricada na tradição jurídica brasileira. Por outro lado, relaciona-se com a própria natureza deste contrato, a colocar as partes, segurado e segurador, em uma especial posição de confiança em relação ao comportamento honesto e esperado do outro. Exige-se, no seguro, uma boa-fé qualificada, a observância de estritos deveres

---

1. BENSA, Enrico. *Il contratto di assicurazione nel medio evo*: studi e ricerche. [1884]. Whitefish: Kessinger Publishing; LLC, 2010. p. 154.

de boa-fé e veracidade, tanto do segurado como do segurador, ao longo de todo o vínculo contratual. A boa-fé é necessária à regular formação e execução do contrato de seguro, em atenção à sua causa (garantia de interesse legítimo contra riscos predeterminados). Nas palavras de Bruno Miragem:[2]

> É protagonista, no contrato de seguro, o princípio da boa-fé das partes. Aliás, diz-se da boa-fé, tratar-se de princípio fundamental do contrato de seguro. A rigor, não influencia apenas na interpretação de suas cláusulas – no que é preceito geral para todos os contratos – mas, igualmente, informa e delimita aspectos da estrutura do contrato de seguro, pois é do comportamento de boa-fé das partes que se expressa a adequação entre os termos do contrato e sua causa, o que a toda evidência acaba por influenciar na sua eficácia.

A despeito da importância do tema, o direito brasileiro ainda carece de estudos, para além de artigos científicos, que tenham como objetivo específico a análise aprofundada e sistemática da boa-fé no contrato de seguro,[3] diferentemente do que se observa em outros sistemas jurídicos.[4] Observa-se que o princípio da boa-fé, e o próprio conceito de boa-fé subjetiva, encontram significativo desenvolvimento na doutrina brasileira.[5] Neste particular, muitas obras gerais a respeito da boa-fé tratam, também, da boa-fé no seguro. Contudo, não tem propriamente a finalidade especifica de dogmatizar o conceito no seguro, como ora se propõe, notadamente identificando, sob a perspectiva do princípio da confiança, as relações entre o princípio da boa-fé e a *uberrima fides*, assim como entre a *uberrima fides*, os bons costumes e a boa-fé subjetiva. Da mesma forma, o presente trabalho se particulariza na medida em que tem como propósito iden-

---

2. MIRAGEM, Bruno. O *Direito dos Seguros* no Sistema Jurídico Brasileiro: uma introdução. In: MIRAGEM, Bruno; CARLINI, Angélica (Org.). *Direito dos Seguros: fundamentos de direito civil, direito empresarial e direito do consumidor*. São Paulo: Ed. RT, 2015. p. 30.
3. Como uma das raras obras específicas sobre o tema, registra-se: CAVALCANTI, Bruno Navaes. *O Princípio da boa-fé e os Contratos de Seguro*. Recife: Nossa Livraria, 2000. Sua abordagem, porém, é bastante distinta da adotada no presente trabalho.
4. No direito inglês, destaca-se: EGGERS, Peter; PICKEN, Simon. *Good Faith and Insurance Contracts*. 4. ed. Abingdon: Informa Law from Routledge, 2018. A respeito do tema no direito comparado: MONTI, Alberto. *Buona Fede e Assicurazione*. Milano: Giuffrè, 2002. Com enfoque no seguro marítimo: BOTES, Johan Hendrik. *From Good Faith to Utmost Good Faith in Marine Insurance*. Frankfurt am Main: Peter Lang, 2006. No direito alemão: SCHNEIDER, Nicole. *Uberrima fides*. Treu und Glauben und vorvertragliche Aufklärungspflichten im englischen recht. Berlin: Duncker & Humblot, 2003. No direito português, o tema é abordado em: POÇAS, Luís. *O Dever de Declaração Inicial do Risco no Contrato de Seguro*. Coimbra: Almedina, 2013.
5. Veja-se, por todos: MARQUES, Claudia Lima. *Contratos no Código de Defesa do Consumidor*: o novo regime das relações contratuais. 6. ed. São Paulo: Ed. RT, 2011; COUTO E SILVA, Clóvis V. do. *A obrigação como processo*. Rio de Janeiro: FGV Editora, 2007; MARTINS-COSTA, Judith. *A boa-fé no direito privado*: critérios para a sua aplicação. São Paulo: Marcial Pons, 2015; TOMASEVICIUS FILHO, Eduardo. *O Princípio da boa-fé no direito civil*. São Paulo: Almedina, 2020. No direito português, mas com especial influência na doutrina brasileira: MENEZES CORDEIRO, António. *Da Boa-fé no Direito Civil*. Coimbra: Almedina, 2013.

tificar o processo de formação e desenvolvimento da boa-fé no seguro a partir de uma abordagem histórico-comparada.

O desenvolvimento contemporâneo do princípio da boa-fé (boa-fé objetiva), de influência germânica, trouxe à tona o debate sobre a subsistência de um significado especial da boa-fé no seguro. Afinal: naqueles sistemas jurídicos em que o princípio da boa-fé é aplicável a todos os contratos, ainda se justificaria o reconhecimento da natureza *uberrima fides* do seguro? O debate a respeito do papel da *uberrima fides* também seria impulsionado pelo próprio estágio atual de desenvolvimento do Direito dos Seguros. Neste aspecto, a disciplina legal unitária e sistematizada do contrato de seguro, da qual resultaria a estabilização de um sistema normativo de tutela da confiança, com a previsão detalhada dos deveres do segurado e do segurador, colocaria à prova a utilidade do conceito de *uberrima fides*.

Nesse contexto, o presente trabalho tem como desafio precisar o significado da *uberrima fides* no Direito dos Seguros brasileiro, identificando em que medida subsiste a utilidade da *uberrima fides* enquanto conceito jurídico autônomo. Busca-se, em outros termos, identificar o que seja o conteúdo especial da boa-fé no seguro e responder às seguintes perguntas: no sistema jurídico brasileiro contemporâneo, em que o princípio da boa-fé é aplicável a todos os contratos, ainda se justificaria o reconhecimento da natureza *uberrima fides* do seguro? Da aplicação simultânea do princípio da boa-fé e da *uberrima fides* no seguro resultariam zonas de sobreposição? O princípio contratual da boa-fé teria incorporado, por completo, o conteúdo da *uberrima fides*? A *uberrima fides* assumiria, no sistema jurídico brasileiro, uso meramente retórico?

Para a compreensão do papel da *uberrima fides* no seguro, com especial enfoque no direito brasileiro, revelou-se imprescindível o recurso ao método histórico-comparado. De um lado, a abordagem histórica se justifica pelas próprias particularidades da boa-fé enquanto conceito jurídico indeterminado cujas funções e significados variam conforme o contexto histórico-cultural em que empregado. Seu conteúdo, desse modo, não é apreensível em abstrato, em apartado de uma determinada realidade, mas toma corpo a partir dos usos que dela são feitos conforme o contexto histórico-cultural. Neste particular, a respeito da importância do estudo da boa-fé em perspectiva histórica, destaca-se as palavras de Menezes Cordeiro:[6]

> A necessidade de reflexão cultural, em dimensão histórica, corresponde à própria concretização da boa-fé como ideia, confere, quando praticada, um ponto de vista novo, capaz de quebrar o ponto morto a que chegou uma série de querelas que animam, ainda hoje, o

---
6. MENEZES CORDEIRO, António. *Da Boa-fé no Direito Civil*. Coimbra: Almedina, 2013. p. 48.

panorama juscientífico e elucida, de modo decisivo, o pré-entendimento possível da boa-fé e a sua própria compleição nas codificações da atualidade. Merece, hoje um reconhecimento geral, não sendo dispensada em monografias dogmáticas ou em tratamentos metodológicos globais.

Por outro lado, o recurso ao método histórico-comparado se justifica pelas próprias características do sistema jurídico brasileiro. Em sua formação e desenvolvimento sempre se mostrou aberto a ideias e institutos provenientes de outras tradições jurídicas, constituindo o que Peter Burke identifica como uma cultura aberta.[7] A recepção, o empréstimo, a adoção de ideias e institutos jurídicos estrangeiros – o transplante jurídico, nas palavras de Alan Watson[8] – podem ser encontrados nos mais variados ramos do direito privado brasileiro, não sendo diferente no Direito dos Seguros. Neste âmbito, pode ser destacada a influência francesa na disciplina do seguro marítimo no Código Comercial de 1850. A distinção entre os seguros de danos e de pessoas, que estruturou a disciplina do tipo no Código Civil de 2002 e teve por inspiração os modelos legislativos francês e alemão.[9] Da mesma forma, não tão conhecida ou explorada pela doutrina, porém não menos importante, é a contribuição do Código do Cantão de Zurique para a disciplina do contrato de seguro no Código Civil de 1916.[10]

Especificamente no que diz respeito à boa-fé no contrato de seguro, ocorreu fenômeno semelhante, o qual pode ser identificado no art. 765 do Código Civil de 2002, ao prever, em linha com outros sistemas jurídicos, a obrigação do segurado e do segurador de observância da "mais estrita boa-fé". Daí porque se analisa, na primeira parte do trabalho, o modo como a boa-fé no seguro se fez presente nas tradições francesa, alemã e inglesa, as quais tiveram importância destacada na história do Direito dos Seguros.[11]

Conforme revelou a pesquisa, a boa-fé apresentou diferentes modelos operativos ao longo do tempo no Direito dos Seguros comparado. O estudo da formação desses modelos permitiu identificar os momentos e contextos em que estiverem em disputa e foram objeto de controvérsia conceitos, classificações

---

7. BURKE, Peter. *Hibridismo Cultural*. São Leopoldo: Editora Unisinos, 2016.
8. WATSON, Alan. *Legal Transplant*: an approach to Comparative Law. 2. ed. Athens: University of Georgia Press, 1993
9. COMPARATO, Fábio Konder. Substitutivo ao capítulo referente ao contrato de seguro no anteprojeto do Código Civil. *Revista de Direito Mercantil, Industrial, Econômico e Financeiro*, São Paulo, ano XI, n. 5, p. 143-152, 1972. p. 146 e ss.
10. MIRAGEM, Bruno; PETERSEN, Luiza. O Código do Cantão de Zurique e o Direito dos Seguros brasileiro (parte 1 e 2). *Conjur*. Coluna Seguros Contemporâneos. Disponível em: https://www.conjur.com.br/secoes/colunas/seguros-contemporaneos.
11. Nesse sentido: DONATI, Antigono. *Trattato del Diritto delle Assicurazioni Private*. Milano: Giuffrè, 1952. v. I. p. 61 e ss. MENEZES CORDEIRO, António. *Direito dos Seguros*. 2. ed. Lisboa: Almedina, 2016. p. 68 e ss.

e institutos jurídicos essenciais para a constituição e conformação do Direito dos Seguros. Embora muitos deles tenham passado por adaptações e renovadas interpretações, é certo, também, que muitos adquiriram certo grau de estabilidade, a exemplo da *uberrima fides* (ou, simplesmente, da natureza *bona fides* do seguro), cristalizando-se em determinado sentido e conformando, ainda hoje, o Direito dos Seguros.

Por outro lado, é importante não reduzir o Direito dos Seguros brasileiro a um papel meramente passivo, de transplante acrítico de institutos provenientes de outros sistemas jurídicos: sem prejuízo da relevância do acervo intelectual oferecido pelos modelos operativos da boa-fé no direito comparado, há evidentemente escolhas e decisões próprias da cultura jurídica brasileira. Outrossim, os contornos e elementos do Direito dos Seguros, assim como o papel exercido pela *uberrima fides*, não podem ficar presos ao passado, devendo ser adaptados frente aos desafios contemporâneos, às novas tecnologias, à intensificação das comunicações, às mudanças no mercado de consumo, aos novos riscos inerentes à complexidade da vida moderna. É o que se buscará, sobretudo, na segunda parte do trabalho: uma transição do tradicional ao moderno, em que o surgimento de novos conceitos convive com uma renovada interpretação e compreensão de antigos institutos.

Com esse propósito, o presente trabalho se encontra estruturado em duas partes. Na primeira parte, apresenta-se o desenvolvimento da boa-fé no Direito dos Seguros em perspectiva histórico-comparada. No primeiro capítulo, analisa-se a formação do conceito de boa-fé no contrato de seguro nas fases de formação do seguro na modalidade marítima e de desenvolvimento moderno. No segundo capítulo, analisa-se o conceito de boa-fé no Direito dos Seguros contemporâneo a partir do estudo dos sistemas jurídicos francês, alemão e inglês.

Na segunda parte do trabalho, analisa-se a função estrutural da boa-fé no contrato de seguro. No primeiro capítulo, apresenta-se a natureza *bona fides* do tipo contratual e o seu significado no direito brasileiro. A seguir, discorre-se a respeito da proteção da confiança e o papel da *uberrima fides* no contrato de seguro. No segundo capítulo, delimita-se o conteúdo da *uberrima fides* no contrato de seguro. Nesse sentido, discorre-se sobre as dimensões normativa (objetiva) e fática (subjetiva) da *uberrima fides*; analisa-se as relações entre o princípio da boa-fé, a boa-fé subjetiva e a *uberrima fides*; entre os bons costumes, a ordem pública e a *uberrima fides*; identifica-se, na exigência de *uberrima fides*, a imposição de dever de probidade específico no seguro; destacam-se as funções típicas da *uberrima fides* no seguro; entre outros aspectos essenciais à compreensão do conceito no direito brasileiro.

2
BOA-FÉ NA TRADIÇÃO DO DIREITO DOS SEGUROS: ANÁLISE HISTÓRICO-COMPARADA

2.1 FORMAÇÃO DO CONCEITO DE BOA-FÉ NO CONTRATO DE SEGURO

Na história do contato de seguro, a boa-fé recebeu uma pluralidade de usos e funções até adquirir estabilidade conceitual. A natureza *bona fides* do contrato de seguro se formou imbricada com a história da disciplina jurídica do tipo. A formação do conceito de boa-fé no seguro acompanha a própria formação e consolidação do tipo na modalidade marítima e o seu desenvolvimento moderno.

Nesse sentido, a boa-fé é conceito que se forma a partir da disciplina jurídica do seguro marítimo, no campo do direito comercial. Nesse processo de formação, o conceito receberia diversas influências. Em primeiro lugar, seria determinante o papel da boa-fé na Lex Mercatoria. Da mesma forma, os primeiros tratados do seguro, a doutrina do direito comercial que se formava e o próprio pensamento da boa-fé no jusracionalismo. Na fase de desenvolvimento moderno do seguro, observam-se importantes linhas de desenvolvimento da boa-fé no direito comercial inglês, na tradição francesa pré-codificação e na tradição germânica. É o que se passa a analisar.

2.1.1 Boa-fé na fase de formação do contrato de seguro

Os primeiros usos da boa-fé no contrato de seguro podem ser observados já na fase de surgimento e formação do seguro na modalidade marítima, que, segundo a historiografia, teve início na segunda metade do séc. XIV, perdurando até a primeira metade do séc. XVII.

Nesse período, a boa-fé aparece com uma pluralidade de funções e significados, desenvolvendo-se intimamente vinculada à confiança no tráfego negocial. Nos primeiros regulamentos e tratados do seguro, pode ser identificado o seu uso no latim *bona fides* ou *bonam fidem*, no francês *bonne foy* e no holandês *goeder trouwe*. Também se percebe o uso de termos e expressões semântica ou funcionalmente correlatas à boa-fé, como confiança, fidelidade, lealdade e honestidade (*confie, fidelité, loyal en sa trafique*, causa honesta), ou antinômicas, como dolo e fraude (*dolus* e *fraus*).

2.1.1.1 Surgimento e formação do seguro marítimo

O contrato de seguro a prêmio surgiu impulsionado pelo florescimento da atividade mercantil nas cidades italianas do baixo medievo. São documentados, já na primeira metade do séc. XIV, os primeiros contratos de seguro em cidades como Pisa, Florença e Gênova.[1] Das cidades italianas, o seguro encontrará difusão em todo território europeu: inicialmente, nas cidades mediterrâneas da França e da Península Ibérica; posterirormente, no norte, em França, Flandres, Países Baixos, Liga Hanseática e Inglaterra.

Nesse momento inicial, o seguro surge e conforma sua estrutura na modalidade marítima, tendo como objeto os riscos da navegação. Nasce no comércio gradualmente, na medida em que adquire autonomia em relação a outras modalidades contratuais, como o mútuo, o empréstimo marítimo e, até mesmo, a compra e venda. Mais precisamente, surge no momento em que a contratação do risco torna-se principal e autônoma, dando origem a um novo tipo, com a finalidade precípua de dispersão do risco.[2]

Nesse processo de formação, que perdura até a primeira metade do século XVII, as características essenciais do seguro são formadas gradualmente, o que resultará tanto da prática, do aprimoramento dos usos, quanto dos seus primeiros regulamentos e tratados doutrinários. Os primeiros legitimam o seguro, lançando as primeiras linhas da sua disciplina jurídica. Os segundos, iniciam seu exame doutrinário, apresentando seus conceitos fundamentais. É neste contínuo processo de formação que o seguro adquire regularidade no comércio; passa a ser celebrado na forma escrita, por meio de uma apólice, em muitos locais com a exigência de forma pública e intervenção de notário; consolida-se a regra do pagamento antecipado do prêmio; surgem as primeiras sociedades seguradoras e a figura do intermediário. Também são ensaiadas as primeiras linhas da natureza indenitária e *bona fides* do seguro, destacando-se, ainda, a exigência de descrição detalhada do risco objeto do contrato, o que ocorre partir do desenvolvimento

---

1. BENSA, Enrico. *Il contratto di assicurazione nel medio evo*: studi e ricerche. [1884]. Whitefish: Kessinger Publishing; LLC, 2010. p. 58 e ss. MELIS, Federigo. Origini e Sviluppi delle assicurazioni in Italia. Roma: Ist. Nazionale delle Assicurazioni, 1975. p. 184 e ss. BONOLIS, Guido. *Svolgimento strorico dell'assicurazione in Italia*. Firenze: Bernardo Seeber, 1901. p. 1 e ss.
2. DONATI, Antigono. *Trattato del Diritto delle Assicurazioni Private*. Milano: Giuffrè, 1952. v. I. p. 60-68.

de uma certa consciência de que determinadas características da coisa segurada ou da viagem marítima elevam o risco assumido pelo segurador.[3]

Nessa fase, a operação de seguros se desenvolve de forma rudimentar. De natureza empírica, se caracteriza como uma operação instável e muito arriscada para o segurador.[4] Ao segurador carecia especialização na atividade. Geralmente era comerciante que também praticava outros negócios. À operação de seguros carecia base científica, sobretudo instrumentos matemáticos que permitissem uma mensuração objetiva do risco, o qual era estimado a partir da compreensão e conhecimento individual dos contratantes. Não por acaso, assistiu-se, nesse momento, ao surgimento de técnicas destinadas a conferir maior segurança à operação de seguro, como o cosseguro e o resseguro, e a confiança – no pacto e nas declarações dos contratantes – era reforçada pela natureza *bona fides*.[5]

O seguro também encontrou obstáculos ao reconhecimento da sua autonomia e legitimidade enquanto tipo contratual. Com caráter especulativo, frequentemente era confundido com a aposta, o que, inclusive, colocou em cheque a própria licitude ou moralidade do seu objeto. Daí o esforço da doutrina, na época, em distinguir o seguro a partir de conceitos fundamentais como dano, interesse, causa lícita ou honesta. O debate em torno da legitimidade do seguro também seria agitado pela preocupação em afastar a sua natureza usurária, discussão herdada do seu antecedente, empréstimo marítimo, após a proibição da usura pela Igreja católica. Da mesma forma, as preocupações com a fraude estavam no centro do debate, justificando as mais variadas iniciativas regulamentares e construções doutrinárias voltadas à sua prevenção e sanção, a exemplo da proibição do seguro por inteiro valor e da sanção de nulidade do contrato em caso de má-fé.[6]

2.1.1.2 *Boa-fé na Lex Mercatoria e sua difusão no seguro*

Os primeiros usos da boa-fé no contrato de seguro, na sua fase de formação na modalidade marítima, podem ser explicados por uma série de fatores. Como fatores exógenos, destaca-se o contexto social da época, notadamente as características da sociedade medieval, que se estruturava sobre relações de lealdade e

---

3. DONATI, Antigono. *Trattato del Diritto delle Assicurazioni Private*. Milano: Giuffrè, 1952. v. I. p. 65-73.
4. VIVANTE, Cesare. *Del Contratto di Assicurazione*. Torino: UTET, 1936. p. 3.
5. ALVIM, Pedro. *O Contrato de Seguro*. 2. ed. Rio de Janeiro: Forense, 1986. p. 29-30. DONATI, Antigono. *Trattato del Diritto delle Assicurazioni Private*. Milano: Giuffrè, 1952. v. I. p. 63. MONTI, Alberto. *Buona Fede e Assicurazione*. Milano: Giuffrè, 2002. 1-5.
6. Já tivermos a oportunidade expor sobre a fase de formação do contrato de seguro em: PETERSEN, Luiza. *O risco no contrato de seguro*. São Paulo: Roncarati, 2018. p. 27-32. MIRAGEM; PETERSEN. *Direito dos Seguros*. Rio de Janeiro: Forense. 2022. p. 7 e ss.

confiança, sendo a honra um dos seus elementos centrais.[7] Da mesma forma, o consequente papel assumido pela boa-fé nas relações mercantis, que repercutirá nas relações de seguro.

Neste particular, os primeiros usos da boa-fé no seguro guardam íntima relação com a *bona fides* dos primórdios do direito comercial. Na *Lex Mercatoria* medieval, e na fase mercantil subsequente, a boa-fé se desenvolve como princípio fundamental que introduz a confiança recíproca – fundamento da comunidade medieval – como valor jurídico nas relações comerciais.[8] Segundo Rudolf Meyer, a boa-fé, nesse âmbito, "se situa no contexto de uma comunidade universal de comerciantes", sendo "compreendida pela ideia de recíproca confiança e pela lealdade mútua entre os membros dessa comunidade". Em relação ao seu conteúdo, poderia tanto "conduzir a um rigor contratual", fundamentando a "obrigatoriedade do contrato" ("fides servanda est"), como também a uma "flexível aplicação do direito, valorativa e orientada em casos individuais". Particularmente no espaço germânico, na fórmula "Treu und Glauben", servia "para a caracterização das virtudes típicas de um comerciante honrado".[9] Da mesma forma, adquire o "conteúdo do cumprimento exacto dos deveres assumidos".[10]

Nesse contexto, sendo a boa-fé princípio fundamental das relações mercantis, natural foi a sua difusão às relações de seguro, que nasceram tipicamente comerciais. A boa-fé, então, foi introduzida ao seguro marítimo por influência do direito comercial: inicialmente pelos usos do comércio e pelos regulamentos que disciplinavam a atividade mercantil; posteriormente, pela doutrina do direito comercial, que, sob influência humanista, desenhava suas primeiras linhas.

O modo desta difusão da boa-fé, por outro lado, será explicado por fatores endógenos ao seguro, ou seja, pelo seu contexto e estrutura interna. Nesse sentido, destaca-se que o seguro, na época, buscava elementos éticos-jurídicos de legitimação e, enquanto operação arriscada e rudimentar, se estruturava essen-

---

7. BLOCH, Marc. *A sociedade feudal*. Trad. Laurent des Saes. São Paulo: Edipro. 2016.
8. MEYER, Rudolf. *Bona fides und lex mercatoria in der europäischen Rechtstradition*. Wallstein Verlag Göttingen. 1994. p. 68 e 69. TRAKMAN, Leon. *The law Merchant*: the evolution of comercial law. Littleton: Fred. B. Rothman 7 Co, 1983. p. 7 e ss.
9. Tradução livre. MEYER, Rudolf. *Bona fides und lex mercatoria in der europäischen Rechtstradition*. Wallstein Verlag Göttingen. 1994. p. 68 e 69.
10. MENEZES CORDEIRO, António Manuel da Rocha e. *Da Boa-fé no Direito Civil*. Coimbra: Almedina, 2013. p. 173-174. Conforme explica o autor (Idem, p. 174-175), citando a obra de Strätz, Hans-Wolfgang (Treu und Glauben I – Beiträhen und Materialien zu Entwicklung von Treu und Glauben in deutschen Privatrechtsquellen vom 14. Bis zur Mitte des 17. Jahrhunderts. Paderborns. 1974), a fórmula *Treu und Glauben* (lealdade e crença, na linguagem comum) assumirá, na tradição germânica medieval, significado particular, como comportamento esperado no tráfego jurídico, traduzindo tanto a lealdade ao contrato, ao seu cumprimento exato, como a exigência de levar em consideração os interesses do outro contratante.

cialmente na relação de confiança entre os contratantes, seja do segurador no estado de risco declarado pelo segurado e na ausência de fraude, seja do segurado no adimplemento do pacto pelo segurador.

Observa-se, então, na primeira fase do contrato de seguro, um processo de recepção e adaptação da boa-fé mercantil. Por influência do direito comercial, ela será recepcionada no seguro e, então, adaptada ao seu contexto. Originam-se, assim, os primeiros usos da boa-fé no seguro, nos seus regulamentos e tratados.

2.1.1.3 Boa-fé nos primeiros regulamentos do seguro

A boa-fé encontrou previsão nas primeiras regulamentações do seguro marítimo. A fonte mais antiga que se tem conhecimento neste aspecto consiste no *Statuto Dell'Uffizio di Mercanzia di Firenze Sull'assicurazione di navi e merci straniere*, de 1393, o qual reconhecia a legitimidade dos seguros firmados entre florentinos, dispondo que deveriam ser observados e executados segundo a boa-fé e os costumes do comércio ("et tales securationes, promissiones et obligationes valeant et teneant et possint et debeant observari et executioni mandari simpliciter et secundum bonam fidem et consuetudinem mercatorum").[11] A referida norma, quase um século mais tarde, seria reproduzida, com pequenas modificações, no *Statuto Fiorentino Sull'Assicurazione di Navi e Merci Straniere*, de 1463 ("Et quod huiusmodi securationes promissiones et obligationes valeant et possint et debeant observari et executioni mandari simpliciter et secundum bonam fidem et consuetudiem mercatorum").[12]

Na região dos Países Baixos, o uso expresso da boa-fé em regulamentações do seguro marítimo teve início, possivelmente, na Ordenação de Philippe II, da Antuérpia, de 1570.[13] Neste diploma, a boa-fé apareceria em duas passagens. No art. XXII, o qual dispunha que os "contratos de seguro são considerados e interpretados como contratos de boa-fé, nos quais nenhuma fraude ou engano pode ocorrer".[14] Outrossim, responsabilizava o fraudador que comprovadamente

---

11. BENSA, Enrico. *Il contratto di assicurazione nel medio evo*: studi e ricerche. [1884]. Whitefish: Kessinger Publishing; LLC, 2010. p. 154.
12. BENSA, Enrico. *Il contratto di assicurazione nel medio evo*: studi e ricerche. [1884]. Whitefish: Kessinger Publishing; LLC, 2010. p. 165.
13. PARDESSUS, Jean-Marie. *Collection de Lois Maritimes Antérieures au XVIIIe Siècle*, Paris: L'Imprimerie Royale, 1831. t. IV. p. 1 e ss.
14. Tradução livre. Conforme tradução de Pardessus para o francês: "Et comme les conrats d'assurance sont réputés et interprétés comme contrats de bonne foi, dans lesquels aucune fraude ou dol ne peut avoir lieu". No original: "Ende alsoo dese contracten van verzekerynghen oft asseurantien, ghehouden ende gheestimeert worden, voor contracten van goeder trauwen, daer inne egheen fraulde oft bedrogh en behoorde te interuenieren oft gheschieden". PARDESSUS, Jean-Marie. *Collection de Lois Maritimes Antérieures au XVIIIe Siècle*. Paris: L'Imprimerie Royale, 1831. t. IV, p. 112.

agiu de má-fé pelas perdas e danos, mais juros, com a possibilidade de punição, de caráter exemplar, e pena de morte.[15] Da mesma forma, a boa-fé constou da fórmula da apólice, na qual se lia "tudo de boa-fé e sem dolo e fraude" (cláusula 13, do art. 35).[16] A origem desta previsão pode ser encontrada na Ordenação de Philippe II de 1563, a qual previa, a propósito do pacto de seguro firmado, "tudo sem fraude ou malícia".[17]

A previsão da boa-fé como traço característico do seguro passaria, da Ordenação de Philippe II de 1570, às regulamentações posteriores dos Países Baixos.[18] Estaria presente na Ordenação de Amsterdã de 1598, cujo art. XXXI dispunha que os seguros são "tidos e estimados por contratos de boa-fé, nos quais não deve haver nenhuma fraude ou engano" ("contracten van goeder trouwe daer inne geen fraude noch bedrog hehoort te geschieden").[19] Da mesma forma, para

---

15. Conforme tradução de Pardessus "Les assureurs, assurés, patrons, maitres, pilotes et autres, que l'on prouvera avoir agi de mauvaise foi: non-seulement ne pourront pas profiter de leur fraude et dol, mais ils seront encore tenus, comme il est dit ci-dessus, des pertes, dommages et intérêts résultant de leur fait; et ils seront punis coporellement et avec sévérite pour servir d'exemple aux autres, et même de mort, comme pirates et voleurs, si l'on trove qu'il y a eu de leur part malversation, malice ou dol d'importance". PARDESSUS, Jean-Marie. *Collection de Lois Maritimes Antérieures au XVIIIe Siècle*. Paris: L'Imprimerie Royale, 1831. t. IV, p. 112. Trad. nossa: "As seguradoras, segurados, patrões, mestres, pilotos e outros, que comprovadamente agiram de má fé, não apenas não poderão lucrar com sua fraude e dolo, como também estarão sujeitos, conforme explicado acima, às perdas, danos e indenizações resultantes de sua ação; e eles serão punidos fisicamente e com severidade para servir de exemplo aos demais, e mesmo com a morte, como piratas e ladrões, se for considerado que houve de sua parte desfalque, má intenção ou dolo relevante".

16. Conforme tradução de Pardessus, "Le tout de bonne foi, et sans dol et fraude, engageant tous ses biens, et renonçant, par foi et serment, à toutes choses contraires à ces présentes". No original, em holandês: "Alles ter goeder trouwen, ende zonder bedrogh oft arghelist, onder die verbintenisse van alle zyne goeden, renuncerende by trouwe ende eede tot alle zaken, desenieghenwoordighe contrarie zynde". PARDESSUS, Jean-Marie. *Collection de Lois Maritimes Antérieures au XVIIIe Siècle*, Paris: L'Imprimerie Royale, 1831. t. IV, p. 119.

17. Na tradução de Pardessus, "et veuilent et consentent, lesdicts asseureurs, que cette police d'asseurance soit d'aussi grand valeur comme si elle fut faicte et passée pardevant eschevins, notaires publicqz ou aultrement, le tout sans fraude ou malengin". No original: "Ende willen ende consenteren de zelue asseureurs, dat dese police van asseurantie van so grooter crachtsy, ghelick oft de zelue ghemawckt ende ghepasseert waere voor schpenen, openbare notarissen oft andersins, alles zonder bedrogh oft erghelist". PARDESSUS, Jean-Marie. *Collection de Lois Maritimes Antérieures au XVIIIe Siècle*. Paris: L'Imprimerie Royale, 1831. t. IV, p. 95. Trad. Nossa: "E desejando e consentindo, as referidos seguradoras, que esta apólice de seguro seja de tão grande valor como se ela fosse elaborada por advogados, tabeliães públicos ou outros, tudo sem fraude ou falsidade".

18. PARDESSUS, Jean-Marie. *Collection de Lois Maritimes Antérieures au XVIIIe Siècle*, Paris: L'Imprimerie Royale, 1831. t. IV. p. 133. Nota de rodapé 3.

19. Conforme tradução de Pardessus: "Et comme les contrats ou polices d'assurances sont tenus et estimés pour contrats de bonne foi, dans lesquels il ne doit y avoir aucune fraude ni tromperie, si l'on y découvre quelque fraude, teomperie ou friponnerie de la part de l'assuré ou des assurés, ou de celle des maîtres ou capitanes de navires, des pilotes ou autres, non-seulement ils ne profiteront pas de leur fraude, tromperie ou friponnerie, mais ils seront aussi tenus de la perte et des dommages-intérêts par eux causés, et punis corporellement, pour servir d'exemple et donner de la crainte aux autres: et même ils pourront être punis de mort comme pirates et voleurs manifestes, s'il se trouve qu'ils aient usé de

além da responsabilidade pelas perdas e danos e juros, submetia o fraudador a severa punição, inclusive com a possibilidade de punição corporal e/ou pena de morte em caso de maldade considerável. Esta previsão da boa-fé, por sua vez, seria recepcionada pela Ordenação de Middelbourg de 1600 (art. XXX).[20]

De outro lado, conforme tradução de Pardessus, a Ordenação de Amsterdã de 1606 obrigava "todos os comerciantes" "a estimar suas mercadorias, sobre as quais se deve custear o dano, à sua verdadeira valoração, e para que isso seja feito com mais boa-fé".[21] Admitida a tradução do autor, esta norma é significativa, na medida em que introduz qualificativo à boa-fé exigida dos contratantes, encontrando aplicação no contexto da mensuração dos danos provenientes do sinistro.

A análise dessas primeiras regulamentações dos Países Baixos denota o uso da boa-fé como traço característico do contrato de seguro, o qual apresentaria uma certa continuidade, naquele tempo e localidade, sempre empregado no contexto da fraude. Em alguns períodos, a boa-fé também determina a interpretação do contrato. Em outros, ganharia qualificativo. Os referidos usos, por outro lado, adquirem especial significado quando interpretados em conjunto com as demais normas desses regulamentos. Neste particular, com destaque para aquelas relativas à exigência de especificação, na apólice, dos bens e riscos objeto do seguro (e.g. navio, comandante, local de destino, local de deslocamento, tipo de mercadoria, sobretudo se perecível, arma de guerra ou dinheiro), sob pena de nulidade, em caso de falha do segurado, constantes da Ordenação de Amsterdã de 1598 (arts.

---

quelque malversation ou méchanceté considérable; le tour suivants les Placards publiés à ce sujet" (*Collection de Lois Maritimes Antérieures au XVIIIe Siècle*. Paris: L'Imprimerie Royale, 1831. t. IV, p. 133). Na tradução para o português de Poças: "Como os contratos ou apólices de seguro são tidos e estimados por contratos de boa-fé, nos quais não deve haver qualquer fraude ou engano, se se descobrir qualquer fraude, engano ou ardil da parte do segurado ou segurados (...) não só eles não beneficiarão da fraude, engano ou ardil, mas serão responsáveis pela perda causada e juros, e punidos corporalmente, para servir de exemplo e provocar temor aos outros; e podem mesmo ser punidos com a morte como piratas e ladrões manifestos se se considerar que usaram de maldade considerável" (POÇAS, Luís. *O Dever de Declaração Inicial do Risco no Contrato de Seguro*. Coimbra: Almedina, 2013. p. 35-36).

20. PARDESSUS, Jean-Marie. *Collection de Lois Maritimes Antérieures au XVIIIe Siècle*. Paris: L'Imprimerie Royale, 1831. t. IV, p. 178-179.

21. Tradução nossa, para o português, da tradução de Pardessus (do holandês para o francês): "Ils ont aussi ordonné que tous les marchands seront tenus d'estimer leurs marchandises, sur lesquelles on doit régler l'avarie, à leur véritable valuer; et afin que cela se fasse avec plus de bonne foi, les effets soumis à la contribution seront représentés par les parties auxdits commissaires, afin qu'ils puissent prendre des informations, et faire justice convenable". No original, em holandês: "Dat mede alle koopluyden gehouden sullen zijn haer goeden, daer over avarye gemaeckt sal worden, na de rechte waerde in te stellen. Ende op dat't selfde t'oprechter geschiede, dat d'ingestelde goeden by commissarissen partyen in handen gestelt sullen worden, om daer tegens te mogen seggen, en als dan voorts recht gedaen te worden, als na behoren" (PARDESSUS, Jean-Marie. *Collection de Lois Maritimes Antérieures au XVIIIe Siècle*. Paris: L'Imprimerie Royale, 1831. t. IV. p. 137 e 138).

XXX e XVII) e da Ordenação de Roterdã de 1604 e 1635 (art. VII).[22] Conforme será analisado no presente trabalho, este será um dos principais vetores de desenvolvimento da boa-fé no seguro na modernidade, a partir do reconhecimento do dever do segurado de declaração inicial do risco.

As Ordenações de Barcelona, de 1435, 1458 e 1484, tiveram importância destacada na regulamentação do seguro, não apenas na região da Catalunha, mas em todo o território mediterrâneo. Sua ampla difusão é explicada, de um lado, por terem sido publicadas, em um só corpo, com o *Consulado del Mar*, passando, assim, a adquirir notoriedade sob influência deste; de outro lado, pela maturidade das suas normas, que contrastavam com o caráter transitório dos estatutos anteriores. Sua importância, segundo Bensa, decorre não do fato de terem sido o primeiro diploma legal a tratar do seguro, tese já superada pela doutrina após a descoberta de regulamentos italianos mais antigos, mas por apresentarem, nas suas sucessivas edições, uma disciplina completa do seguro, compreendendo seus elementos básicos. Esta regulamentação, de forma gradual, adquiriu utilidade no comércio internacional, inclusive como fator de uniformidade, ingressando "no direito e nos costumes marítimos de todas as nações".[23]

A exigência de correção e veracidade no contrato de seguro não decorria, nas Ordenações de Barcelona, de previsão expressa da boa-fé, materializando-se no âmbito dos juramentos e declarações dos contratantes.[24] Nas suas três edições, segurado e segurador eram obrigados a prestar juramento de que o seguro era verdadeiro, e não ficto ou simulado (Capítulo IX das Ordenações de 1435; VI e VII das Ordenações de 1458; IX e X das Ordenações de 1484).[25] Também exigia-se

---

22. PARDESSUS, Jean-Marie. *Collection de Lois Maritimes Antérieures au XVIIIe Siècle*. Paris: Lmprimerie Royale, 1831. t. IV. p. 123, 124, 129 e 154.
23. BENSA, Enrico. *Il contratto di assicurazione nel medio evo*: studi e ricerche. [1884]. Whitefish: Kessinger Publishing; LLC, 2010. p. 82-83, 91-93.
24. Observa-se, nesse aspecto, que a tradução de Pardessus do Cap. I da Ordenação de Barcelona de 1484 faz menção à boa-fé, o que ocorre no contexto do quantum da coisa que era possível segurar e da parcela de risco a cargo do segurado, com a previsão de percentuais diferenciados para os súditos do Rei e os estrangeiros, nos seguintes termos: "Ceux qui se feront assurer, et à qui appartiendront les navires, changes, effets, et marchandises et autres objets de chargemen, devront courir de bonne foil le risque, savoir: les sujets de sa majesté pour un huitième; les étrangers pour un quart" (Tradução livre: "Os que forem segurados, e a quem pertencerem os navios, as trocas, os bens, as mercadorias e demais cargas, correrão o risco de boa-fé, a saber: os súditos de sua majestade por um oitavo; estrangeiros por um quarto"). Ocorre que o texto original do Catalão, citado pelo mesmo autor, não faz referência à boa-fé ("E que lo qui s'fará assegurar, è de qui seran los nauils, cambis è robes, mercaderies è hauers, hagen à córrer risch, çó es los vassalls de la magestat del senyor rey de la vuytena part, è los estrangers de la quarta part vertaderament"). Daí não ser possível afirmar que a boa-fé constava do Cap. I das Ordenações de 1484, conforme Pardessus (*Collection de Lois Maritimes Antérieures au XVIIIe Siècle*. Paris: L'Imprimerie Royale, 1831. t. V. p. 524-525).
25. PARDESSUS, Jean-Marie. *Collection de Lois Maritimes Antérieures au XVIIIe Siècle*. Paris: L'Imprimerie Royale, 1831. p. 497-498; t. V, p. 511; p. 532-533.

do segurado correção e veracidade no âmbito das declarações relativas às coisas seguradas, tanto em relação ao dever de especificá-las clara e distintamente, informar seu valor e titularidade, como de informar a inexistência de outro seguro com o mesmo objeto. Neste particular, o Capítulo VI das Ordenações de 1458 é ilustrativo:[26]

> Todos aqueles que fizerem seguro em seu próprio nome ou em nome de outrem (...) devem primeiro jurar que esses seguros são verdadeiros e não fictos, e que as coisas seguradas pertencem a eles ou àqueles por quem contratam o seguro (...); e que designarão nos referidos seguros, clara e distintamente, na medida do possível, as coisas que farão segurar, ou seja, o nome, peso, valor e estimativa, e que sobre elas nenhum seguro foi ou será feito em qualquer outro lugar; e que, se tiver sido feito ou vir a ser feito, notificarão o segurador assim que tomarem conhecimento (....) E se não fizeram essa notificação e os cônsules declararem que as coisas já estavam seguradas e eles, tendo conhecimento disso, não notificaram o segurador, o seguro estipulado será considerado fraudulento e ficto, e sem nenhum efeito; todo tempo as seguradoras adquirirão o prêmio.

Com base na referida norma, cujas primeiras linhas podem ser encontradas nas Ordenação de 1435 (Cap. IX),[27] a doutrina reconhece o pioneirismo das Ordenações de Barcelona na disciplina da declaração inicial do risco, especialmente

---

26. Tradução livre. Na tradução de Pardessus para o francês: "Tous ceux qui se font assurer en leur nom propre (ou en promettant en leur nom pour d'autres personnes dont ils ont le pouvoir), avec promesse de faire ratifier, seront tenus d'affirmer que les assurances qu'ils stipulent sont sincères et non fictives, et que les choses qu'ils font assurer appartiennent à eux ou à ceux pour qui ils se sont fait fort, ou à leurs associés; ils désigneront dans lesdites assurances, distinctement et clairement, autant que faire se pourra, les choses qu'ils feront assurer, c'est-à-dire le nom, le poids, la valeus et l'estimation, déclarant que sur ces choses aucune assurance n'a été ni ne sera prise dans un autre lieu, et que dans le cas où il en auroit été et où il en seroit pris, ils en avertiront les assureurs aussitôt qu'ils en auront connoissance, et qu'ils en feront faire mention au bas de la police d'assurance, en énonçant qu'ils ont reçu avis, qu'avant ou après, des assurances avoient été ou ont été prises sur ces choses, ainsi que le lieu et la quotité. S'ils négligent d'en donner avis, et si les consuls déclarent que celui dont les choses étoient déjà assurées l'a su et n'en a pas donné avis, l'assurance stipulée par lui sera réputée frauduleuse et feinte, et en conséquence déclarée nulle; les assureurs auront toutefois acquis la prime". No original: "Que tots è sengles qui s'faran assegurar en nom propri (ò de altre havent plen poder ò prometent en nom propi) de rato habendo, hajen primer à jurar que aquelles seguretats son vertaderes è no fictes, è que les coses que fan assegurar son lurs proprìes ò d'aquelles per qui s'fan assegurar è de lurs particips; è que posen è designen en les dites seguretats disctinctament è clara, tant com possible li sia, les coses sobre les quals se fan assegurar, çó es nombre, pes, cost, valor, è extima, è que no s'son fetes ò posades sobre aquelles coses seguretats en altre part ne s' en hi faran ò poseran aprés d'aquelles en altre part: è si seran fetes ò s'faran, que encontinent que ho sapien ne avisaran los asseguradors è n'faran fer menció en lo peu de la seguretat, narrant com son avisats que sobre aquelles coses abans ò aprés se son fets assegurar è lo loch on seran fetes è les quantitats que y seran fetes. E si no ho hauran denunciat è será declarat per los consols tal qui ha posada la seguretat haver ho sabut è no haver ho denunciat, que en tal cas seguretats sien haúdes per frauduloses è posades ab frau è fictes, è no sien d'algun effecte, tots temps havents guanyats los asseguradors los preus de tals seguretats (PARDESSUS, Jean-Marie. *Collection de Lois Maritimes Antérieures au XVIIIe Siècle*. Paris: L'Imprimerie Royale, 1831. t. V, p. 510-511).

27. PARDESSUS, Jean-Marie. *Collection de Lois Maritimes Antérieures au XVIIIe Siècle*. Paris: L'Imprimerie Royale, 1831. t. V, p. 497-498.

ao exigir do segurado que especifique, na formação do contrato de seguro, a coisa segurada, identificando suas principais características, como nome, peso e valor.[28] O texto seria reproduzido na Ordenação de 1484 (Cap. IX), com pequenas modificações, incluindo a pena de multa em caso de fraude nas declarações.[29] Outrossim, influenciaria diversas regulamentações para além do território da Catalunha.

2.1.1.4 Boa-fé nos primeiros tratados do seguro

A importância da boa-fé também foi reconhecida nos primeiros tratados do contrato de seguro do séc. XVI, notadamente nas obras de Pedro Santarém (ou Pedro Santerna), *Tractatus de assecurationibus et sponsionibus* mercatorum (1552),[30] de Benvenuti Stracchae, *Tractatus de assecurationibus* (1569),[31] e no Guidon de la Mer, redigido por autor desconhecido entre 1556 e 1584.[32]

O tratado de Pedro Santarém marcou o início do estudo científico e sistematizado do contrato de seguro.[33] Nele o jurisconsulto português expôs as bases fundamentais do seguro, o que o fez a partir do estudo das fontes romanas, com especial referência aos trabalhos de Bártolo e Baldo, e da sua aplicação para a solução de problemas práticos por meio do método de perguntas e respostas. Segundo Menezes Cordeiro, a obra de Santarém consiste, "em termos jurídico-científicos", "manifestação pioneira da primeira sistemática: humanista e periférica".[34][35]

---

28. Nesse sentido: POÇAS, Luís. *O Dever de Declaração Inicial do Risco no Contrato de Seguro*. Coimbra: Almedina, 2013. p. 32-33.
29. PARDESSUS, Jean-Marie. *Collection de Lois Maritimes Antérieures au XVIIIe Siècle*. Paris: L'Imprimerie Royale, 1831. t. V, p. 531-532.
30. SANTERNA, Petro. *Tractatus de assecurationibus et sponsionibus mercatorum*. Coloniae Agrippinae (1552), anno M. D. XCIX.
31. STRACCHAE, Benvenuti. *Tractatus de assecurationibus*. Venetiis, M. D. LXIX. 1569.
32. PARDESSUS, Jean-Marie. *Collection de Lois Maritimes Antérieures au XVIIIe Siècle*. Paris: L'Imprimerie Royale, 1831. t. II, p. 369 e ss.
33. AMZALAK, Moses Bensabat. *O tratado de seguros de Pedro Santarém*. Tradução do original em latim de Pedro Santarém por Miguel Pinto de Meneses. Lisboa, 1958. p. 8.
34. MENEZES CORDEIRO, António. *Direito dos Seguros*. 2. ed. Lisboa: Almedina, 2016. p. 84. A respeito da escola humanista, seu papel no direito privado e o conceito de sistematização periférica: MENEZES CORDEIRO, António. *Tratado de direito civil*. Coimbra: Almedina, 2012. t. I. p. 126 e ss.
35. A escola humanista é aquela que se desenvolve, a partir do séc. XVI, e se propõem a "reformar a metodologia jurídica dos comentadores no sentido de restaurar a pureza dos textos jurídicos da Antiguidade" (HESPANHA, António. *Cultura jurídica europeia*: síntese de um milénio. Coimbra: Almedina, 2018. p. 245-246). Do programa do humanismo jurídico, resulta, segundo Wieacker, a tentativa de sistematização do direito, com a "construção de conceitos gerais", de "substituir a ordem legal (histórica e sistemática) das Pandectas de Justiniano por um sistema interno, no qual se anunciasse já a exigência do espírito moderno quanto à ordenação lógica do mundo por um sistema natural" (*História do direito privado moderno*. 2. ed. 1967. Trad. A. M. Hespanha. 4. ed. Lisboa: Fundação Calouste Gulbenkian. p. 91-92 e 175-176). De acordo com Menezes Cordeiro, o humanismo jurídico contribuiu para o desenvolvimento da boa-fé no campo obrigacional em duplo sentido: retomou aspectos da *bona*

Dividida em cinco partes, a obra se ocupou de questões de significava importância para o desenvolvimento do seguro como contrato autônomo. Ao conceituá-lo como a "convenção pela qual, convencionado o preço de um risco, um toma para si o infortúnio do outro",[36] dedicou-se à análise da sua legitimidade e da licitude do seu objeto, especialmente afastando sua característica usurária. Também expôs a natureza inominada do contrato de seguro, distinguindo-o de outras modalidades, como da aposta; neste particular, lançando as bases do princípio segundo o qual o seguro não pode ser fonte de lucro para o segurado. Da mesma forma, destacou o papel basilar dos costumes mercantis e da boa-fé no seguro, tanto para o reconhecimento da sua validade, como para sua interpretação, estrutura e efeitos.[37]

A boa-fé está presente em diversas passagens da obra de Santarém, expressamente, no latim, *bona fides*. O conceito de boa-fé encontra especial desenvolvimento na "Parte V" da obra, onde se lê "deve-se guardar a boa-fé entre mercadores" (título 12).[38] Neste capítulo, a boa-fé é empregada no contexto do dolo e da fraude (como delito), servindo de fundamento para eximir o segurador da obrigação naqueles casos em que o segurado contrata o seguro sob a alegação de que as mercadorias são suas, quando, na verdade, são de propriedade de infiéis ou de inimigos da fé-cristã, muitas delas proibidas ou de exportação ilícita, em relação as quais o segurador não celebraria o contrato. Trata-se de hipótese de simulação, em que o segurado se diz titular dos bens para viabilizar a contratação de seguro, a qual não ocorreria se o segurador tivesse conhecimento das reais

---

fides romana que haviam ficado em segundo plano na Idade Média e realizou a primeira tentativa de tratamento unitário da boa-fé. São expoentes desse pensamento Cuiacius (1522-1590) e Donellus (1527-1591). O primeiro traz à tona as distinções entre contratos *stricti iuris* e *bona fidei*, próprias do direito romano pós-clássico, assim como os vários sentidos atribuídos à *bona fides* no *Corpus Iuris Civilis*, mantendo a diluição da boa-fé na *aequitas*. Sua sistemática, embora incipiente, teve o mérito, em relação ao conceito de boa-fé, de manter "viva a sua chama, evitando o seu relegar definitivo para o mero elemento da usucapião". Em Donellus, o conceito de boa-fé encontra avanços mais significativos. A boa-fé possessória é compreendida não como simples dado subjetivo, mas como comportamento correto, como ausência de dolo, enquanto a boa-fé contratual, positivamente, obriga à prestação do que é devido e, negativamente, à abstenção do dolo, da fraude e da coação. A sistematização de Donellus, portanto, retira da boa-fé possessória o puro fator psicológico, conferindo-lhe dimensão normativa, e atribui conteúdo preciso à boa-fé contratual, muito semelhante ao da primeira. Nesse sentido, confere à boa-fé "uma ideia unitária", "como princípio geral do Direito" (*Da Boa-fé no Direito Civil*. Coimbra: Almedina, 2013. p. 196-200).

36. AMZALAK, Moses Bensabat. *O tratado de seguros de Pedro Santarém*. Tradução do original em latim de Pedro Santarém por Miguel Pinto de Meneses. Lisboa, 1958. p. 20.

37. AMZALAK, Moses Bensabat. *O tratado de seguros de Pedro Santarém*. Tradução do original em latim de Pedro Santarém por Miguel Pinto de Meneses. Lisboa, 1958. p. 22.

38. AMZALAK, Moses Bensabat. *O tratado de seguros de Pedro Santarém*. Tradução do original em latim de Pedro Santarém por Miguel Pinto de Meneses. Lisboa, 1958. p. 138. No original: SANTERNA, Petro. *Tractatus de assecurationibus et sponsionibus mercatorum*. Coloniae Agrippinae (1552), anno M. D. XCIX. p. 96.

circunstâncias. Neste âmbito, a exigência de boa-fé adquire o sentido de vedação ao dolo ou fraude. A propósito, transcreve-se a fundamentação do autor:

> Com efeito, que dizer se as mercadorias eram de piratas ou outros inimigos da fé cristã? Quer dizer, se eram daqueles que levam coisas proibidas aos Sarracenos (....), coisas essas que não podem ser exportadas (...), como fazem muitos cujos nomes por honestidade calo? (...) Assim fazem, de facto, esses infiéis com alguns mercadores, que a estas coisas chamam de suas e as seguram como tais (...) Neste caso, eu entendo sem sombra de dúvida que é lícito ao segurador dizer, se as mercadorias forem por esse motivo aprisionadas: 'as coisas não eram tuas'. E isto é assim, não tanto pela natureza do contrato, pois, conforme se vê nos ditos direitos, pode-se contratar sobre coisa alheia, como pela boa fé deste contrato de seguro, pois se o segurador soubesse que as mercadorias pertenciam aos mencionados infiéis, certamente não faria o seguro. Item, porque esse segurado, procedendo como procede, é considerado incurso em dolo e fraude[39] (...) Defendo a opinião acima exposta, não por olhar à natureza do contrato, mas àquela boa-fé, que muito especialmente os mercadores devem observar, visto que entre eles não convém disputar das culminâncias do direito (...), tanto mais que o segurado parece ser culpado de dolo, e, por consequência, incurso em delito.[40]

Igualmente, analisando o mesmo contexto, o autor vale-se da máxima "ninguém deve alegar torpeza sua" para afastar a possibilidade do segurado requerer a devolução do prêmio na hipótese de *salvo arrivo*, sob a mesma alegação, de que as mercadorias pertenciam aos infiéis ou inimigos.[41]

Também podem ser encontradas em Santarém as primeiras linhas doutrinárias dos fundamentos da obrigação do segurado de declaração do risco, a qual, posteriormente, ganharia significativo desenvolvimento com base na boa-fé. O tema é analisado na "Parte III". No item 36, é possível perceber a preocupação do autor com o conhecimento do risco pelo segurador, na medida em que este mesmo risco varia conforme o navio utilizado para o transporte das mercado-

---

39. "Creio o mesmo se as mercadorias eram de pessoa que trazia inimizades ou guerra com a gente do porto de destino dessas mercadorias, ou com os seus aprisionadores (...) Isto acontece muitas vezes, e eu mesmo o posso testemunhar, porque um amigo pede a outro amigo que esteja em boas relações com esses inimigos, que diga que as mercadorias são suas e faça o seguro em seu nome". AMZALAK, Moses Bensabat. *O tratado de seguros de Pedro Santarém*. Tradução do original em latim de Pedro Santarém por Miguel Pinto de Meneses. Lisboa, 1958. p. 144. No original: SANTERNA, Petro. *Tractatus de assecurationibus et sponsionibus mercatorum*. Coloniae Agrippinae (1552), anno M. D. XCIX. p. 102-103.
40. AMZALAK, Moses Bensabat. *O tratado de seguros de Pedro Santarém*. Tradução do original em latim de Pedro Santarém por Miguel Pinto de Meneses. Lisboa, 1958. p. 144-145. No original: SANTERNA, Petro. *Tractatus de assecurationibus et sponsionibus mercatorum*. Coloniae Agrippinae (1552), anno M. D. XCIX. p. 102-103.
41. "Mas que dizer, na hipótese contrária? Salvas as coisas, poderá o segurado dizer ao segurador que lhe pede o prémio do risco: 'As coisas não eram minhas, mas dos infiéis ou inimigos; e, portanto, o segurado não sou eu? Dize que não, porque ninguém deve alegar torpeza sua". AMZALAK, Moses Bensabat. *O tratado de seguros de Pedro Santarém*. Tradução do original em latim de Pedro Santarém por Miguel Pinto de Meneses. Lisboa, 1958. p. 146. No original: SANTERNA, Petro. *Tractatus de assecurationibus et sponsionibus mercatorum*. Coloniae Agrippinae (1552), anno M. D. XCIX. p. 104.

rias (afirma, assim, "não ser igual a razão do seguro, quando as mercadorias se transportam em um navio, e quando se transportam em outro; costumam até os seguradores considerar isto com muita importância").[42] Por outro lado, nos itens 14 e 16, sustenta que a falsa declaração do segurado a respeito da existência das mercadorias vicia o contrato ("é de concluir que a falsa declaração e asserção daquele que diz ter mercadorias no valor de mil ducados, que na realidade não tem, vicia o contrato de seguro com ódio para si e favor para o segurador").[43] Isso porque, ao segurador, por ignorar a inexistência das coisas, faltaria consenso; e, do contrário, conhecedor das reais circunstâncias, não celebraria o contrato ("a razão é porque, doutro modo, aquele que prometeu o seguro e tomou sobre si o evento do risco mediante a recepção dum prémio, não faria o contrato";[44] "vê-se também faltar o consenso, porque o aceitante do perigo ignorava a inexistência das coisas").[45] Reconheceria, ainda, nesses casos, que a obrigação do segurado relativa do prêmio subsiste, imputando "a responsabilidade àquele que mente enganando o contraente".[46]

Desse modo, no referido capítulo, percebe-se outro importante âmbito de aplicação da boa-fé como ausência de dolo ou fraude em Santarém. Aqui, a boa-fé já não é mencionada expressamente, porém, está subjacente à fundamentação, que, em muitos aspectos, se assemelha com a exposta a propósito da simulação quanto à titularidade das mercadorias de infiéis ou inimigos. Em ambos os casos, o aspecto relevante para o reconhecimento do vício do contrato parece estar no falseamento de uma realidade cujo conhecimento pelo segurador obstaria a contração. Da boa-fé extrai-se, portanto, a exigência de veracidade dos contratantes.

---

42. AMZALAK, Moses Bensabat. *O tratado de seguros de Pedro Santarém*. Tradução do original em latim de Pedro Santarém por Miguel Pinto de Meneses. Lisboa, 1958. p. 78. No original: SANTERNA, Petro. *Tractatus de assecurationibus et sponsionibus mercatorum*. Coloniae Agrippinae (1552), anno M. D. XCIX. p. 43.
43. Nas palavras do autor: "assim como um falso acrescentamento vicia o contrato nominado (...) assim também parece que vicia este contrato de seguro" (...) "pelo que, se o dono não tiver no navio as mercadorias que disse ter, não deve com razão esse contrato valer em prejuízo do prometedor segurador (...), mormente também porque se vê pecar em coisa substancial do contrato". AMZALAK, Moses Bensabat. *O tratado de seguros de Pedro Santarém*. Tradução do original em latim de Pedro Santarém por Miguel Pinto de Meneses. Lisboa, 1958. p. 62-63. No original: SANTERNA, Petro. *Tractatus de assecurationibus et sponsionibus mercatorum*. Coloniae Agrippinae (1552), anno M. D. XCIX. p. 33-34.
44. AMZALAK, Moses Bensabat. *O tratado de seguros de Pedro Santarém*. Tradução do original em latim de Pedro Santarém por Miguel Pinto de Meneses. Lisboa, 1958. p. 63. SANTERNA, Petro. *Tractatus de assecurationibus et sponsionibus mercatorum*. Coloniae Agrippinae (1552), anno M. D. XCIX. p. 34.
45. AMZALAK, Moses Bensabat. *O tratado de seguros de Pedro Santarém*. Tradução do original em latim de Pedro Santarém por Miguel Pinto de Meneses. Lisboa, 1958. p. 62. SANTERNA, Petro. *Tractatus de assecurationibus et sponsionibus mercatorum*. Coloniae Agrippinae (1552), anno M. D. XCIX. p. 33.
46. AMZALAK, Moses Bensabat. *O tratado de seguros de Pedro Santarém*. Tradução do original em latim de Pedro Santarém por Miguel Pinto de Meneses. Lisboa, 1958. p. 65). No original: SANTERNA, Petro. *Tractatus de assecurationibus et sponsionibus mercatorum*. Coloniae Agrippinae (1552), anno M. D. XCIX. p. 36-37.

Ademais, sob a perspectiva funcional, a boa-fé serve à tutela da posição jurídica do sujeito que é enganado por desconhecer a realidade; no caso, o segurador.

A boa-fé também exerce outra função na obra de Santarém: é elemento ético que justifica o seguro em determinadas situações não consideradas proibidas ou imorais segundo os padrões da época. Esta orientação pode ser extraída da exposição analisada acima ("Parte V", itens 11 e 12), porquanto, com base no seu pensamento sobre a boa-fé, o seguro de mercadorias pertencentes aos infiéis ou inimigos da fé cristã é reprovado. De outro lado, apresenta-se, com mais clareza, na "Parte II", especialmente nos itens 18 e 25, em que o autor desenvolve o conceito de "causa honesta",[47] compreendida como condição não proibida ou torpe.[48] Neste particular, sustenta que "toda a causa não desonesta, mesmo estranha, justifica a estipulação".[49] Aqui, mais uma vez, não há o emprego da boa-fé, mas de termo semanticamente correlato (honestidade), o que, mediante interpretação sistemática da obra, permite a identificação de outra possível conotação da boa-fé: elemento ético por meio do qual é aferida a legitimidade do seguro e a própria licitude do seu objeto.[50]

Outra obra notável, do séc. XVI, que tratou do contrato de seguro, e, mais tarde, influenciaria decisivamente a *Ordonnance de la Marine* (1681), consiste no

---

47. AMZALAK, Moses Bensabat. *O tratado de seguros de Pedro Santarém*. Tradução do original em latim de Pedro Santarém por Miguel Pinto de Meneses. Lisboa, 1958. p. 43. No original: SANTERNA, Petro. *Tractatus de assecurationibus et sponsionibus mercatorum*. Coloniae Agrippinae (1552), anno M. D. XCIX. p. 15.
48. Desenvolvido pelo autor nos contratos de aposta, o conceito é extensível aos seguros, porquanto também estruturados sob uma condição ou evento incerto. AMZALAK, Moses Bensabat. *O tratado de seguros de Pedro Santarém*. Tradução do original em latim de Pedro Santarém por Miguel Pinto de Meneses. Lisboa, 1958. p. 45. No original: SANTERNA, Petro. *Tractatus de assecurationibus et sponsionibus mercatorum*. Coloniae Agrippinae (1552), anno M. D. XCIX. p. 17-18.
49. Nas palavras do autor, "o mesmo, sendo a condição 'se casar ou não' (...) ou quaisquer outras semelhantes que não se achem proibidas nem são torpes em si, como, por exemplo, 'se a rainha der à luz um rapaz ou uma rapariga'. Advirta-se, no entanto, que neste último exemplo Odofredo e Azão, citados por Páris, sustentam que não é válida a promessa ou compromisso feito sob condição de evento incerto, embora honesto, como, por exemplo, 'se te nascer um rapaz, der-me-ás dez; e se nascer uma rapariga, darei eu a ti'. Contudo, parece que é válida, porque toda a causa não desonesta, mesmo que estranha, justifica a estipulação". AMZALAK, Moses Bensabat. *O tratado de seguros de Pedro Santarém*. Tradução do original em latim de Pedro Santarém por Miguel Pinto de Meneses. Lisboa, 1958. p. 45-46. No original: SANTERNA, Petro. *Tractatus de assecurationibus et sponsionibus mercatorum*. Coloniae Agrippinae (1552), anno M. D. XCIX. p. 17-18.
50. Nesse sentido, aproximando a abordagem do autor relativa à "causa honesta" da boa-fé, sustenta Amzalak, autor português que se destaca pelo notável conhecimento da obra de Santarém: "Também Santarém estabeleceu com admirável precisão estes dois princípios fundamentais de contrato de seguro: a) ser contrato de inteira boa-fé; não ser meio de o segurado se locupletar, mas só de evitar prejuízos. Assim, quanto à primeira destas condições, diz que quando a causa do compromisso é desonesta o compromisso não vale; e quanto à segunda, estabelece que os seguros se contraem como precaução e não como o fim de lucrar". AMZALAK, Moses Bensabat. *O tratado de seguros de Pedro Santarém*. Tradução do original em latim de Pedro Santarém por Miguel Pinto de Meneses. Lisboa, 1958. p. 22.

Guidon de la Mer. Redigido em França, na cidade de Rouen, por autor desconhecido, possivelmente, segundo Pardessus, entre 1556 e 1584, teve como propósito estabelecer os princípios do direito marítimo, compilando, em um único corpo de doutrina, os usos e costumes da época. Dividido em vinte capítulos, o livro dedicou especial atenção ao contrato de seguro, apresentando, ao final, sua fórmula (capítulos I, II, III, IV, V, XII, XV, XVI, XVII e XX). Diferentemente do tratado de Santarém, o Guidon de la Mer fora estruturado sob a forma de artigos. Adverte Pardessus, contudo, que não se tratou de uma lei, mas de obra doutrinaria.[51]

A boa-fé aparece já no primeiro capítulo Guidon de la Mer ("Contratos ou apólices de seguros, sua definição, conformidade e diferença em relação a outros contratos marítimos"), a propósito da forma de celebração do contrato de seguro, se por escrito ou pela confiança. Assim, no art. II, o qual registra que os seguros não eram celebrados por escrito no passado e "se diziam em confiança", pois o segurado "confiava na boa-fé e prudência do seu segurador, supondo que os escrevia no seu livro da razão".[52] O mesmo artigo, porém, reconheceria o desuso e a própria nulidade da forma não escrita, tendo em vista que se passou a exigir a celebração do seguro por meio de tabeliões e notários. Não obstante, o referido dispositivo constitui importante fonte acerca do uso da boa-fé nos primórdios do seguro, na medida em que registra o papel desta no sentido de fidelidade e vinculação ao pacto; a obrigatoriedade do seguro, assim, decorria da confiança na palavra dada.

---

51. PARDESSUS, Jean-Marie. *Collection de Lois Maritimes Antérieures au XVIIIe Siècle*, Paris: L'Imprimerie Royale, 1831. t. II. p. 369-376.
52. Tradução livre. "Os seguros são feitos e redigidos por contrato escrito, comumente chamado de apólice se seguro; no passado eram feitos sem escrita, que se diziam ser em confiança, porque aquele que estipulava o seguro não fazia seus pactos por escrito, mas confiava na boa-fé e prudência do seu segurador, supondo que os escrevia no seu livro da razão. Os primeiros, escritos, são aqueles que são atuais, e dos quais os mercadores normalmente fazem uso. Os últimos são proibidos em todos os lugares, tanto pelos abusos e diferenças que surgem, como por ser um acto público para o qual a comunidade de mercadores, sob o bom prazer do Rei, nomeia e estabelece um escrivão: não é lícito aos indivíduos passá-los entre si, tal como não é lícito a outros contratos, para os quais são instituídos notários e tabeliões, todos sob pena de nulidade". No original, conforme Pardessus: "Asseurances se font et se dressent par contract porté par escrit, appellé vulgairement police d'assurance. On en faisoit anciennement sans escrit, qui estoient dites en confiance, parce que celuy qui sipuloit l'assurance ne faisoit ses pactions en escrit, mais se confiot en la bonne foy et la pru'hommie de son asseureur, supponsant qu'il les escrivoit sur son livre de raison. Les premieres, portées par escrit, sont celles qui ont cours, et desquelles usent ordinairement les marchandes. Les dernieres sont prohibées en toutes places, tant pour les abus et differens qui en surviennent, comme aussi estant acte public pour lequel la communauré des marchands, sous le bon plaisir du Roy, nomme et establit un greffier: il n'est licite aux particuliers les passer entr'eux, non plus que les autres contracts, pour lesquels notaires et tabelions sont institutez, le tout à peine de nullité" (PARDESSUS, Jean-Marie. *Collection de Lois Maritimes Antérieures au XVIIIe Siècle*, Paris: L'Imprimerie Royale, 1831. t. II. p. 377 e 378).

Entretanto, é no segundo capítulo da obra ("O que a apólice deve conter"), que a tutela da confiança ganha especial concretização, no art. XV, mediante o emprego de termos e expressões semânticas e funcionalmente correlatas à boa-fé, como "fidelidade", "lealdade no tráfego" e "prud'hommie". O referido artigo destaca a posição de confiança do segurador nas declarações prestadas pelo segurado acerca das mercadorias objeto do seguro, dispondo sobre o modo de proteção dessa confiança sob a forma das exceções de dolo e fraude. Conforme a tradução de Luís Poças, assim dispõe:[53]

> O segurador em tudo confia na rectidão do seu segurado; porque, embora o mercador exponha na apólice as condições nas quais entende segurar-se, o segurador, quando subscreve o contrato não entra em conferência verbal com o segurado; apenas lê o que está escrito naquela apólice, sem ver o tipo, a quantidade nem a qualidade das mercadorias, assentando na rectidão e fidelidade do mercador, pressupondo que o mesmo é leal no seu tráfego; se este não o for, o segurador forma as suas defesas e as suas exceções sobre o dolo e sobre a fraude do seu segurado, tal como o pupilo e a viúva e o ausente, que não podem e não devem ser enganados.

Novamente, aqui, as noções de confiança, lealdade, retidão e fidelidade se colocam no contexto do dolo e da fraude, servindo à tutela do segurador que confia na declaração do segurado a respeito das mercadorias objeto do seguro. Observa-se, ainda, que o art. VII, do mesmo capítulo, sanciona com a nulidade do contrato toda fraude cometida contra o segurador.[54]

2.1.1.5 Característica bona fides do seguro e suas primeiras funções

Na fase de formação do seguro na modalidade marítima, foram desenhadas as primeiras linhas da natureza *bona fides* do contrato de seguro. Ainda bastante

---

53. POÇAS, Luís. *O Dever de Declaração Inicial do Risco no Contrato de Seguro*. Coimbra: Almedina, 2013. p. 35. No original, conforme Pardessus: "L'assueureur en tout se confie en la prud'hommie de son asseuré; car, nonobstant que le marchand chargeur expose sur sa police les pactions et conditions sous lesquelles il entend se faire asseurer, toutesfois l'asseureur, lorsqu'il signe la somme, n'entre en conference verbale avec l'assuré; it lit seulement ce qui est escrit au-dessous du style d'icelle police, sans vior la sorte, la quantité ny qualité des marchandises, suivant en cela la relation, prud-hommie et fidelité de son marchand chargeur, presuposant qu'il soit loyal en sa trafique: s'il fait autrement, il ne faut trouver estrange, perte advenant, si comme le pupile, la vefve, l'asent, qui ne peuvent ou ne doivent ester trompés, l'asseurer forme ses deffences et ses exceptios sur le dol et fraude de son asseuré, ausquelles il est recevable, les prouvant". PARDESSUS, Jean-Marie. *Collection de Lois Maritimes Antérieures au XVIIIe Siècle*, Paris: L'Imprimerie Royale, 1831. t. II. p. 383.
54. Tradução livre. "Toda pessoa que trapaceie, engane ou desfalque suas cargas, conhecimento, fretamento, para surpreender seu segurador, e que em razão desse ato ocorra um inconveniente, verificada a fraude, o seguro será nulo". Original, conforme Pardessus: "Toute personne qui fera finesse, tromperie, ou malversation en sa carguaison, connoissement, affretement et charte-partie, pour surprendre son assureur, et qu'il en advienne inconvenient, la verification faite de la fraude, l'asseurance sera nulle (...)". PARDESSUS, Jean-Marie. *Collection de Lois Maritimes Antérieures au XVIIIe Siècle*, Paris: L'Imprimerie Royale, 1831. t. II, p. 381.

distante do significado moderno, esta característica aparece com uma pluralidade de usos e funções nos primeiros regulamentos e tratados do seguro. Seu emprego é tópico e assistemático, muito embora possam ser identificados alguns sentidos preponderantes e campos específicos de concreção.

Por influência da *Lex Mercatoria* medieval, a *bona fides* foi introduzida na disciplina do contrato de seguro para a promoção da confiança entre segurado e segurador. Nesta função, recebeu dois sentidos precisos. Em um uso originário, expressou fidelidade e vinculação ao pacto, o que se percebe no contexto do seguro celebrado verbalmente.[55] Esta acepção, contudo, logo cairia em desuso por conta da exigência da forma escrita.[56] De outro lado, também promovendo a confiança, a *bona fides* apresentou uso mais expressivo como vedação ao dolo ou à fraude. Este é o seu sentido proeminente, que receberia maior desenvolvimento na doutrina, de influência humanista, e nos regulamentos da época.

Como vedação ao dolo ou à fraude, o campo fértil de concreção da *bona fides* no seguro é no âmbito das declarações dos contratantes, especialmente do segurado, relativas ao risco objeto do contrato (identificação da coisa segurada, sua titularidade, valor, ausência de outro seguro com o mesmo objeto etc.).[57] Nesse âmbito de concreção, a *bona fides* adquire sentido específico de vedação ao falseamento de uma realidade, já que o dolo e a fraude são caracterizados por uma declaração falsa. Outrossim, a boa-fé serve à tutela da confiança do contratante que é enganado ou induzido ao erro por desconhecer determinada realidade.

Neste aspecto, tanto na doutrina como na legislação, a boa-fé alcança maior concreção na tutela da confiança do segurador nas declarações do segurado. Porém, a isso não se restringe; ao menos formalmente, também serve à tutela do segurado. Também há de ser destacado que a tutela dessa confiança, em caso de declaração falsa, ocorria por meio da exceção de dolo, e as consequências eram variadas, envolvendo desde a ausência de eficácia do contrato ou nulidade até a responsabilidade por perdas e danos e multa, e, em casos estremos, punição corporal ou pena de morte.

Nessa primeira fase de desenvolvimento do seguro, a *bona fides* também aparece, não tanto com sentido preciso, vinculada aos costumes do comércio e à

---

55. Conforme Bonolis: "prima ti tutto, parlando della forma externa di questo contratto, noteremo come da principio si stipulasse verbalmente, in fede; e si continuò a far così anche dopo che si fu introdotto l'uso di redigere le assicurazioni per inscrito, come demostra la legge genovese del 1369 che parla di contratti conclusi *cum scriptura vel sine*" (*Svolgimento strorico dell'assicurazione in italia*. Firenze: Bernardo Seeber. 1901. p. 42).
56. VALIN, René-Josué. *Commentaire sur L'Ordonnance de la Marine, du mois d'aout 1681* (1760). Poitiers: F.-A. Saurin, Imprimeir-Libraire. 1829. p. 446.
57. BONOLIS, Guido. *Svolgimento strorico dell'assicurazione in italia*. Firenze: Bernardo Seeber. 1901. p. 50.

própria noção de *aequitas*.[58] Também é empregada a propósito da legitimidade do pacto. Nesse sentido, especialmente a partir da obra de Santarém, pode ser identificada uma segunda função desempenhada pela *bona fides* no seguro: elemento ético que justifica o contato, fundamentando a sua legitimidade e a licitude do seu objeto, em situações não consideradas proibidas ou imorais. Nesse âmbito, a boa-fé é empregada em sentido amplo, assumindo significado genérico e uma certa conotação moral, como conceito que remete aos valores mais elevados da ordem jurídica.

2.1.2 Boa-fé na fase de desenvolvimento moderno do seguro

A característica *bona fides* do contrato de seguro, cujas primeiras linhas foram introduzidas na fase de formação na modalidade marítima, seria recepcionada na fase subsequente, de expansão e desenvolvimento moderno do seguro, que, segundo a historiografia, compreende a segunda metade do século XVII até o final do séc. XVIII. Em linha de continuidade com a tradição anterior, a importância da boa-fé no seguro seria reconhecida na doutrina e nas regulamentações da época. O seu uso, porém, ainda é oscilante. Ora o emprego da boa-fé é tópico e assistemático, sem sentido técnico preciso, de modo que o conceito não encontra avanço dogmático significativo. Ora a característica *bona fides* do seguro é objeto de alguma sistematização, apresentando, então, conteúdo mais definido e avanço enquanto conceito jurídico.

2.1.2.1 *Expansão e desenvolvimento moderno do seguro*

Da segunda metade do século XVII ao final do séc. XVIII, o seguro passou por importante fase de expansão, também denominada fase de desenvolvimento moderno.[59] Na base da evolução do seguro nesse período está o desenvolvimento econômico e industrial da Inglaterra. Com o domínio do comércio marítimo europeu pelos países do norte, Londres se tornou o centro de desenvolvimento do seguro marítimo, cujas práticas seriam aperfeiçoadas pelos seguradores ingleses, com destaque para a técnica do cosseguro.[60] Neste particular, teria especial importância a figura do Lloyd's, que, ainda no século XVIII, tornou-se

---

58. AMZALAK, Moses Bensabat. *O tratado de seguros de Pedro Santarém*. Tradução do original em latim de Pedro Santarém por Miguel Pinto de Meneses. Lisboa, 1958. p. 22.
59. Já tivemos oportunidade de analisar esse período da história do seguro em: PETERSEN, Luiza. *O risco no contrato de seguro*. Roncarati: 2018. p. 33-38. MIRAGEM; PETERSEN. *Direito dos Seguros*. Rio de Janeiro: Forense. 2022. p. 11 e ss.
60. Sobre a história do seguro na Inglaterra: RAYNES, Harold. *A History of British Insurance*. London: Sir. Issac Pitman & Sons Ltda, 1954.

a principal associação de seguradores individuais,[61] cuja atuação no mercado de seguros inglês é decisiva até os dias atuais.

É também nesse período, na Inglaterra, que o seguro terrestre (gênero que compreende as modalidades não marítimas) encontrou significativo desenvolvimento. O grande incêndio de Londres, de 1666, impulsionou a prática do seguro de incêndio, o qual, a partir de então, expandiu-se na Inglaterra e por toda a Europa.[62] Da mesma forma, foi na Inglaterra que o seguro de vida se desenvolveu e teve sua legitimidade reconhecida. Assim, no Gambling Act de 1774, o qual reconhecia a licitude não apenas da contratação de seguro sobre a própria vida, mas também sobre a vida de outrem, desde que a pessoa segurada consentisse com o contrato e com o seu valor.[63] Aos poucos, então, o seguro de vida passou a ser permitido em outros países europeus,[64] em muitos dos quais, até o momento, estava expressamente proibido porque desvirtuado em mera especulação ou aposta.[65]

Esse período histórico também é caracterizado pelo surgimento das companhias de seguro. O volume cada vez maior dos riscos envolvidos na operação de seguro, decorrente não apenas da ampliação das rotas do comércio marítimo, mas da própria expansão das modalidades terrestres, passou a exigir dos seguradores uma novo arranjo para a exploração da atividade. Surgiram, desse modo, as sociedades anônimas, cuja estrutura societária e capacidade financeira passaria a conferir maior segurança à operação de seguro.[66] Inicia-se, com isso, a prática da atividade por companhias seguradoras, cuja preponderância no mercado de seguros é observada ainda nos dias atuais.[67]

---

61. RAYNES, Harold. *A History of British Insurance*. London: Sir. Issac Pitman & Sons Ltda, 1954. p. 112. Suas atividades iniciariam em café fundado por Edward Lloyd, já na segunda metade do séc. XVII, onde comerciantes e seguradores se reuniam para tratar de negócios e seguros marítimos. Conforme Moitinho Almeida: "O café Lloyd's existia, ao que parece, já em 1688, fundado por Edward Lloyd. Três vezes por semana aí se publicava o Lloyd's News, narrando os principais acontecimentos marítimos, e aí se reuniam os interessados em notícias sobre a navegação. Quando, em 1692, o café se mudou para a Rua dos Lombardos, iniciou-se a actividade de cosseguro, que hoje caracteriza o Lloyd's. Nele se reuniam os principais seguradores, que aí tratavam em comum de negócios de seguros, sobretudo marítimos" (ALMEIDA, J. C. Moitinho. *O Contrato de Seguro no Direito Português e Comparado*. Lisboa: Livr. Sá da Costa, 1971. p. 8).
62. DONATI, Antigono. *Trattato del Diritto delle Assicurazioni Private*. Milano: Giuffrè, 1952. v. I. p. 74.
63. DONATI, Antigono. *Trattato del Diritto delle Assicurazioni Private*. Milano: Giuffrè, 1952. v. I. p. 75-76.
64. Em França, por exemplo, autorizou-se a constituição da primeira companhia de seguro de vida, em 1787, com apoio de juristas como Pothier e Portalis (MENEZES CORDEIRO, António. *Direito dos Seguros*. 2. ed. Lisboa: Almedina, 2016. p. 69).
65. Entre os séculos XVI e XVII, os seguros de vida foram proibidos pelas ordenações da Antuérpia (1570); pelas ordenações de Amsterdã (1598); de Middelburg (1600); de Rotterdam (1694); bem como pela Ordenação francesa de 1681 (DONATI, Antigono. *Trattato del Diritto delle Assicurazioni Private*. Milano: Giuffrè, 1952. v. I. p. 67 e 75).
66. VIVANTE, Cesare. *Del Contratto di Assicurazione*. Torino: UTET, 1936. p. 4-8.
67. "Esse movimento, iniciado sobretudo no campo marítimo e em regime de monopólio, intensificou-se ao longo do séc. XVIII. A partir de então, por toda a Europa, salvo em Londres, onde, paralelamente,

Consequência da exploração do seguro por grandes companhias foi o surgimento da empresa seguradora e, com ela, da própria técnica securitária,[68] que se caracteriza por estruturar a operação de seguro em sólidas bases financeiras e científicas que conferem maior segurança e previsibilidade ao segurador.[69] De um lado, consequência natural da prática do seguro por grandes companhias, de forma reiterada e sistemática, com a formação de uma "massa numerosa e difusa de segurados",[70] seria a incorporação da técnica da mutualidade. De outro lado, um segundo movimento de fortalecimento da atividade de seguros guarda relação com o progresso dos estudos matemáticos,[71] que tornariam possível o cálculo estatístico do risco assumido pelo segurador, agregando segurança e previsibilidade no ajuste do prêmio.

Em linha de continuidade com a fase de desenvolvimento anterior, assistiu-se, nesse período, a um movimento de consolidação da disciplina jurídica do seguro marítimo. Verificou-se o advento de novas regulamentações sobre a matéria, as quais, em geral, incorporavam os usos surgidos na prática, reafirmando muitas das normas que já encontravam previsão nos regulamentos anteriores. Nesse sentido, destaca-se a *Ordonnance de la Marine* de 1681, editada por Louis XIV, cuja importância, em matéria de seguro marítimo, transcenderia o território francês e a própria época da sua edição, servindo de base ao Código Comercial francês de 1807.

Nos países baixos, podem ser destacadas as Ordenações de Roterdã de 1694 e de 1721 e de Amsterdã de 1744. Na tradição germânica, o *Assecuranz-und Haverey Ordnung der Stadt Hamburg*, de 1731; o *Assecuranz-und Haverey Ordnung für sämtliche königlichen Preussischen Staaten*, de 1766; e o não menos importante *Allgemeines Landrecht für die Preußischen Staaten*, de 1794, que se particularizou, entre outros tantos aspectos, por prever, pela primeira vez, uma disciplina legal ampla e geral aos seguros terrestres.[72]

---

subsistiram os seguradores individuais, o seguro passa a ser explorado preponderantemente por companhias seguradoras" (PETERSEN, Luiza. *O risco no contrato de seguro*. São Paulo: Roncarati: 2018. p. 36).
68. DONATI, Antigono. *Trattato del Diritto delle Assicurazioni Private*. Milano: Giuffrè, 1952. v. I. p. 76.
69. Nas palavras de Vivante, a operação de seguros passa-se a estrutura-se em um comércio "sistemático e prudente". VIVANTE, Cesare. *Del Contratto di Assicurazione*. Torino: UTET, 1936. p. 7.
70. Trad. Livre. VIVANTE, Cesare. *Del Contratto di Assicurazione*. Torino: UTET, 1936. p. 7.
71. "Em 1654, Blaise Pascal (1623-1662) e Pierre de Format (1601-1665) criaram as bases do cálculo de probabilidades: um esforço depois retomado pelo holandês Cristiann Huygens (1629-1695), que, em 1657, publica uma obra sobre cálculo e jogos de azar. O suíço Jaques Bernouilli (1654-1705) apura as leis dos grandes números, que permitem o estabelecimento das primeiras tábuas de mortalidade. Antoine Deparcieux (1703-1768), em 1746, publica a primeira tábua de mortalidade, em França. Paralelamente, em Inglaterra, Edmond Halley (1656-1742) dá à estampa, em 1693, um artigo sobre tábuas de sobrevivência, na base das pesquisas de Caspar Neumann (1648-1715)" (MENEZES CORDEIRO, António. *Direito dos Seguros*. 2. ed. Lisboa: Almedina, 2016. p. 66).
72. DONATI, Antigono. *Trattato del Diritto delle Assicurazioni Private*. Milano: Giuffrè, 1952. v. I. p. 73 e 77.

Na ciência jurídica, o contrato de seguro ainda se desenvolveria nos domínios do direito comercial, preponderando o exame do seguro marítimo. Assim, em Roccus (*A treatise on ships and freight and a treatise on insurance*, de 1655); Casaregis (*Discursus legales de commercio*, de 1707); Emerigon (*Treatise Insurances*, de 1783), Park (*A system of the law of marine insurance*, de 1787). Outrossim, o tipo contratual foi objeto de análise nas primeiras manifestações do jusracionalismo, notadamente em Grotius (*De iure belli ac pacis*, de 1625, e *Inleiding tot Hollandsche Rechts-geleertheyd*, de 1631).

2.1.2.2 Boa-fé e seguro nos primórdios da ciência comercial e do jusracionalismo

Pelo menos até a primeira metade do século XVIII, a boa-fé no seguro foi compreendida pela doutrina em linha de continuidade com a tradição anterior. Foi empregada para caracterizar o seguro como contrato *bona fides*. Ora em sentido contraposto à fraude e ao dolo. Ora em sentido não tão preciso ou genérico, para expressar os costumes do comércio e a própria noção de *aequitas*. Seu uso ainda era tópico e assistemático. Em comparação à fase anterior, de surgimento e formação do seguro, a boa-fé não receberia desenvolvimento dogmático significativo.

Nesses termos, a boa-fé apareceria na ciência comercial italiana, berço de desenvolvimento da doutrina do seguro marítimo. De acordo com Casaregis (*Discursus legales de commercio*, primeira edição 1707), a boa-fé caracteriza o contrato de seguro (como um contrato *bonae fidei*), exigindo que não haja dolo nem fraude, aproximando-se da equidade que rege o comércio.[73] Em Roccus (*A treatise on ships and freight and a treatise on insurance*, de 1655), a boa-fé tem aplicação bastante reduzida e tópica. Em abordagem que aproxima o seguro da aposta, o autor emprega a noção de "honest consideration".[74] Em outra passagem, a boa-fé do comércio fundamenta a impossibilidade de exceção de não pagamento do prêmio tão logo da subscrição da apólice.[75]

---

73. No original: "iste enim contractus assecuratonis est bonae fidei (...) et ideo requiritur in illo bona fides, non dolus, nec fraus (...) sed solùm aequitas, quae est anima commercii". CASAREGIS, Josephi Laurentii Mariae de (1707). *Discursus legales de commercio.* Venetiis: Typographia Balleoniana, 1740. t. 1. Disc. 1, n. 2-4, p. 3.
74. ROCCUS, Francesco. *A treatise on ships and freight and a treatise on insurance* (1655). Translated from the latino of Roccus. With notes by Joseph Reed Ingersoll. New Jersey, The Lawbook Exchange Ltd. 2007. Cap. 73, p. 135.
75. ROCCUS, Francesco. *A treatise on ships and freight and a treatise on insurance* (1655). Translated from the latino of Roccus. With notes by Joseph Reed Ingersoll. New Jersey, The Lawbook Exchange Ltd. 2007. Cap. 131, p. 132.

Da mesma forma, sem maiores desenvolvimentos dogmáticos, a boa-fé aparece, a propósito do seguro, nas primeiras manifestações do jusracionalismo.[76] Em Grotius, é empregada com maior relevância no âmbito do seguro na obra *Inleiding tot Hollandsche Rechts-geleertheyd* (1631).[77] No Cap. XXIV,[78] do Livro III, em que o autor se ocupa do contrato de seguro, recorre à boa-fé em duas passagens. No item 6, onde se lê que "o contrato de seguro pode ser feito na forma que as partes desejarem, perante o tribunal, perante notários, perante testemunhas, ou de próprio punho, e nas condições que desejarem, desde que não haja nada contrário à boa-fé"; e prossegue, "caso contrário, esta estipulação é nula e sem efeito, mantendo o resto do contrato o seu efeito".[79] E no item 20, segundo o qual

---

[76]. Como explica a doutrina, "esta escola, que se desenvolve nos séculos XVII e XVIII, retoma a antiga tradição do direito natural na busca de leis imutáveis, de validade geral perante a comunidade, deduzidas da natureza das coisas. Sua contribuição para o direito civil moderno deve-se, sobretudo, a renovação metodológica, que não chegou a ser feita pelos humanistas, e no contexto de uma renovação geral do modo de produção do conhecimento, que se realiza também em relação às ciências naturais. Parte-se do desenvolvimento de um raciocínio lógico sistemático, a partir da contribuição de autores fundamentais como Galileu e Descartes, mediante análise da realidade e dedução de conclusões, como critério de validade geral do conhecimento. O método torna-se, assim, legitimador do conhecimento, o que no caso do direito passa a impor um rigoroso processo de aferição da realidade e formulação de regras de validade geral. A busca de leis naturais que expliquem a realidade também permite deduzir axiomas para o comportamento social. O ser humano torna-se objeto de observação de modo a poder deduzir-se leis naturais para a vida social. Para tanto, serve-se da herança do jusnaturalismo clássico de dedução de um direito geral válido para toda a humanidade, fundando-se somente na valorização da autonomia da razão humana" (MIRAGEM, Bruno. Teoria Geral do Direito Civil. Rio de Janeiro: Editora Forense, 2021. p. 51). São consideradas fundantes desta escola de pensamento as obras *De iure belli ac pacis*, de Hugo Grotius (1625), e *De iure naturae et gentium*, de Samuel Pufendorf (1672). Análise detalhada dos fundamentos do jusracionalismo, dos seus fundadores e sistemáticos, assim da ligação do jusracionalismo com o iluminismo e os códigos jusracionalistas, é encontrada em: WIEACKER, Franz. *História do direito privado moderno*. 2. ed. 1967. Trad. A. M. Hespanha. 4. ed. Lisboa: Fundação Calouste Gulbenkian. p. 279 e ss.

[77]. GROTIUS, Hugo. *The jurisprudence of Holland* (1631). Trad. por R. W. LEE da segunda edição de 1631. Oxford: Clarendon Press. 1926. A respeito desta obra de Grotius, destaca-se as palavras de Wieacker: "Uma das primeiras e mais felizes exposições de uma ordem jurídica nacional com recurso à estrutura global do direito comum; relacionada de um modo particular a liberdade, característica da perspectiva histórico-jurídica da jurisprudência elegante, a sensibilidade jurídica tradicional e a ética pessoal do seu criador. A obra é ainda indispensável para a interpretação da sua concepção de direito natural e das gentes e para compreensão dos seus fundamentos no direito comum" (WIEACKER, Franz. *História do direito privado moderno*. 2. ed. 1967. Trad. A. M. Hespanha. 4. ed. Lisboa: Fundação Calouste Gulbenkian. p. 324-325).

[78]. A obra é dividida em três livros. O primeiro sobre os princípios do direito e a condição legal do homem. O segundo sobre os direitos reais. E o terceiro sobre os direitos pessoais. Neste último, são tratados os diversos tipos contratuais, entre eles o seguro (no Cap. XXIV).

[79]. Tradução livre. Na tradução para o inglês: "The contract of insurance may be made in any way the parties please, before the court, before notarires, before witnesses, or under hand, and on such conditions as they please, provided there is nothing contrary to good faith (....) otherwise such stipulation is null and void, the rest of contract retaining its effect". No original, em holandês: "Verzeeckering mag gheschieden in zulcker voege als de handelaers willen, voor 't gerechte, voor ghemachtigde schrijvers, voor getuigen, ofte onder haer hand, ende op zulcke voewaerden als haer gelieft, mids niet strijdende jegens de goede trouwe (...) anders is zulcken beding krachtelooos, blijvende 't vorder in sijn waerde".

"se qualquer contratante agir com desonestidade ele é responsável por todas as perdas e danos, além de sua responsabilidade criminal".[80]

As referidas passagens, e o papel nelas desempenhado pela boa-fé, devem ser compreendidas considerando dois aspectos fundamentais. Em primeiro lugar, o uso que o autor fez da boa-fé (ou fides) nas obras anteriores, em contraposição à perfídia,[81] o qual repercute na sua compreensão da boa-fé no seguro. Em segundo lugar, o papel desempenhado pela boa-fé nas fontes primárias da obra, a saber: Ordenações de Philip II, de Amsterdam, de Roterdam e de Middelburg. Neste particular, destaca-se que a exigência de uma atuação honesta, desenvolvida pelo autor no item 20, foi fundamentada, precisamente, nos arts. 31 da Ordenação de Amsterdã e 30 da Ordenação de Middelberg, que reconheciam expressamente a característica *bona fides* do seguro, como vedação ao dolo e à fraude.[82]

Dessa leitura da obra de Grotius resulta a conclusão de que o autor deu continuidade à tradição anterior, retirando das Ordenações o conteúdo da boa-fé no contrato de seguro. Na sua sistematização, porém, a boa-fé não é elemento central, mas periférico. Por tal circunstância, embora presente, não recebe maiores desenvolvimentos. Daí porque a contribuição de Grotius para o desenvolvimento da boa-fé no seguro diz respeito muito mais à circunstância da sua obra ter apresentado o conceito, permitindo, sua recepção em uma nova fase histórica-jurídica, do que propriamente pelo aprimoramento teórico do conceito em comparação à doutrina anterior.[83]

Para além desse aspecto, outro âmbito de contribuição das primeiras obras do jusracionalismo para o desenvolvimento da boa-fé seguro diz respeito à con-

---

GROTIUS, Hugo. *The jurisprudence of Holland* (1631). Trad. R. W. LEE da segunda edição de 1631. Oxford: Clarendon Press. 1926. p. 421-423.
80. Tradução livre. Na tradução para o inglês: "If any party to this contract acts dishonestly he is liable for all costs, damages and loss of profit in addition to his liability to criminal proceedings". No original em holandês: "Wie in deze overkominge listelick handelt, is ghehouden in alle kosten, schaden ende winstderving, boven de straffe van de hooge overheid". GROTIUS, Hugo. *The jurisprudence of Holland* (1631). Trad. R. W. LEE da segunda edição de 1631. Oxford: Clarendon Press. 1926. p. 426-427.
81. WOLFGANG, Fikentscher. *De fide et perfidia*. München, 1979. p. 40 e ss. Como explica Menezes Cordeiro, a partir da obra de Finkentscher, o "essencial do pensamento grociano sobre a boa-fé compreende-se no Cap. VI do seu livro *Parallelon reum publicarum liber tertius*, escrito, provavelmente, em 1601 ou 1602", no qual a boa-fé recebe uso bastante amplo, em contraposição à perfídia, sem receceber uma definição, sendo empregada em uma pluralidade de situações ("entre aliados", "como fase do contrato", "perante o inimigo", "no exercício de direitos" e "como fundamento do direito intencional"). Outrossim, é objeto de gradação, sendo mais intensa nas relações contratuais (*Da Boa-fé no Direito Civil*. Coimbra: Almedina, 2013. p. 214-215).
82. Nas quais os seguros eram "tidos e estimados por contratos de boa-fé, nos quais não deve haver nenhuma fraude ou engano" ("contracten van goeder trouwe daer inne geen fraude noch bedrog hehoort te geschieden"). Tradução livre. PARDESSUS. *Collection de Lois Maritimes Antérieures au XVIII e Siècle*, Paris: L'Imprimerie Royale, 1831. T. IV. p. 133.
83. MENEZES CORDEIRO, António. *Da Boa-fé no Direito Civil*. Coimbra: Almedina, 2013. p. 216-217.

solidação e explicitação da regra segundo a qual este contrato é nulo quando o segurado ou o segurador, no momento da contratação, já sabiam que a coisa tinha chegado em segurança no local do destino ou que teria se perdido. E isso porque – é com base nesse conceito, que estaria presente em Grotius[84] e Pufendorf –[85] que autores posteriores, como Valin, vão fundamentar uma linha de aplicação da boa-fé no seguro, em sentido subjetivo, para fins de tornar legítima a contratação em caso de risco putativo, ou seja, naqueles casos em que o risco já tenha cessado ou se concretizado na forma de sinistro na ocasião da contratação, porém esta circunstância não seja do conhecimento dos contratantes, de boa-fé.

O conceito de boa-fé no contrato de seguro, tendo permanecido estático, em estado assistemático, sem avanços doutrinários significativos, até o início do século XVIII, receberia, a partir de então, linhas de desenvolvimento mais precisas. Neste particular, podem ser identificadas três tradições: a do *common law* inglês, a francesa e a germânica.

2.1.2.3 Primeiras linhas do princípio da boa-fé no seguro do common law

Na fase de desenvolvimento moderno do seguro, assistiu-se, no *common law* inglês, à recepção da *bona fides* da *Lex Mercatoria*. Este fenômeno é de significativa importância: permitirá o afloramento posterior do princípio da *uberrima fides* (ou *utmost good faith*).[86] Outrossim, guarda íntima relação com a própria

---

84. "O contrato com a finalidade de evitar um perigo, chamado contrato de seguro, será totalmente nulo se a parte contratante souber que a coisa em questão chegou com segurança ao local de destino, ou que ela pereceu; não só em razão da igualdade exigida pela natureza dos contratos comutativos, mas devido ao próprio objeto deste contrato, que se sustenta sobre um dano duvidoso. O preço deste perigo deve ser definido pela estimação comum". Trad. livre. GROTIUS, Hugo. *Le droit de la guerre et de la paix*. Paris: PUF, 2005 (L. II, C. XII, §XXIII), p. 345.
85. PUFENDORF, Samuel. *De iure naturae et gentium*. Libri Octo. (1684). Livro V. Cap. IX. § 8. p. 763. Observa-se, também, que em Pufendorf (1632-1694), *De iure naturae et gentium*, a *fides* aparece como reforço à vinculabilidade dos contratos. Da mesma forma, no usucapião, como elemento psicológico: "crença na transferência efectiva do domínio, a seu favor". Também é empregada para caracterizar os contratos *bonae fidei*, em contraposição aos *stricti iuris*, sendo reconhecido, nos primeiros, o poder do juiz de arbitrar e estimar as consequências da sua violação. A despeito dessas aplicações, a doutrina não reconhece, nos trabalhos de Pufendorf, o esforço de sistematização ou tratamento unitário da boa-fé. Seria, a boa-fé, conceito disperso e difuso, apresentando papel secundário na vinculação dos pactos (MENEZES CORDEIRO, António Manuel da Rocha e. *Da Boa-fé no Direito Civil*. Coimbra: Almedina, 2013. p. 217).
86. ZIMMERMANN, Reinhard; WHITTAKER, Simon. Good Faith in European Contract Law: surveying the legal landscape. In: ZIMMERMANN, Reinhard; WHITTAKER, Simon. *Good Faith in European Contract Law*. Cambridge: Cambridge University Press, 2008. p. 41-42. EGGERS, Peter; PICKEN, Simon. *Good Faith and Insurance Contracts*. 4. ed. Abingdon: Informa Law from Routledge, 2018. p. 95 e ss. A doutrina também registra algum papel da *equity* nesse processo. De acordo com Park, este processo seria resultado de dois principais fatores, verificados a partir do séc. XVI, quando as Cortes

fundação do direito comercial inglês, sendo parte integrante do processo maior de recepção da *Lex Mercatoria*, ou seja, dos usos e costumes comerciais internacionais, pelo *common law*, que pode se dizer iniciado na segunda metade do séc. XVII e levado a cabo ao final do séc. XVIII.

Originalmente, a *Lex Mercatoria*, ou direito dos comerciantes, não era parte integrante do *common law*. Este regulava as relações comerciais internas, e as relações comerciais internacionais eram disciplinadas por aquele. Nesse contexto, a aplicação do que seria um direito do comércio pelas cortes inglesas ocorria de forma fragmentada e desordenada. Ao longo do séc. XVII, contudo, no momento em que o *common law* passou a editar normas sobre o comércio internacional, as cortes inglesas foram chamadas a uma aplicação integrada do direito dos comerciantes e dos novos regulamentos sobre o comércio internacional. Daí o início de um movimento de construção de um corpo coerente de normas que incorporasse os diferentes estratos do direito do comércio. E que resultará, ao longo do séc. XVIII, na fundação do direito comercial inglês, sob o protagonismo do Chief of Justice Lord Mansfield.[87]

Consequência natural desse fenômeno foi a incorporação da *bona fides*, enquanto princípio fundamental das relações mercantis, notadamente das relações de seguro. Neste particular, podem ser observadas, já no século XVI, manifestações da *bona fides* nos regulamentos ingleses do contrato de seguro. Este é o caso da obrigação do segurado, ou do tomador do seguro, de não ocultar nada em prejuízo do segurador, e atuar com verdade, sem praticar nenhuma manobra ou engano, sob pena de nulidade da apólice e liberação do segurador, prevista no *London Insurance Code* (conjunto de regras editadas nos anos 1570-1580).[88]

---

do Common law passaram a ter jurisdição sobre questões mercantis, inclusive seguros. Em primeiro lugar, é resultado da própria recepção dos usos e costumes mercantis, *Lex Mercatoria*, como parte do *common law*. Em segundo lugar, do desenvolvimento no common law de uma ação ("assumpsit") para casos de descumprimento geral do contrato, a qual repousava na noção de boa-fé (PARK, Semin. *The duty of disclosure in insurance contract law*. England: Dartmouth, 1996. p. 21-22). Segundo Eggers e Picken, contudo, "não parece haver dúvida de que a noção de *uberrima fides* pertence ao *common law*, via o direito mercantil. A questão que se coloca é como a noção foi colocada em prática e o quanto a *equity* contribuir para isso". Ao final, conclui que "o dever de boa-fé é muito mais uma figura do *common law*, pelo menos no que diz respeito aos contratos de seguro. Não é correto dizer que a *equity* e o *common law* tenham se fundido em um só corpo nesta fase" (Tradução livre, *Good Faith and Insurance Contracts*. 4. ed. Abingdon: Informa Law from Routledge, 2018. p. 101 e 118).

87. EGGERS, Peter; PICKEN, Simon. *Good Faith and Insurance Contracts*. 4. ed. Abingdon: Informa Law from Routledge, 2018. p. 95 e ss. Maiores considerações sobre o direito dos mercadores e o *common law* podem ser encontradas em TRAKMAN, Leon. *The law Merchant*: the evolution of commercial law. Littleton: Fred. B. Rothman 7 Co, 1983. p. 27 e ss. Especificamente sobre a *bona fides* no direito mercantil: MEYER, Rudolf. *Bona fides und lex mercatoria in der europäischen Rechtstradition*. Wallstein Verlag Göttingen. 1994.

88. No original: "All persons whatsoever, that will cause any Assurance to be made, and meaneth to take any benefit by Assurance... shall not conceale any thing, that may tend to the hurt & hindrance of the

Este e outros usos da boa-fé ingressariam na Inglaterra por meio das práticas e costumes do comércio internacional, tanto das apólices celebradas com mercadores estrangeiros, como das regulamentações sobre o seguro marítimo cuja influência transcendia o território de origem.

O processo de recepção da boa-fé mercantil como princípio do contrato de seguro no *common law* teve como marco o *leading case Carter v. Boehm* (1766).[89] Nele, Lord Mansfield lançou as bases do que, um século mais tarde, será desenvolvido como princípio da *uberrima fides* no Direito dos Seguros inglês.[90] A importância do caso decorre não propriamente do fato de ter sido o primeiro, no *common law*, a aplicar a boa-fé aos contratos de seguro (neste aspecto, são registradas manifestações anteriores da boa-fé na jurisprudência inglesa, ainda que por meio de conceitos funcionalmente correlatos).[91] Sua importância se justifica, ao contrário, por ter sido o primeiro em que o princípio da boa-fé foi analisado com maior profundidade e detalhamento no seguro, assim alcançando uma sistematização mais significativa. Da mesma forma, pode ser explicada pela própria notoriedade do seu julgador.[92]

Em *Carter v. Boehm*, discutia-se o pagamento de seguro cujo objeto era a garantia de eventuais perdas suportadas pelo segurado, Governador George Carter, em razão da tomada, por inimigos, do Fort Marlborough, situado na ilha

---

Assurer, but with playne and true meaning shall give & continue his Assureance for as the Assurer putteth himself in place of the Assured... so ought the Assured to practice no sleight nor deceip, to the hindrance of the Assurer; And if any deceipt be found & so judged by the Iudges, or Councellors appointed for the tyme being, such pollicy of Assureance shalbe voyd, and the Assurer shalbe freed". Conforme EGGERS, Peter; PICKEN, Simon. *Good Faith and Insurance Contracts*. 4. ed. Abingdon: Informa Law from Routledge, 2018. p. 99.

89. 3 Burr 1905. Disponível em: http://www.uniset.ca/other/cs2/97ER1162.html. Acesso em: jul. 2021.
90. PARK, Semin. *The duty of disclosure in insurance contract law*. England: Dartmouth, 1996. p. 23-23.
91. O uso anterior da boa-fé, ou a referência a uma exigência de disclose, em litígios envolvendo contratos de seguro, é registrado pela doutrina já na segunda metade do séc. XVII e na primeira metade do séc. XVIII. Assim, Wakeham v. Carter (1680); Stockden's Case (1686) e The Mayflower (1692); *Whittingham v Thornburgh* (1690) 2 Vern 206; em Skin 327, 90 ER 146, segundo Park, proferida durante o reinado de William and Mary; *De Costa v Scamdre* (1723); Roberts v. Fonereau (1742); Seaman v. Fonerau (1743). Conforme: EGGERS, Peter; PICKEN, Simon. *Good Faith and Insurance Contracts*. 4. ed. Abingdon: Informa Law from Routledge, 2018. p. 6 e 99. PARK, James. *A system of the law of marine insurances*. London: Saunders and Benning, Law Booksellers, 1842. v. 1. p. 405. BENNETT, Howard N. *Mapping the doutrine of utmost good faith in insurance contract law*. 1999. Disponível em: https://www.i-law.com/ilaw/doc/view.htm?id=365505. Após o precedente *Carter v. Boehm*, veja-se: *Lindenau v Desborough* (1828); *Jones v The Provincial Insurance Co* (1857); *Wheelton v. Hardisty* (1858); *Ionides v The pacific Fire and Mariane Insurance Co* (1871); *Brownle v Campbell* (1880). Conforme: EGGERS, Peter; PICKEN, Simon. *Good Faith and Insurance Contracts*. 4. ed. Abingdon: Informa Law from Routledge, 2018. p. 6-7, nota 43. Outros precedentes em: PARK, James. *A system of the law of marine insurances*. London: Saunders and Benning, Law Booksellers, 1842. v. 1.
92. EGGERS, Peter; PICKEN, Simon. *Good Faith and Insurance Contracts*. 4. ed. Abingdon: Informa Law from Routledge, 2018.

de Sumatra. Ocorrido o sinistro, tendo o forte sido tomado pelos francesas, o segurador recusou o pagamento sob a alegação de que o segurado teria ocultado fatos relevantes do risco contratado, quais sejam: as condições precárias do forte, incapaz de resistir a eventual ataque de inimigos, e a probabilidade de ataque pelos franceses. O caso foi julgado em favor do segurado. Entre os fundamentos da decisão, destacou-se a ausência de fraude ou ocultação de fatos relevantes. Em síntese, porque o segurador estaria em melhores condições que o segurado de conhecer os riscos de ataque pelos franceses, e, em relação às condições do forte, estas também eram do conhecimento do segurador, o qual não formulou perguntas, assumindo o estado do risco.[93]

A decisão é paradigmática, pois declarou a aplicação do princípio da boa-fé aos contratos de seguro, nele reconhecendo a função de dissuasão da fraude e fundamentando o dever recíproco dos contratantes de *disclosure*, isto é, de revelação e não ocultamento de fatos relevantes do risco garantido. Especificamente, quando conhecidos por uma parte (a quem cabe prestar a informação) e ignorados pela outra (receptora da informação). Reconheceu, ainda, que o descumprimento desse dever caracteriza fraude mesmo quando tenha ocorrido por erro ou sem a intenção de levar a outra parte ao erro ou ao engano. Transcreve-se, abaixo, os termos da decisão:[94]

> O seguro é um contrato de especulação. Os fatos especiais, sobre os quais a hipótese contingente deve ser calculada, são mais frequentemente de conhecimento exclusivo do segurado: o segurador confia na sua declaração, e procede com base na confiança de que ele não omite circunstâncias do seu conhecimento, para enganar o segurador a respeito de uma circunstância que não existe, e para o induzir a calcular o risco, como se não existisse. A retenção de tal circunstância é uma fraude, e portanto a apólice é nula (...)
>
> O princípio é aplicável a todos os contratos e transações. A boa fé proíbe as partes de ocultarem aquilo que somente elas sabem, para barganhar, em razão do desconhecimento sobre tal fato, e da sua crença em sentido contrário (...)
>
> A razão da regra que obriga as partes a revelar, é prevenir a fraude, e encorajar a boa fé.[95]

---

93. (1766) 3 Burr 1905. p. 1164-1165. Disponível em: http://www.uniset.ca/other/cs2/97ER1162.html. Acesso em: jul. 2021.
94. (1766) 3 Burr 1905. p. 1164-1165. Disponível: http://www.uniset.ca/other/cs2/97ER1162.html. Acesso. Jul. 2021. Trad. nossa. No original: "Insurance is a contract upon speculation. The special facts, upon which the contingent chance is to be computed, lie most commonly in the knowledge of the insured only: the under-writer trust to his representation, and proceeds upon confidence that he does not keep back any circumstance in his knowledge, to mislead the under-writer into a belief that the circumstance does not exist, and to induce him to estimate the risque, as if it did not exist. The keeping back such circumstance is a fraud, and therefore the policy is void (...) The governing principle is applicable to all contracts and dealings. Good faith forbids either party by concealing what he privately knows, to draw the other into a bargain, from his ignorance of that fact, and his believing the contrary (...) The reason of the rule which obliges parties to disclose, is to prevent fraud, and to encourage good faith".
95. Destaca-se outras passagens da fundamentação da decisão: "Although the suppression should happen through mistake, without any fraudulent intention; yet still the under-writer is deceived, and the po-

Da referida decisão, podem ser extraídas as seguintes diretrizes: (i) o princípio da boa-fé aplica-se a todos os contratos, inclusive ao seguro; (ii) dele decorre a proibição de ocultamento e não revelação de fatos, e o consequente dever de revelação de fatos à contraparte; (iii) esta proibição restringe-se aos fatos eficientes ou materiais, pertinentes ao objeto do contrato; e aos fatos que são privadamente conhecidos por um contratante, e desconhecidos pelo outro, ou que este não deveria conhecer. Especificamente no contrato de seguro, (i) o princípio da boa-fé fundamenta a proibição de ocultamento e não revelação de fatos relevantes do estado de risco garantido, e o consequente dever de revelação desses mesmos fatos; (ii) este dever é recíproco, tanto do segurado como do segurador, porém, ganha maior expressão em relação do segurado, que, em geral, é quem detém conhecimento privativo das circunstâncias especiais do risco; (iii) o descumprimento deste dever caracteriza fraude, na medida em que leva a contraparte ao erro ou engano, resultando na invalidade do contrato; (v) o contrato é nulo mesmo que não haja intenção de fraude; (vi) tutela-se a confiança do contratante induzido ao erro ou ao engano.[96]

A decisão de *Lord Mansfield* em *Carter v. Bohem* é representativa e está inserida no contexto de um conjunto de decisões judiciais, proferidas ao longo dos séc. XVII e XVIII, em que não apenas o tema da "non-disclosure" (vedação ao ocultamento de circunstâncias), mas também da "non-misrepresentation" (dever de não fazer representações falsas), foram enfrentados em conexão com

---

licy is void; because the risque run is really different from the risque understood and intended to be run, at the time of the agrément (...) The policy would equally be void, against the under-writer, if he concealed; as, if he insured a ship on her voyage, which he privately knew to be arrived: and an action would lie to recover the premium" (...) "This definition of concealment, restrained to the efficient motives and precise subject of any contract, will generally hold to make it void, in favour of the party misled by his ignorance of the thing concealed. There are many matters, as to which the insured my be innocently silente – he nedd not mention what the under-writer knows (...) The insured need not mention what the under-writer ought to know; what he takes upon himself the knowlegde of; or what he waves being informed of." Trad. nossa: "Embora a supressão deva acontecer por erro, sem qualquer intenção fraudulenta; no entanto, ainda assim o segurador é enganado, e a apólice é nula; porque o risco assumido é realmente diferente do risco compreendido e previsto, no momento do acordo (...) A apólice seria igualmente nula, contra o segurador, se ele ocultasse; como, se ele segurasse um navio na sua viagem, que ele sabia em privado que chegaria: e uma ação recairia para reaver o prêmio" (...) "Esta definição de ocultação, limitada aos motivos eficientes e ao objeto exato de qualquer contrato, geralmente terá por efeito torná-la nula, a favor da parte enganada em razão do seu desconhecimento acerca da circunstância omitida. Existem muitos assuntos, relativamente aos quais o segurado será inocentemente silente – ele não precisa referir aquilo que o segurador sabe (...) O segurado não precisa referir o que o subscritor deveria saber; o que ele próprio toma conhecimento; ou aquilo que ele afirma ter sido informado". (1766) 3 Burr 1905. p. 1164-1165. Disponível em: http://www.uniset.ca/other/cs2/97ER1162.html. Acesso. jul. 2021.

96. A respeito das diretrizes da decisão: PARK, Semin. *The duty of disclosure in insurance contract law*. England: Dartmouth, 1996. 23 e ss.

a fraude e/ou com a boa-fé pelas cortes inglesas.[97] Em *Fillis v Brutton* (1782), por exemplo, caso em que se discutia o ocultamento de circunstâncias pelo segurado, constou da decisão que "em todos os seguros, é essencial para o contrato, que o segurado declare o verdadeiro estado do navio ao máximo do seu conhecimento. Com base nessa informação os subscritores comprometem-se (...) Ele é obrigado a dizer a verdade ao subscritor".[98] Em *Pawson v. Watson* (1778), por sua vez, foi declarado, por *Lord Masfield*, que, "todas as transações, pelo menos no âmbito dos seguros, tinham que ser justas e honestas, de acordo com a lei dos mercadores".[99]

Nesse período do Direito dos Seguros inglês, o princípio da boa-fé se desenvolveu em conexão com a fraude. As decisões judiciais em cuja fundamentação é possível perceber a boa-fé – manifestada expressamente ou por conceitos funcionalmente correlatos – geralmente tinham em voga a fraude no seguro, notadamente a praticada pelo segurado na fase pré-contratual, relacionada à ocultação de circunstâncias ou à declaração falsa.

A doutrina do seguro, por sua vez, que, da jurisprudência que se formava, buscava extrair um corpo unitário e sistemático, e encontrou em Alan Park um dos seus expoentes, também tratava da boa-fé sob a tónica da fraude. Na obra "*A system of the law of marine insurance*", cuja primeira publicação remonta 1787, Park teorizou o instituto da fraude no seguro, identificando suas três espécies a partir das decisões judiciais: declaração falsa consciente; ocultação de circunstâncias; e declaração falsa errônea.[100] Desse modo, a boa-fé é conceito presente na obra, empregado tanto para caracterizar o contrato de seguro, no qual se exigiria a mais pura boa-fé, como para fundamentar a sua nulidade em caso de fraude, desde a mais grave até a mais leve.[101] Contudo, a boa-fé aparece em segundo plano, sob a tónica da fraude; no capítulo cujo foco é sistematizar a fraude, e não a boa-fé.[102]

---

97. PARK, James. *A system of the law of marine insurances*. London: Saunders and Benning, Law Booksellers, 1842. v. 1. p. 403 e ss.
98. Trad. nossa. No orginal: "in all insuraces, it is essencial to the contract, that the assured should represent the true state of the ship to the best of his knowlege. On that information the underwriters engage (...) He is boud to tell the underwriters truth". PARK, James. *A system of the law of marine insurances*. London: Saunders and Benning, Law Booksellers, 1842. v. 1. p. 414.
99. Trad. nossa. No original: "all dealings, at least in world of insurance, had to be fair and honest in accordance with the law of merchants". EGGERS, Peter; PICKEN, Simon. *Good Faith and Insurance Contracts*. 4. ed. Abingdon: Informa Law from Routledge, 2018. p. 95.
100. Tradução nossa. PARK, James. *A system of the law of marine insurances*. London: Saunders and Benning, Law Booksellers, 1842. v. 1. p. 404.
101. Nas palavras do autor, "a policy of insurance being a contract of the purest good faith is vacated by the least degree of fraud or undue concealment". Trad. Nossa: "a apólice de seguro, sendo um contrato de mais pura boa-fé, é revogável ao menor nível de fraude ou ocultação indevida". PARK, James. *A system of the law of marine insurances*. London: Saunders and Benning, Law Booksellers, 1842. v. 1. p. 403-404.
102. PARK, James. *A system of the law of marine insurances*. London: Saunders and Benning, Law Booksellers, 1842. v. 1. p. 403 e ss.

A despeito dessa abordagem da boa-fé, não propriamente como conceito central do sistema, mas periférico (salvo em *Carter v. Bohem*, no qual seria possível identificar um papel mais proeminente), a contribuição do moderno Direito dos Seguros para o desenvolvimento posterior do princípio da boa-fé no *common law* é da mais alta relevância. Nele, a doutrina e a jurisprudência lançam as bases, e a sistematização, que permitirá o desenvolvimento do princípio da *uberrima fides* como norma fundamental do Direito dos Seguros inglês. Segundo Nicole Schneider, a expressão *uberrima fides* ainda não teria o seu uso consolidado na época, aparecendo, pela primeira vez, no *common law*, em decisão judicial, proferida em 1798, no caso Wolff v. Horncastle.[103]

Observa-se, nesse sentido, que o mesmo quadro teórico da fraude, construído pela doutrina do séc. XVIII, a partir das decisões judiciais, servirá de base para o desenvolvimento do princípio da *uberrima fides* nos séculos seguintes. Isso porque os mesmos institutos da "non-disclosure" (proibição de ocultação de circunstâncias) e da "non-misrepresentation" (proibição de realizar representações falsas), que estavam na base da sistematização da fraude, serão, então, desenvolvidos pelo Direito dos Seguros inglês sob a ênfase do princípio da boa-fé. Inverte-se, portanto, a perspectiva. O antigo quadro teórico da fraude passa a ter a boa-fé em primeiro plano.[104] A boa-fé, então, assumiria posição central no Direito dos Seguros inglês contemporâneo, sendo, inclusive, positivada no Marine Insurance Act 1906 (Article 17).

2.1.2.4 Boa-fé na tradição francesa pré-codificação

Em França, a característica *bona fides* do contrato de seguro encontrou desenvolvimento no período pré-codificação. Na época, estava em vigor a *Ordonnance de la Marine*, editada em 1681, por Louis XIV. Tratou-se de importante diploma normativo, que buscou compilar os diversos usos, regras e princípios de direito marítimo que, na tradição francesa, estavam esparsos na doutrina, jurisprudência e em regulamentos antigos. Disciplinou o seguro marítimo em um total 74 de artigos (Título VI, Livro III).[105] Nessa extensa regulamentação não há referência à boa-fé. Observa-se, contudo, a previsão de certos deveres do

---

103. No caso, aparecia a propósito da interpretação do contrato de seguro, e não propriamente de um dever de informação. SCHNEIDER, Nicole. *Uberrima fides. Treu und Glauben und vorvertragliche Aufklärungspflichten im englischen recht*. Berlin: Duncker & Humblot, 2003. p. 68 e 77. No mesmo sentido: BENNETT, Howard. The Three Ages of Utmost Good Faith. In: MITCHELL; WATTERSON (Ed.). *The World of Maritime and Commercial Law*. Hart Publishing. 2020. p. 66.
104. Veja-se, por exemplo, EGGERS, Peter; PICKEN, Simon. *Good Faith and Insurance Contracts*. 4. ed. Abingdon: Informa Law from Routledge, 2018.
105. VALIN, René-Josué. *Commentaire sur L'Ordonnance de la Marine, du mois d'aout 1681* (1760). Poitiers: F.-A. Saurin, Imprimeir-Libraire. 1829. Prefácio. p. 443 e ss.

segurado de descrição do risco. Assim, no art. 31, que exige que sejam discriminadas na apólice mercadorias com riscos de "coulage", sob pena do segurador não responder pela respectiva perda; e no art. 53, que exige do segurado que declare ao segurador a existência de outros seguros para o mesmo bem, sob pena de ineficácia do contrato em caso de ocultamento ou falsidade (art. 54).[106] A fraude e o modo de sua punição também eram objeto de uma série de dispositivos (art. 22 c/c 23 e 24 e art. 38).[107]

A ausência de previsão da boa-fé a propósito do seguro na *Ordonnance*, entretanto, não deve ser compreendida como uma ruptura com a tradição mercantil, que reconhecia o papel proeminente da boa-fé no seguro e que constaria do *Guidon de la Mer* (e, portanto, da própria tradição francesa que se formava). Da mesma forma, não impediu o desenvolvimento do conceito da boa-fé no seguro pela doutrina no período pré-codificação. Nesse sentido, o desenvolvimento dogmático da boa-fé no seguro seria protagonizado por autores como Valin, Emerigon e Pothier, cujos pensamentos, para além da própria *Ordonnance*, influenciariam decisivamente a disciplina do seguro marítimo no Código Comercial de 1807.

Em Valin, em seu célebre "Commentaire sur L'Ordonnance de la Marine" (1760),[108] a boa-fé não é objeto de grandes avanços dogmáticos. É empregada de forma assistemática, em sentido subjetivo, como estado de fato do segurado ou do segurador, sem algum sentido normativo ou prescritivo de condutas. Aparece, assim, como estado subjetivo que se contrapõe à fraude, tanto para caracterizar a ausência de dolo quanto a ausência de conhecimento de determinado fato. Com a primeira conotação, é empregada no contexto da vedação à contratação de seguro por mais do que valha o bem (nos comentários aos arts. 22 e 23 da *Ordonnance*). Não sendo comprovada a fraude, a qual não se presume, e por causa da presunção de boa-fé, deve-se concluir, nas palavras do autor, que o seguro foi contratado acima do valor por engano ou inadvertência do segurado.[109] O conceito de fraude, por sua vez, constaria com maior clareza dos comentários do autor aos art. 53 e 54 da *Ordonnance*, que tratam da declaração do segurado sobre a existência de outros seguros para o mesmo objeto, no qual distingue os efeitos das declarações

---

106. VALIN, René-Josué. *Commentaire sur L'Ordonnance de la Marine, du mois d'aout 1681* (1760). Poitiers: F.-A. Saurin, Imprimeir-Libraire. 1829. Prefácio. p. 500, 554 e 555.
107. VALIN, René-Josué. *Commentaire sur L'Ordonnance de la Marine, du mois d'aout 1681* (1760). Poitiers: F.-A. Saurin, Imprimeir-Libraire. p. 488, 489, 490, 511.
108. VALIN, René-Josué. *Commentaire sur L'Ordonnance de la Marine, du mois d'aout 1681* (1760). Poitiers: F.-A. Saurin, Imprimeir-Libraire. 1829.
109. VALIN, René-Josué. *Commentaire sur L'Ordonnance de la Marine, du mois d'aout 1681* (1760). Poitiers: F.-A. Saurin, Imprimeir-Libraire. 1829. p. 489.

fraudulentas e não fraudulentas. Neste sentido, compreende a fraude como o "dolo deliberado" ou que "não pode ser atenuado ou desculpado".[110]

Por outro lado, especificamente como estado subjetivo caracterizado pela ausência de conhecimento de determinado fato, a boa-fé é empregada a propósito do real estado do risco e do seu conhecimento pelos contratantes. Em outros termos, aparece no contexto da tradicional regra do risco putativo, segundo a qual a apólice sobre risco passado – já ocorrido, na forma de sinistro, ou cessado, em caso de *salvo arrivo* – é nula desde que esses fatos sejam do conhecimento, respectivamente, do segurado e/ou do segurador (art. 38 da *Ordonnance*). Segundo Valin, o seguro pode "ser legitimamente feito em caso de perda ou chegada com segurança, no respeito da boa-fé das partes. Eles acreditavam que os riscos não haviam cessado, e isso parecia suficiente para fazer a segurança deles subsistir em tal caso". Contudo, "sem esta boa-fé o acordo seria ilegítimo e fraudulento, consequentemente nulo".[111] Para tanto, cita Grotius e Pufendorf.[112] Nesse contexto, portanto, a boa-fé é estado subjetivo que legitima a contratação, e, em última análise, que também se contrapõe à fraude.

Em relação à declaração do segurado das circunstâncias do risco, ou relativas à existência de outro seguro para o mesmo bem, o autor não retira da boa-fé algum papel normativo ou prescritivo de condutas. Exige que as declarações sejam conforme a verdade, ou sinceras, sob pena de nulidade, contudo, não fundamenta esse dever propriamente na boa-fé.[113] Por outro lado, destaca-se a originalidade de Valin no tocante aos efeitos da falsa declaração do risco, ao reconhecer não apenas a sanção de nulidade do contrato, mas também a possibilidade de aumento do prêmio na proporção dos riscos não declarados. Segundo Poças,[114] Valin teria o "assinalável mérito de tão precocemente apontar, não apenas para a cominação de invalidade do contrato mas, alternativamente, para uma solução de compromisso (traduzida no aumento do prémio ou na redução da prestação do segurador)".[115]

---

110. Trad. Nossa. VALIN, René-Josué. *Commentaire sur L'Ordonnance de la Marine, du mois d'aout 1681* (1760). Poitiers: F.-A. Saurin, Imprimeir-Libraire. 1829. p. 554-555.
111. Trad. Nossa. VALIN, René-Josué. *Commentaire sur L'Ordonnance de la Marine, du mois d'aout 1681* (1760). Poitiers: F.-A. Saurin, Imprimeir-Libraire. 1829. p. 511.
112. VALIN, René-Josué. *Commentaire sur L'Ordonnance de la Marine, du mois d'aout 1681* (1760). Poitiers: F.-A. Saurin, Imprimeir-Libraire. 1829. p. 511.
113. VALIN, René-Josué. *Commentaire sur L'Ordonnance de la Marine, du mois d'aout 1681* (1760). Poitiers: F.-A. Saurin, Imprimeir-Libraire. 1829. p. 466-488 e 554.
114. POÇAS, Luís. *O Dever de Declaração Inicial do Risco no Contrato de Seguro*. Coimbra: Almedina, 2013. p. 38.
115. A propósito, destaca-se a seguinte passagem dos comentários de Valin ao art. 7 da *Ordonnance* (Conforme tradução de POÇAS, Luís. *O Dever de Declaração Inicial do Risco no Contrato de Seguro*. Coimbra: Almedina, 2013. p. 38): "Importa (....) ao segurador saber, se o navio está ou não armado, e se deve fazer a viagem só ou acompanhado; porque em tempo de guerra o prêmio é mais considerável, quando o navio parte só do que quando está sob comboio e escolta: também há uma diferença (de

Em Emerigon, no seu *Treatise Insurances* (publicado, em França, em 1783, e traduzido para o inglês, em 1850),[116] a boa-fé aparece na Seção V ("O seguro é um contrato *stricti juris* ou *bona fides*?"), a qual é dividida em três partes: a primeira, se ocupa da distinção entre os contratos *stricti juris* e *bona fides* e da classificação do seguro nesse aspecto; a segunda, trata da fraude que vicia o seguro; e a terceira, da equidade que deve reger esse contrato.

A principal contribuição do autor, no campo da boa-fé no contrato de seguro, foi ter apresentado o debate a respeito da natureza *bona fides* ou, por oposição, *stricti juris*, do tipo. Neste particular, incorporando e adaptando ao contrato de seguro, a partir dos aportes anteriores de Roccus, Casaregis e Santerna, os conceitos do direito romano. Emerigon apresenta a distinção do direito romano entre as ações *stricti juris* (caracterizadas por uma maior vinculação do juiz à fórmula do pretor) e as ações *bonae fides* (cuja fórmula conferia ao juiz maior liberdade no julgamento), nela fundamentando a classificação dos contratos em *stricti juris* e *bonae fides* e buscando enquadrar o seguro em uma dessas espécies. Conforme desenvolvido pelo autor, os primeiros seriam caracterizados por um maior rigor aos termos da estipulação. Os segundos, permitiriam uma interpretação mais elástica dos termos da estipulação, consideradas em conjunto com a "intenção das partes", "o estilo, os usos e os costumes do local" ou segundo a "equidade". Nesse sentido, o autor sustenta que o seguro seria tanto um contrato *stricti juris* como *bona fides*, a depender da situação concreta. Se os termos da estipulação são claros e não contém nada proibido pelo direito, o juiz deveria segui-los estritamente. Porém, quando tenham sido redigidos de forma obscura ou ambígua, o juiz estaria autorizado a decidir conforme "a equidade", "a natureza do contrato e as circunstâncias do caso".[117] Nesse contexto, a boa-fé, como característica do contrato, exerce função de abertura da interpretação contratual, para além da literalidade da convenção, porém, não apresenta sentido preciso. É conceito diluído com a equidade.

Nos demais títulos, subsequentes à classificação *stricti juris* ou *bona fides* do seguro, a boa-fé não recebe maior ênfase. Não aparece como conceito funda-

---

prêmio) quando está bem armado. Assim, tudo isso deve ser declarado pelo segurado na apólice, e a declaração deve ser conforme a verdade, sob pena de nulidade do seguro, segundo as circunstâncias. O mínimo a que se chegará, se não houver lugar a declarar o seguro absolutamente nulo, em razão da surpresa feita ao segurador, será sujeitar-se o segurado a um aumento do prêmio proporcional aos riscos que ele teria feito correr em acréscimo ao segurador, diminuindo-lhe o objeto pela falsa declaração" (VALIN, René-Josué. *Commentaire sur L'Ordonnance de la Marine, du mois d'aout 1681* (1760). Poitiers: F.-A. Saurin, Imprimerie-Libraire. 1829. p. 467).
116. EMERIGON, Balthazard Marie. *Treatise Insurances (1783)*. Translated from the french by Samuel Meredith. Henry Cutterworth: London, 1850.
117. Trad. Nossa. EMERIGON, Balthazard Marie. *Treatise Insurances (1783)*. Translated from the french by Samuel Meredith. Henry Cutterworth: London, 1850. p. 14-17.

mental da exposição do autor, mas acessório. Seu emprego é ocasional e diluído na equidade. No título que trata da fraude – a qual vicia o contrato de seguro, com a pena de nulidade, tanto em caso de afirmação falsa quanto de ocultamento de circunstâncias relevantes por parte do segurado – a boa-fé é empregada pontualmente, em rodapé, com a conotação do estado subjetivo do segurador caracterizado pela honestidade.[118]

No título que trata da equidade que deve reger o contrato de seguro, a boa-fé tampouco é empregada, podendo, no limite, a partir da intepretação sistemática da Seção, ser compreendida como diluída na equidade. Nesse contexto, o autor fundamenta na equidade, e não propriamente na boa-fé, a exigência de que o segurado revele ao segurador as circunstâncias relevantes para a assinatura da apólice. Altera-se, portanto, a perspectiva. Em Emerigon, a equidade exerce, com maior ênfase do que boa-fé, a função que esta desempenharia em outros autores, regulamentações ou sistemas jurídicos a propósito das declarações do segurado.[119-120]

Em Pothier, no seu Traité du Contrat D'Assurance (1766), a boa-fé recebe significativo desenvolvimento.[121] Na Seção III ("Da obrigação de boa-fé entre as partes no contrato de seguro"), é objeto de abordagem sistemática, mais avançada em comparação aos autores anteriores. Diferentemente de Emerigon, Pothier não

---

118. EMERIGON, Balthazard Marie. *Treatise Insurances (1783)*. Translated from the french by Samuel Meredith. Henry Cutterworth: London, 1850. p. 14-17.
119. EMERIGON, Balthazard Marie. *Treatise Insurances (1783)*. Translated from the french by Samuel Meredith. Henry Cutterworth: London, 1850. p. 17-19.
120. Outra contribuição de Emerigon, não tanto para o desenvolvimento do conceito de boa-fé no seguro, mas que repercutirá na delimitação dos seus efeitos da sua inobservância, diz respeito ao debate verificado na época em torno da possibilidade do segurado suplementar o prêmio em caso de declaração falsa ou ocultamento de circunstâncias relevantes, como medida alternativa à nulidade do contrato. Em relação ao debate, o autor se contrapõe à posição de Valin, sustentando o descabimento da medida. Sua contribuição, porém, consiste em apresentar o tema a partir do instituto da lesão, do direito romano, o qual permitiria a suplementação do valor nos contratos de compra e venda, porém, não no seguro. Nas palavras do autor: "This reasoning, however, cannot be applied to the case of an insurer. He rests upon the assertation thtat he would not have signed the policy, if he had been acquainted with the essential circumnstances which have been misrepresented to him. His intention was to subject himself to thoese riscks only for which he rendered himself responsible. He has been deceived; that suffices to render the contract void". Trad. nossa: "Este raciocínio, contudo, não se aplica ao segurador. Ele baseia-se na afirmação de que não teria assinado a apólice, se tivesse conhecido as circunstâncias essenciais que lhe foram falsamente declaradas. A sua intenção era sujeitar-se apenas aos riscos aos quais tivesse se considerado responsável. Ele foi enganado; isso é suficiente para anular o contrato" (EMERIGON, Balthazard Marie. *Treatise Insurances (1783)*. Translated from the french by Samuel Meredith. Henry Cutterworth: London, 1850. p. 18-19). Essa abordagem do autor pode ser considerada atual e com particular relevância ao sistema jurídico brasileiro, cujo Código Civil de 2002 passou a prever o instituto da lesão na parte geral (art. 157) e, no tocante ao seguro, a possibilidade do segurador cobrar a diferença do prêmio em caso de declarações inexatas ou omissão sem má-fé do segurado (art. 766, par. único).
121. POTHIER, *Traité du Contrat D'Assurance* (1766). Marseille. Roux-Rambert, 1810. p. 280-290.

recepciona a distinção do direito romano entre os contratos *bonae fidei* e *stricti juris*, a qual é rejeitada no seu tratado das obrigações.[122] Sua sistematização se destaca pela precisão conceitual e unidade de raciocínio com que trata da boa-fé no seguro. Nesse sentido, ressalta o conteúdo normativo ou prescritivo de condutas da boa-fé, sem descurar, também, do seu sentido subjetivo, como estado de fato ou anímico dos contratantes.

Três aspectos chamam a atenção na sistematização proposta por Pothier.[123] Em primeiro lugar, a categorização da boa-fé como obrigação recíproca dos contratantes, tanto do segurado como do segurador, da qual decorre o seu caráter normativo ou prescritivo de condutas. Em segundo lugar, em relação ao conteúdo da obrigação de boa-fé, dela derivam duas espécies: a obrigação de não ocultar (ou omitir) e a obrigação de não fazer falsa declaração. Ambas as espécies dizem respeito aos fatos essenciais ao objeto do contrato, especialmente às circunstâncias do risco, que possam levar ao seu agravamento ou diminuição. E aparecem no contexto do dolo, compreendido como todo artifício empregado para enganar o outro contratante.[124] Diferem, porém, em relação a certos pressupostos. A primeira compreende apenas a omissão deliberada (de má-fé). A segunda compreende tanto a declaração falsa deliberada (de má-fé) quanto a não deliberada, derivada de erro ou de crença errônea do sujeito (de boa-fé ou mera negligência).[125] Daí, também, o reconhecimento de um sentido subjetivo assumido pela boa-fé no seguro em Pothier, caracterizado pela ausência de conhecimento de determinado fato ou de intenção de prejudicar o outro contratante.

A chave de leitura para a compreensão do alcance da obrigação de boa-fé em Pothier, porém, diz respeito a uma terceiro aspecto, consistente na distinção entre as obrigações que existem no foro externo, que dão origem à uma obrigação civil, cujo cumprimento é exigível por meio de ação judicial, e as obrigações que existem no foro da honra ou da consciência (interno), as quais dão origem a uma obrigação

---

122. POTHIER, R. J. *Tratado de las obligaciones*. Tradução da edição francesa de 1824. Dir. M. Dupin. Rev. M. C. Cuevas. Buenos Aires, Editorial Atalaya, 1947. p. 17.
123. POTHIER, *Traité du Contrat D'Assurance* (1766). Marseille. Roux-Rambert, 1810. p. 280-286.
124. Conceito de dolo que resulta do seu tratado das obrigações (*Tratado de las obligaciones*. Tradução da edição francesa de 1824. Dir. M. Dupin. Rev. M. C. Cuevas. Buenos Aires, Editorial Atalaya, 1947. p. 28).
125. Nas palavras do autor, "este é o caso, mesmo se o segurado tivesse feito esta falsa declaração sem má-fé, tendo ele mesmo incorrido em erro e acreditando que a embarcação que ele estava segurando estava armada e deveria ser escoltada, embora não estivesse armada e que tivesse partido sozinha: pois existe esta diferença em todos os contratos envolvidos, entre o caso em que uma das partes não diz o que é, e o caso em que ela diz o que não é: no primeiro caso, ela não é obrigada a não tê-lo dito, se não o soubesse, e se não o tivesse deliberadamente ocultado; mas no segundo caso, ela é obrigada, se o que ela disse não é verdade, e induziu a outra parte em erro; *debet prestare rem ità esse ut affirmavit*". Tradução livre. POTHIER, *Traité du Contrat D'Assurance* (1776). Marseille. Roux-Rambert, 1810. p. 285.

natural, cujo cumprimento não é exigível juridicamente, porém, são tuteladas pela irrepetibilidade do pagamento espontâneo. Esta classificação é desenvolvida pelo autor no tratado das obrigações[126] e no tratado do seguro, nesse âmbito servindo de base para conceituar as diferentes obrigações derivadas da boa-fé.[127]

Nas palavras do autor: "a obrigação que a boa-fé impõe às partes de não esconder nada que elas saibam sobre assuntos que são a essência do contrato geralmente diz respeito apenas ao foro de consciência".[128] Assim, não é exigível juridicamente, apenas tutelada pela irrepetibilidade no caso de adimplemento. O ocultamento de circunstâncias, portanto, não tem aptidão para ensejar judicialmente a declaração de nulidade do contrato de seguro; produz esse efeito apenas se assim reconhecido pelo devedor. Por outro lado, "a obrigação que a boa-fé impõe a cada parte de não enganar a outra com falsas declarações sobre assuntos que são a essência do contrato é diferente: tal obrigação diz respeito ao foro externo". Logo, é exigível juridicamente. "Tais falsas declarações podem dar origem, no foro externo, a uma declaração de nulidade do contrato".[129] Podem, portanto, ensejar a declaração judicial de nulidade do contrato a despeito do comportamento do devedor.

Para além desses aspectos, destaca-se, ainda, que a obrigação de boa-fé, em Pothier, justifica-se pela natureza do contrato de seguro, apresentando especial conotação em relação ao segurado. Trata-se de obrigação de "estrita boa-fé". Nas palavras do autor:[130]

> A natureza do contrato de seguro impõe principalmente ao segurado a obrigação de estrita boa-fé; só ele lida com pleno conhecimento do objeto do contrato; é com base em sua declaração que o contrato é concluído, e é a especificação da coisa segurada e dos riscos aos quais ela está exposta que determina que a seguradora assuma esses riscos; mas é o segurado que dá esta especificação, e é contra ele que qualquer omissão, qualquer reticência, qualquer falsa declaração deve ser interpretada; é ele quem deve sofrer, seja pela anulação do contrato de seguro, seja pelas outras penalidades que podem, de acordo com as circunstâncias, ser uma justa consequência de sua negligência ou fraude.

Outrossim, diferentemente de Valin, o autor posiciona-se contrariamente à possibilidade de suplementação do prêmio pelo segurado após a ocorrência do sinistro no caso de ocultamento de circunstâncias: "não é mais cabível, após o tempo do risco ter passado e a perda ter ocorrido, oferecer-lhes o valor do risco".[131]

---

126. POTHIER, R. J. *Tratado de las obligaciones*. Tradução da edição francesa de 1824. Dir. M. Dupin. Rev. M. C. Cuevas. Buenos Aires, Editorial Atalaya, 1947. p. 28-29, 105-106, 113-116.
127. POTHIER, *Traité du Contrat D'Assurance* (1766). Marseille. Roux-Rambert, 1810. p. 284-285.
128. Tradução livre. POTHIER, *Traité du Contrat D'Assurance* (1766). Marseille. Roux-Rambert, 1810. p. 284.
129. Tradução nossa. POTHIER, *Traité du Contrat D'Assurance* (1776). Marseille. Roux-Rambert, 1810. p. 285.
130. Tradução nossa. POTHIER, *Traité du Contrat D'Assurance* (1766). Marseille. Roux-Rambert, 1810. p. 286.
131. Trad. nossa. POTHIER, *Traité du Contrat D'Assurance* (1766). Marseille. Roux-Rambert, 1810. p. 282.

2.1.2.5 Besondere Treue, Redlichkeit und Aufrichtigkeit na tradição germânica

Na tradição germânica, a boa-fé seria projetada no contrato de seguro a partir dos termos *Redlichkeit* (honestidade) e *Aufrichtigkeit* (sinceridade), sob a fórmula *"redlich und aufrichtig"* (honesto e sincero) ou a locução *"besondere Treue, Redlichkeit und Aufrichtigkeit"* (especial lealdade, honestidade e sinceridade). Essas eram as formas linguísticas por meio das quais era expressada a especial conotação da boa-fé no seguro, a qual ingressaria nas regulamentações germânicas sob influência do comércio marítimo internacional. Segundo Schneider, elas exerceriam função equivalente à da *uberrima fides* no *common law*.[132]

A importância da boa-fé no seguro, expressa pelas exigências de honestidade, sinceridade ou fidelidade, envolveria, com maior destaque, o dever do segurado (ou do tomador do seguro) de informar o segurador sobre as circunstâncias do risco a ser garantido. Essa linha de desenvolvimento da boa-fé é observada no *Assecuranz-und Haverey Ordnung der Stadt Hamburg*, de 1731, que teria por base um corpo de regras do seguro marítimo compiladas por mercadores entre a segunda metade do séc. XVII e o início do séc. XVIII.[133] O artigo 12, deste diploma, obrigava todo aquele que desejasse contratar um seguro a revelar fielmente ("getreulich zu eröffnen"), ao segurador, as informações do navio e certos detalhes da rota e da duração da viagem, sob pena de invalidade do contrato em caso de ocultamento.[134] Da mesma forma, o seu artigo 13 reconhecia a obrigação do preponente do seguro de indicar na apólice, de modo honesto e sincero ("redlich und aufrichtig"), o conhecimento e a informação disponível, com a ausência de responsabilidade do segurador em caso de ocultamento.[135]

Posteriormente, já ao final do séc. XVIII, o especial papel da boa-fé no contrato de seguro seria reconhecido no *Allgemeines Landrecht für die Preußischen Staaten*, de 1794. Tratou-se de legislação percursora das codificações novecentistas[136] e da primeira a disciplinar o contrato de seguro em geral, com abrangência

---

132. SCHNEIDER, Nicole. *Uberrima fides. Treu und Glauben und vorvertragliche Aufklärungspflichten im englischen recht*. Berlin: Duncker & Humblot, 2003. p. 68-69.
133. REDDIE, James. *Historical View of the Law of Maritime Commerce*. London: William Blackwood and Sons, 1844. p. 368.
134. Para maior detalhamento, veja-se o original disponível em: https://digitalisate.sub.uni-hamburg.de/de/nc/detail.html. Também: BOTES, Johan Hendrik. *From Good Faith to Utmost Good Faith in Marine Insurance*. Frankfurt am Main: Peter Lang, 2006. p. 53.
135. Para maior detalhamento, veja-se o original disponível em: https://digitalisate.sub.uni-hamburg.de/de/nc/detail.html. Também: BOTES, Johan Hendrik. *From Good Faith to Utmost Good Faith in Marine Insurance*. Frankfurt am Main: Peter Lang, 2006. p. 53-54.
136. WIEACKER, Franz. *História do direito privado moderno*. 2. ed. 1967. Trad. A. M. Hespanha. 4. ed. Lisboa: Fundação Calouste Gulbenkian. p. 371 e ss.

dos seguros terrestres, transpondo para esse campo as normas consagradas no seguro marítimo. Assim, em um total de 425 parágrafos (§§ 1934 a 2358, Parte II, Título VIII, Seção 13), e, segundo Donati, sob inspiração da *Assecuranz-und Haverey Ordnung der Stadt Hamburg*.[137]

Em relação à boa-fé no *Allg. Land.*, destaca-se o §2024, segundo o qual "por ocasião da conclusão do contrato de seguro ambas as partes são obrigadas a especial lealdade, honestidade e sinceridade".[138] Adotou-se, aqui, a locução "besondere Treue, Redlichkeit und Aufrechtigkeit", seguindo a tradição anterior, consagrada na *Assecuranz-und Haverey Ordnung der Stadt Hamburg* a partir dos usos e costumes do seguro marítimo. Acrescenta-se, porém, um qualitativo à exigência de boa-fé. Ademais, amplia-se o âmbito de incidência da boa-fé, a qual é erigida a obrigação não apenas do segurado, mas também do segurador, e não tem como conteúdo exclusivo a obrigação de não ocultamento, sem inverdades.[139]

2.1.2.6 *Linhas de continuidade da característica bona fides do seguro*

A característica *bona fides* do contrato de seguro é observada nos séculos XVII e XVIII. Em um primeiro momento, o conceito permaneceu em estado estático e assistemático. Até meados da segunda metade do século XVIII, tanto na doutrina comercial italiana quanto nas primeiras manifestações do jusracionalismo, a boa-fé não obteve avanços dogmáticos significativos na disciplina do contrato de seguro em comparação com a fase anterior, de formação do seguro na modalidade marítima. O emprego da boa-fé no seguro continuou tópico e, em

---

137. DONATI, Antigono. *Trattato del Diritto delle Assicurazioni Private*. Milano: Giuffrè, 1952. v. I. p. 77.
138. Na redação original: "Bei Schliessung des Versicherungsvertrags sind beide Teile zu besonderer Treue, Redlichkeit und Aufrechtigkeit verpflichtet". Disponível em: https://www.google.com.br/books/edition/Das_allgemeine_Landrecht_f%C3%BCr_die_preuss.
139. A influência do *Allg. Land* em outros sistemas jurídicos é conhecida (WIEACKER, Franz. *História do direito privado moderno*. 2. ed. 1967. Trad. A. M. Hespanha. 4. ed. Lisboa: Fundação Calouste Gulbenkian. p. 371 e ss.). Particularmente, em relação ao seguro, marca o início de um movimento de regulamentação dos seguros terrestres que será verificado um século mais tarde em outros sistemas jurídicos. Por outro lado, especificamente em relação ao §2024, que prevê uma especial obrigação de boa-fé no seguro, reveste-se de particular relevância para o direito brasileiro. Isso porque, um século mais tarde, influenciaria o §1716 Código do Cantão de Zurique de 1855 (BLUNTSCHLI, Johann Caspar. *Privatrechtliches Gesetzbuch für den Kanton Zürich. Das zürcherische Obligationenrecht*. 3 Band. Zürich: Schulthess, 1855. p. 577), cujo capítulo do seguro, na parte geral, teria inspiração no *Allg. Land*, conforme sinaliza CHAUFTON, Albert (*Les Assurances*. Paris: Librairie A. Marescq Ainé. 1884. t. II. p. 196). A norma do Código do Cantão, por sua vez, seria recepcionada, com adaptações, no sistema jurídico brasileiro por meio do Código Civil de 1916 (art. 1.443), notadamente devido à influência que o Código de Zurique exerceu sobre o projeto de Código Civil brasileiro, o que será apresentado com maior grau de detalhamento na sequência do presente trabalho (Conforme: MIRAGEM, Bruno; PETERSEN, Luiza. O Código do Cantão de Zurique e o Direito dos Seguros brasileiro (parte 1 e 2). *Conjur*. Coluna Seguros Contemporâneos. 2021).

certos casos, diluído na equidade, tendo recebido sentido mais preciso como vedação ao dolo e à fraude.

A partir da segunda metade do século XVIII, a característica *bona fides* do seguro receberia linhas de desenvolvimento mais precisas e uniformes. Isso pode ser observado a partir de três tradições. No *common law* inglês, a boa-fé seria erigida a princípio do contrato de seguro cuja função precípua era a dissuasão da fraude. Nesses termos, seria em alguma medida sistematizada pela jurisprudência, a qual impulsionaria o seu desenvolvimento como fundamento dos deveres pré-contratuais de revelação e não ocultamento, assim como de não fazer representações falsas, cuja consequência, em caso de violação, era a nulidade do contrato, e que, pela natureza do seguro, eram exigidos especialmente do segurado.

Na tradição francesa pré-codificação, a *Ordonnance de la Marine* punia a fraude (ausência de boa-fé) do segurado em uma série de dispositivos, tornando o contrato sem efeito para o segurador. Os avanços dogmáticos em matéria de seguro e boa-fé ocorreriam por intermédio da doutrina, com destaque para Pothier, que apresentaria, com alguma precisão conceitual, as vertentes normativa ou prescritiva de condutas da boa-fé; assim, como fundamento de deveres das partes, especialmente do segurado, de revelação das circunstâncias essenciais do risco e de não fazer declarações falsas. Da mesma forma, a doutrina desenvolveria a dimensão subjetiva da boa-fé, como estado anímico, contraposto à fraude, merecedor de tutela pelo direito e com consequências jurídicas distintas da má-fé.

A característica *bona fides* do seguro também seria reconhecida na tradição germânica que se formava. A especial conotação da boa-fé no seguro era expressada na legislação pelos termos *Redlichkeit* (honestidade) e *Aufrichtigkeit* (sinceridade), sob a fórmula "*redlich und aufrichtig*" (honesto e sincero) ou locução "*besondere Treue, Redlichkeit und Aufrichtigkeit*" (especial lealdade, honestidade e sinceridade). Nesse sentido, o principal campo operativo da boa-fé envolvia o dever do segurado de informar as circunstâncias do risco ao segurador na conclusão do contrato. Porém, o dever de boa-fé por ocasião da celebração do contrato também era reconhecido ao segurador.

A característica *bona fides* do contrato de seguro encontrou desenvolvimento distinto nas tradições jurídicas analisadas, porém, muitas funções semelhantes. Em comum, o conceito foi desenvolvido sob a tónica da fraude, exercendo a função de inibição da fraude, ora com sentido subjetivado, considerando o estado subjetivo (ausência de má-fé) do contratante para a reprovação da conduta, ora com sentido objetivado, sem considerar o estado subjetivo do contratante para a reprovação da conduta (e.g. *Carter v. Bohem*). Outrossim, a boa-fé é especialmente vinculada ao dever pré-contratual do segurado de declaração do risco. Nessa linha de raciocínio, receberia, em cada tradição e nas suas diferentes abordagens, linhas de desenvolvimento um tanto mais precisas e uniformes. Esses avanços dogmáticos alcançados, em estado de formação, ainda não levariam ao desenvolvimento da boa-fé como conceito central do sistema. Seu papel ainda seria preponderantemente periférico na doutrina, legislação e jurisprudência que se formava, com algumas exceções (a exemplo do leading case *Carter v. Bohem* e do §2024 do *Allgemeines Landrecht für die Preußischen Staaten*).

2.2 BOA-FÉ NO DIREITO DOS SEGUROS CONTEMPORÂNEO

O papel da boa-fé no Direito dos Seguros contemporâneo pode ser analisado a partir de três sistemas: do direito francês, do direito alemão e do direito inglês. No Direito dos Seguros francês, o desenvolvimento da boa-fé se projeta sob três perspectivas: do Código Comercial de 1807; da Lei do Contrato de Seguro de 1930; e do *Code de Assurance* de 1976. No Direito dos Seguros alemão, a boa-fé receberia diferentes abordagens no direito comercial do século XIX; na Lei do Contrato de Seguro – VVG, de 1908; a partir da interpretação e concreção do §242 do BGB; e nas reformas legislativas mais recentes. No direito inglês, a característica *uberrima fides* do seguro pode ser estudada sob a perspectiva da jurisprudência inglesa; do *Marine Insurance Act*, de 1906; e das recentes reformas legislativas.

2.2.1 Desenvolvimento contemporâneo do direito dos seguros

Segundo a historiografia, o século XIX marcou o início de uma nova fase de desenvolvimento do seguro, conhecida como fase de desenvolvimento contemporâneo.[140] Caracterizou-se pela expansão e massificação da operação internacionalmente.[141] E, no âmbito da sua disciplina jurídica, pela formação de um corpo coerente e sistemático, o qual passou-se a denominar Direito dos Seguros.[142]

Nesse período, a operação de seguros atravessou significavas transformações. O aprimoramento das suas bases técnicas, notadamente dos métodos de gestão atuarial e financeira do risco, somado ao desenvolvimento industrial, impulsionaram a atividade securitária, que passou a ser praticada, internacio-

---

140. Distingue-se, porém, do estágio de desenvolvimento atual, próprio do século XXI, caracterizado pelo advento de uma indústria disruptiva de seguros e pela consequente regulamentação desta nova realidade tecnológica pelo direito.
141. Já tivemos oportunidade de tratar do tema em: PETERSEN, Luiza. *O risco no contrato de seguro*. São Paulo: Roncarati, p. 38-42. MIRAGEM; PETERSEN. *Direito dos Seguros*. 2. ed. Rio de Janeiro: Forense. 2024. p. 12 e ss.
142. MENEZES CORDEIRO, António. *Direito dos Seguros*. 2. ed. Lisboa: Almedina, 2016. p. 68.

nalmente, por um "setor profissional altamente especializado e financeiramente sólido".[143] Assistiu-se, assim, à expansão da indústria de seguros. Surgiram novas companhias, multiplicaram-se as modalidades de seguro e o contrato teve sua técnica aprimorada e massificada.[144]

No século XIX surgiram os seguros de responsabilidade civil, de furto e roubo, agrícola, acidentes pessoais, transporte ferroviário e as apólices coletivas. Também desenvolveu-se o resseguro e a técnica de contratação por cláusulas padrões ou condições gerais. O seguro, então, passou a ser praticado em maior escala e adquiriu os contornos de um contrato de adesão.[145] No séc. XX, este movimento foi acentuado. Os novos riscos da vida em sociedade deram causa ao desenvolvimento do seguro ambiental, de engenharia e construção, aéreo, de saúde, de viagem, dos microsseguros, dos seguros de crédito, entre outas tantas modalidades.[146]

Nesse movimento, o seguro ganhou novo contexto. Teve seu caráter social destacado, passando a oferecer garantia e, em última instância, segurança individual e coletiva, em relação aos mais variados riscos da vida em sociedade. Tornou-se um bem de consumo,[147] sendo contratado pelas mais diversas camadas sociais, assumindo os contornos de um contrato assimétrico, em que o segurado está em condição de vulnerabilidade perante o segurador. Da mesma forma, acentuou-se a importância econômica da atividade de seguros enquanto atividade financeira.

Essas transformações fáticas foram absorvidas pelo o quê seria compreendido como Direito dos Seguros, enquanto ramo jurídico autônomo, estruturado a partir de um corpo coerente e sistemático. Também confluíram para a conformação desta disciplina jurídica as características estruturais da sociedade contemporânea e as transformações operadas no campo do direito, cujo leitmotiv

---

143. MONTI, Alberto. *Buona Fede e Assicurazione*. Milano: Giuffrè, 2002. p. 6. Tradução nossa.
144. ALVIM, Pedro. *O Contrato de Seguro*. 2. ed. Rio de Janeiro: Forense, 1986. p. 40-41. MENEZES CORDEIRO, António. *Direito dos Seguros*. 2. ed. Lisboa: Almedina, 2016. p. 71.
145. Como observa Claudia Lima Marques, "os fenômenos da predisposição de cláusulas ou condições gerais dos contratos e do fechamento de contratos de adesão se tornaram inerentes à sociedade industrializada moderna – em especial, nos contratos de seguro e de transporte já se observa a utilização dessas técnicas de contratação desde o século XIX [...] Esses contratos são homogêneos em seu conteúdo, mas concluídos com uma série ainda indefinida de contratantes. Logo, por uma questão de economia, racionalização, de praticidade e mesmo de segurança, a empresa predispõe antecipadamente um esquema contratual, oferecido à simples adesão dos consumidores, isto é, pré-redige um complexo uniforme de cláusulas, que serão aplicáveis indistintamente a toda essa série de futuras relações contratuais" (MARQUES, Claudia Lima. *Contratos no Código de Defesa do Consumidor*: o novo regime das relações contratuais. 8. ed. São Paulo: Ed. RT, 2016. p. 73).
146. DONATI, Antigono. *Trattato del Diritto delle Assicurazioni Private*. Milano: Giuffrè, 1952. v. I. p. 77-78 e 82.
147. MONTI, Alberto. *Buona Fede e Assicurazione*. Milano: Giuffrè, 2002. p. 6.

foram as codificações modernas. Nesse processo de formação do Direito dos Seguros, o contrato de seguro emancipou-se do direito comercial, passando a relacionar-se, também, com o direito civil e do consumidor. Por outro lado, a disciplina jurídica da operação de seguros desenvolveu sua vertente institucional, notadamente devido ao advento de forte regulação e supervisão estatal sobre a atividade. Tratou-se de processo longo e gradual, como inerente a todo processo de adaptação do direito.

Nesse sentido, o contrato de seguro ainda se desenvolveria preponderantemente no âmbito do direito comercial ao longo do séc. XIX. Esta tradição encontrou expressão no Código Comercial Francês, de 1807, o qual marcou o início do movimento de codificação do seguro marítimo. Assim, sucessivamente, em Espanha (1829), Portugal (1833), Brasil (1850), Alemanha (1861) e Itália (1865). Em sua maioria, as primeiras codificações comerciais disciplinavam apenas o seguro marítimo; aquelas poucas que endereçavam algum tratamento ao seguros terrestres, a exemplo do Código Português (1833),[148] eram, porém, bastante centradas no primeiro. Assim, a disciplina jurídica dos seguros terrestres desenvolvia-se, ainda, como apêndice da modalidade marítima. As apólices terrestres eram frequentemente interpretadas por analogia às normas do seguro marítimo.[149]

Apenas na segunda metade do século XIX é que o processo de codificação dos seguros terrestres encontraria expressão, fruto do desenvolvimento de um corpo legislativo capaz de conferir um tratamento unitário e abrangente dos diversos tipos de seguro, para além do marítimo. Esse movimento ocorreria pela disciplina dos seguros terrestres em Códigos Comerciais, em apartado da modalidade marítima. Entre as percussoras deste modelo no direito europeu, destaca-se a Lei Belga de 1874. Mais tarde, são exemplos, o Código Comercial Italiano, de 1882, e o Código Comercial Português, de 1888.[150] Outros sistemas jurídicos, porém, em um modelo não tão usual à época, disciplinaram os seguros terrestres em códigos de direito privado, geralmente no capítulo relativo ao direito das obrigações, a exemplo do Código do Cantão de Zurique, de 1855.[151] Nesses termos, a disciplina jurídica do seguro terrestre gradualmente emancipou-se da modalidade marítima.

Segundo Donati, são características da codificação do seguro no século XIX: a natureza assistemática e empírica das suas normas; o espírito liberal, que do Código francês passaria às codificações posteriores; a prevalência de normas

---

148. MENEZES CORDEIRO, António. *Direito dos Seguros*. 2. ed. Lisboa: Almedina, 2016. p. 93 e ss.
149. DONATI, Antigono. *Trattato del Diritto delle Assicurazioni Private*. Milano: Giuffrè, 1952. v. I. p. 79.
150. DONATI, Antigono. *Trattato del Diritto delle Assicurazioni Private*. Milano: Giuffrè, 1952. v. I. p. 79-80.
151. LEHR, Ernest. *Code Civil du Canton de Zurich de 1887*. Traduit et annoté. Paris: Imprimerie Nationale, 1890.

dispositivas sobre normas imperativas; a disciplina do seguro como relação jurídica paritária;[152] acrescenta-se, também, a previsão de rigorosas sanções ao segurado em caso de inobservância de certos deveres.

O processo de formação do Direito dos Seguros, como ramo jurídico autônomo, seria levado a cabo na primeira metade do século XX. Para tanto, concorreriam uma série de fatores. O terreno seria preparado pelo desenvolvimento cientifico doutrinário, que já na virada no século alcançava significativo desenvolvimento sistemático.[153] Seriam determinantes, porém, as transformações operadas no plano legislativo, tanto relativas ao contrato como à atividade de seguro, a partir das quais o Direito dos Seguros desenvolveria suas vertentes material e institucional, de forma coordenada.

Na primeira metade do século XX, a disciplina legal do contrato de seguro adquiriu base sistemática e científica. Assim, com o avento de diplomas legislativos contendo normas gerais e abstratas, endereçadas a todas as modalidades de seguro, e normas especiais, abarcando as diferentes espécies, em geral, partir da tradicional distinção entre seguros de danos e de pessoas. Dessa nova conjuntura, resultou a formação de um sistema compreensivo das diferentes modalidades, inclusive dos seguros marítimos. Por outro lado, a disciplina do seguro adquiriu autonomia frente à codificação comercial, a qual, por sua vez, teve seu âmbito circunscrito aos seguros marítimos. Esse movimento ocorreu a partir de dois principais modelos. De um lado, pela regulamentação do contrato de seguro em lei específica, a exemplo da lei alemã de 1908 e da lei francesa de 1930. De outro lado, pela disciplina do tipo na codificação civil, a exemplo do Código italiano de 1942 e do Código brasileiro de 1916.[154]

Da mesma forma, a primeira metade do século foi marcada pelo intensificar da regulação e supervisão estatal sobre a atividade de seguros. Nos diversos sistemas jurídicos, por meio de reformas legislativas, limitou-se a exploração da atividade a determinados tipos societários; foram instituídas rigorosas normas de constituição, desenvolvimento e extinção da atividade de seguros; condicionou-se o exercício da atividade à autorização previa e subsequente supervisão por parte de autoridade administrativas, com poderes de regulamentação do conteúdo do contrato, da gestão financeira e atuarial da atividade, entre outros aspectos.[155]

---

152. DONATI, Antigono. *Trattato del Diritto delle Assicurazioni Private*. Milano: Giuffrè, 1952. v. I. p. 80-81.
153. Cita-se, por exemplo, a obra de Victor Ehrenberg no Direito dos Seguros alemão: *Versicherungsrecht*. Leipzig: Verlag von Duncker & Humblot. 1893. No direito francês: CHAUFTON, Albert. *Les Assurances*. Paris: Librairie A. Marescq Ainé. 1884.
154. DONATI, Antigono. *Trattato del Diritto delle Assicurazioni Private*. Milano: Giuffrè, 1952. v. I. p. 83-84; 93;100-102.
155. DONATI, Antigono. *Trattato del Diritto delle Assicurazioni Private*. Milano: Giuffrè, 1952. v. I. p. 85.

Segundo Donati, o Direito dos Seguros nesse período é marcado pelas seguintes características: superação do dogma liberal e individualista, próprio do séc. XIX; desenvolvimento de uma dogmática social; ampliação da intervenção do Estado sobre operação de seguros; harmonia e coordenação entre a disciplina jurídica do contrato de seguro e da empresa seguradora. Por outro lado, especificamente em relação ao tipo contratual, o direito se ocupa do seguro como um contrato de adesão e da assimetria de posições jurídicas decorrentes dessa realidade. A nova legislação que surge, nesse sentido, caracteriza-se pela substituição de normas dispositivas por normas imperativas e pela previsão de normas que conferem maior tutela ao segurado, ou flexibilizam seus deveres, assim, buscando assegurar o equilíbrio da relação jurídica.[156] Esse movimento de tutela da posição jurídica do segurado será reforçado, na segunda metade do século XX, com o advento das normas de proteção do consumidor. Assim, na Suécia (1971), Quebec (1971-1991), Alemanha (1976), Inglaterra (1977), França (1978-1993), Espanha (1984), Brasil (1990), entre outros tantos sistemas jurídicos.[157]

Esse estágio juscultural, que caracteriza a disciplina do contrato de seguro, está na base do desenvolvimento da boa-fé nos diferentes sistemas jurídicos contemporâneos, conforme se passa a analisar.

2.2.2 Boa-fé no direito dos seguros francês

No Direito dos Seguros francês contemporâneo é possível identificar três fases de concreção da boa-fé. Em uma primeira fase, própria do período pós-codificação, a boa-fé se aproxima do regime dos vícios de consentimento e do paradigma da invalidade. Em uma segunda fase, inaugurada pela lei do contrato de seguro terrestre de 1930, a boa-fé é objeto de sistematização. Em uma terceira fase, cujo marco legal é o *Code de Assurance* de 1976, a aplicação da boa-fé se desenvolve polarizada pela proteção do consumidor.

2.2.2.1 *Boa-fé no Código Comercial francês e os vícios de consentimento*

O Código Comercial Francês, de 1807, disciplinou o seguro marítimo (Título X – "Dos seguros", do Livro II – "Do comércio marítimo", arts. 332-396). A matéria era organizada em três seções. A primeira, tratava do contrato, da sua forma e objeto. A segunda, das obrigações do segurado e do segurador. E a terceira,

---

156. DONATI, Antigono. *Trattato del Diritto delle Assicurazioni Private*. Milano: Giuffrè, 1952. v. I. p. 82-85.
157. MARQUES, Claudia Lima. *Contratos no Código de Defesa do Consumidor*: o novo regime das relações contratuais. 8. ed. São Paulo: Ed. RT, 2016. p. 96-97. MIRAGEM, Bruno. *Curso de Direito do Consumidor*. 8. ed. São Paulo: Ed. RT, 2019. p. 45 e ss.

do abandono. O título teve como base a *Ordonnance de la Marine*.[158] Também recebeu a influência da doutrina pré-codificação, notadamente de Emerigon e Pothier. O Código Comercial não tratou dos seguros terrestres. O Código Civil, de 1804, tampouco, limitando-se a classificar o seguro como um contrato aleatório, a ser regido pelas leis marítimas (art. 1.964).[159] Daí porque certas disposições do Código Comercial, consideradas comuns a todos os seguros, eram aplicadas também aos seguros terrestres.[160]

A boa-fé não encontrou previsão expressa na disciplina do seguro no Código Comercial. Neste diploma, à semelhança *da Ordonnance de la Marine,* não há menção à natureza *bona fides* do seguro, nem o recurso à boa ou má-fé na disciplina do tipo. A importância da boa-fé, porém, se manifesta a partir de termos antinômicos, como fraude e dolo, e no tratamento endereçado à falsa declaração ou ocultação das circunstâncias do risco pelo segurado. Nesse sentido, a boa-fé fundamenta a sanção de invalidade do contrato.

Em primeiro lugar, a ausência de boa-fé é estado subjetivo do qual resultam consequências jurídicas, como a sanção de nulidade do contrato, geralmente, em desfavor do segurado. Nesse sentido, destaca-se o art. 357, segundo o qual o contrato de seguro feito por soma excedente ao valor dos bens carregados seria considerado nulo, apenas para o segurado, se houvesse dolo ou fraude da sua parte.[161] Da mesma forma, podem ser mencionados os arts. 367 e 368, que sancionavam, com a nulidade e pagamento em dobro do prêmio, as situações

---

158. *Exposé des motifs des Titres IX et X du Livre II du Code du Commerce*, preésentés au Corps législatif par M. Corvetto, Conseiller d'État. Séance du mardi 8 septembre 1807. p. 392 e ss. Disponível em: https://books.google.com.br/books. Acesso em: jan. 2021.
159. Art. 1964, do Código Civil francês: "Le contrat aléatoire est une convention reciproque done les effets, quant auz avantages et aux pertes, soit pour toutes les parties, soit pour l'une ou plusieurs d'entre eles, dependente d'un évènemen incertain. Tels sont, Le contrat d'assurance, le prêt à grosse aventure, le jeu et le pari, le contrat de rente viagère. Les deux premiers sont régis par les lois maritimes". Tradução para o português, conforme MENEZES CORDEIRO (*Direito dos Seguros*. 2. ed. Lisboa: Almedina, 2016. p. 72): "O contrato aleatório é uma convenção recíproca cujos efeitos, quanto às vantagens e às perdas, seja para todas as partes, seja para uma ou várias de entre elas, dependem de um evento incerto. Tais são: o contrato de seguro, o empréstimo à grande aventura, o jogo e a aposta (e) o contrato e a renda vitalícia. Os dois primeiros regem-se pelas leis marítimas".
160. PICARD; BESSON. *Les Assurances Terrestres*. 4. ed. Paris: LGDJ, 1975. t. I. p. 59.
161. Art. 357. "Un contrat d'assurance ou de réssurance consenti pour une somme excédant la valeur des effets chargés, est nul à l'égard de l'assuré seulement, s'il est prouvé qu'il y a dol ou fraude de s apart". Na sequência, era complementado pelo art. 358, segundo o qual, em caso de ausência de dolo ou fraude, o contrato seria válido até o valor dos bens (no original: "S'il n'y a ni dol ni fraude, le contrat est valable jusqu'à concurrence de la valeur des effets chargés, d'après l'estimation qui en est faite ou convenue"). Seguindo a mesma linha, dispunha o art. 359: "S'il existe plusieurs contrats d'assurance faits sans fraude sur le même chargement, et que le premier contrat assure l'entière valeur des effets chargés, il subsistera seul". Tradução nossa: "Se houver mais de um contrato de seguro feito, sem fraude, sobre a mesma carga, e o primeiro contrato segurar o valor integral dos bens carregados, apenas ele subsistirá".

em que o segurado sabia da perda, ou o segurador, da chegada do navio, antes da assinatura do contrato, assim agindo com má-fé.[162]

Por outro lado, a importância da boa-fé se manifesta no regime das declarações do risco do segurado.[163] Dispunha o art. 348 do Código Comercial: "Toda reticência, toda falsa declaração por parte do segurado, toda a diferença entre o contrato de seguro e o conhecimento, que diminuiria a opinião sobre o risco ou alterariam seu objeto, anula o seguro". Ademais, "o seguro é nulo mesmo que a reticência, a falsa declaração ou a diferença não tivessem influído sobre os danos ou perdas do objeto segurado".[164]

A referida norma, compreendida pela doutrina contemporânea como manifestação do dever de declaração inicial do risco,[165] em grande medida, resulta da experiência jurídica francesa pré-codificação e do papel por ela atribuído à boa-fé no seguro. Embora não encontrasse correspondência na *Ordonnance de la Marine*, resultou de princípios nela consagrados, segundo a exposição de motivos apresentada por Corveto.[166] Da mesma forma, sua redação apresenta-se intimamente alinhada com o desenvolvimento sistemático de Pothier, o qual, com base na boa-fé, reconhecia tanto o dever do segurado de não ocultar como o de não falsear as circunstâncias do risco, sob pena de nulidade do contrato.[167]

A norma, porém, surgiu na exposição de motivos do Código[168] e foi compreendida pela doutrina e jurisprudência francesa pós-codificação como hipótese

---

162. Art. 367. "(...) Le contrat n'est annullé que sur la preuve que l'assuré savait l aperte, ou l'assureur l'arrivée du navire, avant la signature du contrat". Art. 368. "En cas de preuve contre l'assuré, celui-ci paye à l'assureur une double prime. Em cas de preuve contre l'assureur, celui-ci paye à l'assuré une somme double de la prime convenue (....)".
163. Nesse sentido, por todos, POTHIER. *Traité du Contrat D'Assurance* (1766). Marseille. Roux-Rambert, 1810. p. 286 e ss.
164. Tradução nossa. No original: Art. 348. "Toute réticence, toute fausse déclaration de la part de l'assuré, toute différence entre Le contrat d'assurance et le connaissement, qui diminueraient l'opinion du risque ou en changeraient le sujet, annullente l'assurance. L'assurance est nulle, même dans le cas où la réticence, la fausse déclaration, ou la différence, n'auraient pas influé sur le dommage ou l aperte de l'objet assuré".
165. POÇAS, Luís. *O Dever de Declaração Inicial do Risco no Contrato de Seguro*. Coimbra: Almedina, 2013. p. 40-41; p. 245 e ss.
166. Exposé des motifs des Titres IX et X du Livre II du Code du Commerce, préesentés au Corps législatif par M. Corvetto, Conseiller d'État. Séance du mardi 8 septembre 1807. p. 402-403. Disponível em: https://books.google.com.br/books. Acesso em: jan. 2021.
167. POTHIER, *Traité du Contrat D'Assurance* (1766). Marseille. Roux-Rambert, 1810. p. 280-286.
168. "A seguradora tem o direito de conhecer toda a extensão do risco que se propõe assumir: ocultar dela qualquer circunstância que possa mudar o assunto deste risco, ou diminuir sua apreciação, seria fazê-la suportar riscos que ela não desejaria assumir, ou que ela só assumiria em condições diferentes; em uma palavra, seria enganá-la. Por conseguinte, o consentimento mútuo que, por si só, pode dar vida a um contrato, viria a faltar. O consentimento do segurado seria para uma coisa, e o da seguradora para outra; as duas intenções divergiriam, e elas não se conciliariam; e somente a união destas intenções pode constituir um contrato". Trad. nossa. Exposé des motifs des Titres IX et X du Livre II du Code

de vício de consentimento, ou, ainda, como um regime especial dos vícios da vontade no seguro, que afastava o regime geral aplicável a todos contratos.[169] Nesse sentido, os aportes científicos pré-codificação, que, por assim dizer, prepararam o terreno para o frutificar da boa-fé no contrato de seguro, como norma prescritiva de condutas[170] ou característica intrínseca do tipo,[171] não foram, então, incorporados e desenvolvidos pela tradição jurídica que se formou com a codificação. E o lugar, então, ocupado pela boa-fé, como fundamento do dever do segurado de não falsear ou ocultar, fora, em alguma medida, reduzido pela sua aproximação aos vícios do consentimento.

Da mesma forma, o rigor do art. 348 reduziria o papel da boa-fé como estado subjetivo relevante para a incidência da sanção de invalidade do contrato em caso de omissão ou declaração falsa do segurado. Isso porque a norma sancionava toda a declaração falsa ou ocultamento de circunstâncias relevantes do risco, tanto as prestadas ou omitidas pelo segurado com a intenção de fraude, de má-fé, quanto por erro ou desconhecimento, ou seja, de boa-fé.[172] Reprovava, assim, tanto o *dolus malus* como o *dolus bonus*. Observa-se, ainda, que a ocorrência do sinistro era indiferente para a incidência da sanção de invalidade do contrato, bastando "desconformidade objetiva entre o risco declarado e o real".[173] Ademais, o art. 348 tinha seu âmbito de incidência ampliado pela jurisprudência, que reconhecia sua aplicação também aos seguros terrestres,[174] e dele extraíam a exigência de declaração das circunstâncias agravantes do risco pelo segurador.[175]

O regime da declaração do risco no modelo francês que se formou com o Código Comercial é sintetizado, por Luís Poças,[176] nos seguintes termos:

---

du Commerce, préesentés au Corps législatif par M. Corvetto, Conseiller d'État. Séance du mardi 8 septembre 1807. p. 403. Disponível em: https://books.google.com.br/books. Acesso em: jan. 2021.

169. RENAUX, M. *De la réticence et la fausse déclaration dans les contras d'assurances*, Paris: Librarie nouvelle de droit et jurisorudence. 1906. p. 38. POÇAS, Luís. *O Dever de Declaração Inicial do Risco no Contrato de Seguro*. Coimbra: Almedina, 2013. p. 246.
170. POTHIER, *Traité du Contrat D'Assurance* (1766). Marseille. Roux-Rambert, 1810. p. 280-286.
171. EMERIGON, Balthazard Marie. *Treatise Insurances* (1783). Translated from the french by Samuel Meredith. Henry Cutterworth: London, 1850. p. 14-19.
172. RENAUX, M. *De la réticence et la fausse déclaration dans les contras d'assurances*. Paris: Librarie nouvelle de droit et jurisorudence. 1906. p. 39-30.
173. POÇAS, Luís. *O Dever de Declaração Inicial do Risco no Contrato de Seguro*. Coimbra: Almedina, 2013. p. 282.
174. PICARD; BESSON. *Les Assurances Terrestres*. 4. ed. Paris: LGDJ, 1975. t. I. p. 153.
175. RENAUX, M. *De la réticence et la fausse déclaration dans les contras d'assurances*, Paris: Librarie nouvelle de droit et jurisorudence. 1906. p. 37. POÇAS, Luís. *O Dever de Declaração Inicial do Risco no Contrato de Seguro*. Coimbra: Almedina, 2013. p. 245.
176. POÇAS, Luís. *O Dever de Declaração Inicial do Risco no Contrato de Seguro*. Coimbra: Almedina, 2013. p. 282.

Assumindo por principal fundamento a teoria dos vícios da vontade; que se basta com a desconformidade objectiva entre o risco declarado e o real; que desconsidera, em grande medida, o grau de censurabilidade da conduta do proponente; que comporta uma solução "tudo ou nada", assente num remédio invalidante do contrato; e que consagra, por isso tudo, uma tutela vincada ao segurador. A este quadro de referência regulatório chamaremos *paradigma da invalidade*.

Nesses termos, o Código Comercial francês, e toda a tradição que a partir dele se formou, consagrou um modelo em que a boa-fé é conceito relevante para a sanção de nulidade do contrato de seguro. Assim, assume importância em sentido subjetivo, como estado anímico dos contratantes, contraposto à má-fé. Porém, perde força como norma prescritiva de condutas devido à forte aproximação do regime da declaração do risco com os vícios do consentimento. Nesse sentido, a boa-fé é conceito que serve primordialmente à tutela da posição jurídica do segurador, geralmente fundamentando a sanção de invalidade do contrato em desfavor do segurado. Ao longo do século XIX, esse modelo foi recepcionado em diversos sistemas jurídicos, a exemplo do Código Comercial italiano, de 1865,[177] cujos arts. 462 e 471 encontram linha de correspondência, respectivamente, nos arts. 348 e 357 do Código Comercial francês.

2.2.2.2 Boa-fé na lei francesa do seguro de 1930 e os aportes sistemáticos

O advento da lei do contrato de seguro de julho de 1930 marcou o início de um novo modelo de concreção da boa-fé no Direito dos Seguros francês. O diploma conferiu tratamento unitário e sistemático aos seguros terrestres, em um total de 86 artigos. Introduziu, no plano legislativo, a clássica distinção entre seguros de danos e de pessoas. E foi estruturado em quatro títulos. O primeiro, com disposições gerais aos seguros terrestres; o segundo, com disposições especiais aos seguros de danos; o terceiro, tratando dos seguros de pessoas; e o quarto, com normas transitórias. No tocante ao seu conteúdo, caracterizou-se pela previsão de normas imperativas e pela preocupação com a proteção da posição jurídica do segurado, direcionada, especialmente, a conter abusos cometidos pelo segurador na redação do contrato, o qual é apenas aderido pelo segurado.[178] Todas essas características da nova legislação conformaram um novo modelo de aplicação da boa-fé.

Na lei dos seguros terrestres, a boa-fé resulta de um sistema, de um conjunto coerente e coordenado de normas que articulam suas manifestações subjetiva,

---

177. DONATI, Antigono. *Trattato del Diritto delle Assicurazioni Private*. Milano: Giuffrè, 1952. v. I. p. 90.
178. PICARD; BESSON. *Les Assurances Terrestres*. 4. ed. Paris: LGDJ, 1975. t. I. p. 59 e ss.

como estado subjetivo contraposto à fraude, ao dolo ou à má-fé, e objetiva, como norma prescritiva de condutas. Nesse sentido, a boa-fé apresenta três principais âmbitos de concreção. Em primeiro lugar, conforme interpretação que receberá da doutrina,[179] fundamenta o dever do segurado de declaração do risco, previsto no art. 15, cujo conteúdo é expandido por lei, passando a abranger não apenas a declaração inicial do risco (obrigação de "declarar exatamente, no momento da conclusão do contrato, todas as circunstâncias por ele conhecidas que permitam ao segurador apreciar os riscos que assume", conforme alínea 2), mas também a declaração superveniente do agravamento do risco (obrigação de "declarar ao segurador (....) as circunstâncias especificadas na apólice que tenham a consequência de agravar os riscos", conforme alínea 3) e do sinistro (obrigação "dar aviso ao segurador, assim que tiver conhecimento, e, o mais tardar, no prazo de 5 dias, de qualquer sinistro susceptível de envolver a garantia", conforme alínea 4).[180] Aqui, a boa-fé assume sentido normativo ou prescritivo de condutas; ademais, tem seu espectro alargado por lei para além da declaração inicial.

Em um segundo âmbito de concreção, a boa-fé é estado subjetivo que determina todo um regime jurídico, em consideração ao qual decorrem diferentes consequências jurídicas e sanções aos contratantes, segurado e segurador. Nessa função, aparece simplesmente como boa-fé ou nas suas manifestações antinômicas, fraude, dolo e má-fé. A ausência de boa-fé, na conclusão do contrato, é causa de nulidade do contrato, de pagamento em dobro do prêmio ou da perda do prêmio pago. Nesse sentido, o art. 21 sanciona a omissão ou a falsa declaração intencional do risco, praticada de má-fé, com a nulidade do contrato e a perda do prêmio pago pelo segurado em favor do segurador; o art. 29 sanciona a contratação fraudulenta por mais que valha o bem segurado com a nulidade do contrato; e o art. 39 sanciona a contratação sobre risco passado com a nulidade e o pagamento em dobro do prêmio. Por sua vez, a ausência de boa-fé na execução do contrato é causa de caducidade do direito do segurado à garantia e/ou ausência de responsabilidade do segurador. Nesse sentido, destaca-se o art. 12, que sanciona a causação intencional, ou fraudulenta, do sinistro pelo segurado, prevendo a ausência de responsabilidade do segurador.

No tocante ao regime da declaração inicial do risco, observa-se, ainda, importante inovação do legislador francês, o qual prevê, nos arts. 21 e 22, diferentes

---
179. PICARD; BESSON. *Les Assurances Terrestres*. 4. ed. Paris: LGDJ, 1975. t. I. p. 71 e ss.
180. Trad. nossa. No original: "Art. 15 – L'assuré est obligé: (...) 2º de déclarer exactement, lors de la conclusion du contrat, toutes les circonstances connues de lui qui sont de nature à faire apprécier par l'assureur les risques qu'il prend à sa charge; 3º de déclarer à l'assureur, conformément à l'article 17, les circonstances spécifiées dans la police qui ont pour conséquence d'aggraver les risques; 4º de donner avis à l'assureur, dès qu'il en a eu connaissance et au plus tard dans les cinq jours, de tout sinistre de nature à entraîner la garantie de l'assureur".

consequências jurídicas ou sanções ao segurado conforme o grau de censurabilidade da sua conduta, ou seja, conforme sua omissão ou declaração falsa decorra de boa-fé ou de má-fé.[181] Nos termos ao art. 21, a nulidade do contrato e a consequente perda do prêmio pago é sanção imposta apenas em caso de "omissão ou falsa declaração intencional por parte do segurado".[182] Em casos, porém, em que a omissão ou declaração inexata do risco não decorre de má-fé, a consequência jurídica é outra, segundo dispõe o art. 22.[183] Se a falta for identificada antes da ocorrência do sinistro, o segurador pode propor, ao segurado, o aumento do prêmio ou rescindir o contrato, neste caso, no prazo de 10 dias, devolvendo, ao segurado, o prêmio pago de forma proporcional ao período garantido. Contudo, se a falta tenha sido constatada após o sinistro, o segurador deve efetuar o pagamento da indenização ao segurado, reduzindo dela o prêmio devido na proporção dos riscos garantidos e não declarados.[184] Esse novo regime, introduzido pela legislação sob a influência de prática que se verificava em certos ramos de seguros,[185] tem como principal característica atenuar as consequências jurídicas impostas ao segurado que descumpre sua obrigação de boa-fé.[186] Ademais, era extensível, pela jurisprudência da época, às declarações relativas ao agravamento do risco.[187]

---

181. POÇAS, Luís. *O Dever de Declaração Inicial do Risco no Contrato de Seguro*. Coimbra: Almedina, 2013. p. 246-250.
182. Trad. nossa. No original. Art. 21. "Indépendamment des causes ordinaires de nullité, et sous réserve des dispositions de l'article 81 ci-après, Le contrat d'assurances est nul en cas de réticence ou de fausse déclaration intentionnelle de la part de l'assuré, quand cette réticence ou cette fausse déclaration change l'objet du risque ou en diminue l'opinion pour l'assureur, alors même que le risque omis ou dénaturé par l'assuré a été sans influence sur le sinistre. Les primes payées demeurent alors acquises à l'assureur, qui a droit au payement de toutes les primes échues à titre de dommages et interest".
183. Art. 22. "L'omission ou la déclaration inexacte de la part de l'assuré dont la mauvaise foi n'est pas établie n'entraîne pas la nullité de l'assurance. Si elle est constatée avant tout sinistre, l'assureur a le droit soit de maintenir le contrat moyennant une augmentation de prime acceptée par l'assuré, soit de résilier le contrat dix jours après notification adressée à l'assuré par lettre recommandée, en restituant la portion de la prime payée pour le temps où l'assurance ne court plus. Dans le cas où la constatation n'a lieu qu'après un sinistre, l'indemnité est réduite en propor- tion du taux des primes payées par rapport au taux des primes qui auraient été dues si les ris- ques avaient été complètement et exactement declares".
184. PICARD; BESSON. *Les Assurances Terrestres*. 4. ed. Paris: LGDJ, 1975. t. I. p. 153 e ss.
185. PICARD; BESSON. *Les Assurances Terrestres*. 4. ed. Paris: LGDJ, 1975. t. I. p. 154.
186. Segundo Poças, trata-se de "paradigma de regulação, que veio a afirma-se ao longo do séc. XX na generalidade dos ordenamentos; assumindo como importante núcleo de fundamentação (ainda que não exclusivo) o princípio geral da boa-fé e o princípio mediador da tutela da confiança; que pondera, em primeiro plano, o grau de censurabilidade da conduta do proponente. Que deixa para um plano secundário a mera desconformidade objetiva entre o risco declarado e o real; que busca soluções gradativas, numa aproximação à equidade, que ponderem e satisfaçam uma composição justa dos negócios jurídicos. E que tende a dispensar, portanto, uma tutela significativa ao tomador/segurador. Designaremos este quadro regulatório de referência por paradigma da culpa". POÇAS, Luís. *O Dever de Declaração Inicial do Risco no Contrato de Seguro*. Coimbra: Almedina, 2013. p. 282.
187. PICARD; BESSON. *Les Assurances Terrestres*. 4. ed. Paris: LGDJ, 1975. t. I. p. 157.

Ainda, em um terceiro âmbito de concreção, a boa-fé é estado subjetivo tutelado pelo sistema normativo, notadamente por normas que reconhecem a eficácia do pagamento efetuado pelo segurador de boa-fé - na crença na legitimidade do seu ato - a quem não é credor, ou seja, a credor putativo. Assim, por exemplo, o art. 80 previa o efeito liberatório do pagamento efetuado pelo segurador de boa-fé a quem não era beneficiário por testamento, porém, sem essa disposição, seria legítimo credor. E o art. 37, que reconhece, em determinados ramos de seguro, a validade do pagamento efetuado pelo segurador de boa-fé sem observar o direito de preferência de credores privilegiados ou hipotecários.

Nesse período, a boa-fé no seguro alcançou significativo grau de concreção não apenas na legislação, mas também na doutrina. Sob a influência da nova legislação e do próprio desenvolvimento da boa-fé nos contratos em geral, segundo a disciplina do Código Civil (cujo artigo 1.134 estabelecia que as convenções devem ser executadas de boa-fé),[188] o conteúdo normativo da boa-fé no contrato de seguro encontraria expressivo desenvolvimento dogmático na doutrina.

Será de Picard e Besson, em trabalho cuja quarta edição remonta a década de 70, uma das principais formulações do papel da boa-fé no seguro,[189] que influenciaria a doutrina francesa ainda hoje.[190] Com base na Lei de 1930, os autores qualificam o seguro como contrato de *bonne foi*, estabelecendo, com precisão, os

---

188. Observa-se que até o final do séc. XIX, a despeito da amplitude do art. 1.134 e das suas múltiplas possibilidades interpretativas, pouco terá sido o espaço de desenvolvimento da boa-fé nas relações contratuais no sistema jurídico francês. O amplo reconhecimento da autonomia da vontade e o foco nos vícios de consentimento reduziria o papel boa-fé. A exigência de boa-fé, significaria, assim, que as partes deveriam manter os contratos celebrados e que contrato deveria ser interpretado conforme a verdadeira intenção dos contratantes, e não pela literalidade das palavras usadas (cfr. MENEZES CORDEIRO. *Da Boa-fé no Direito Civil*. Coimbra: Almedina, 2013. p. 258. ZIMMERMANN, Reinhard; WHITTAKER, Simon. Good faith in European contract law: surveying the legal landscape. In: ZIMMERMANN, Reinhard; WHITTAKER, Simon. *Good Faith in European Contract Law*. Cambridge: Cambridge University Press, 2008. p. 33-34). É apenas no final do séc. XIX e início do séc. XX que a boa-fé contratual encontrará maior desenvolvimento nesse sistema jurídico. Na teoria do abuso do direito, de matriz objetiva, a boa-fé passa a limitar o exercício de direitos nas relações contratuais; da mesma forma, passa a fundamentar o reconhecimento de deveres acessórios aos contratantes, a exemplo do dever de informação na fase de tratativas (muito embora, na redação original, o art. 1134 fizesse referência à boa-fé apenas na execução dos contratos); outrossim, encontrará importante campo de aplicação nos contratos de adesão, no controle das cláusulas abusivas e a nível de proteção do consumidor. Na reforma, de 2016, do Código Civil, inclusive, o art. 1104 (que corresponde ao antigo 1134), introduz, expressamente, o dever de boa-fé também na formação dos contratos. Reconhece a doutrina, porém, que o princípio contratual da boa-fé, embora tenha ganhado expressão, não teve, no direito francês, o desenvolvimento que receberia no direito alemão (Good faith in European contract law: surveying the legal landscape. In: ZIMMERMANN, Reinhard; WHITTAKER, Simon. *Good Faith in European Contract Law*. Cambridge: Cambridge University Press, 2008. p. 34-38).
189. PICARD; BESSON. *Les Assurances Terrestres*. 4. ed. Paris: LGDJ, 1975. t. I. p. 71.
190. Veja-se, por todos: BIGOT, Jean (Dir.). *Le contrat d'assurance*. Paris: LGDJ. 2002. t. 3. Cap. I. Notions génerales par Jean Bigot. p. 60-61.

diferentes conteúdos normativos e âmbitos de aplicação da boa-fé no seguro e da boa-fé nos contratos em geral. Assim, traçam a linha divisória entre a boa-fé contratual geral, como norma aplicável a todos os contratos, inclusive, ao seguro; e a boa-fé que particulariza o seguro, identificando o seu especial significado e efeitos nesse âmbito.

Segundo os autores, no diz respeito à interpretação do contrato de seguro, a boa-fé não apresenta significado particular, pois, "no direito moderno, todos os contratos são de boa-fé, devendo ser interpretados não estritamente, mas liberalmente, segundo o espírito, e não letra, da convenção (art. 1156 e s., C. civ.)"; ademais, "o artigo 1134 C. civ. mesmo especifica que as convenções devem ser executadas de boa-fé", "com honestidade e lealdade". Por outro lado, reconhecem o significado especial da boa-fé no contrato de seguro. Neste âmbito, a boa-fé "enfatiza que a seguradora está sempre, em certa medida – nomeadamente no que diz respeito à declaração do risco e às precauções a serem tomadas para evitar e conter os sinistros – à mercê do segurado e obrigada a confiar nele de forma particular". Daí resulta que "o segurado é, portanto, obrigado a comportar-se, em relação à mutualidade da qual é membro, com absoluta sinceridade, completa lealdade" (no original: "absolue franchise", "complète loyauté"). Outrossim, os autores destacam que é esse sentido especial da boa-fé no seguro que explica a severidade de certas sanções impostas ao segurado que não cumpre estritamente suas obrigações, como as relativas à declaração do risco.[191]

Sob esta ótica, a característica *bona fides* do seguro ganha precisão técnica e unidade. Encontra fundamento nas características particulares do seguro, a exigir uma especial confiança, sobretudo do segurador em relação ao comportamento do segurado, no tocante ao risco garantido e sua gestão. Da mesma forma, fundamenta todo um conjunto de normas particulares ao contrato de seguro, as quais, em grande medida, estariam positivadas na legislação, assim irradiando efeitos na formação e em toda a execução da relação contratual. A boa-fé, então, desenvolve-se no contrato de seguro como conceito jurídico autônomo, com conteúdo normativo distinto daquele reconhecido à boa-fé nos contratos em geral.

2.2.2.3 Boa-fé no Code de Assurance e a proteção do consumidor

Ao final do séc. XX, assiste-se, no direito francês, a um novo modelo de concreção da boa-fé no seguro. Em grande medida, ele representa uma continuidade da tradição anterior, na medida em que recepciona o desenvolvimento sistemático

---

191. PICARD; BESSON. *Les Assurances Terrestres*. 4. ed. Paris: LGDJ, 1975. t. I. p. 71.

legislativo e doutrinário da característica *bona fides* do seguro.[192] Porém, desenvolve-se sobre novas diretrizes: polarizado pela proteção do consumidor e sob a confluência da obrigação de lealdade aplicável a todos os contratos. Da mesma forma, recebe as diretrizes do direito comunitário europeu.[193] Daí resulta uma aplicação da boa-fé orientada à proteção do segurado, o que implica, a partir dela, no reconhecimento de novos deveres ao segurador.

O *Code de Assurance*, de 1976, incorporou, em grande medida, o regime anterior.[194] Neste diploma, que passaria por diversas reformas desde a primeira versão, consta a obrigação do segurado de declaração do risco (art. L113-2), abrangente tanto da formação do contrato (declaração inicial) como da sua execução (declaração de agravamento e de sinistro), a qual será interpretada pela doutrina como manifestação da especial obrigação de boa-fé no seguro (ou seja, da natureza *bona fides* do seguro).[195] Da mesma forma, a boa-fé é estado subjetivo que determina todo um regime jurídico, do qual decorrem diferentes consequências jurídicas e sanções aos contratantes, conforme estejam de boa-fé ou de má-fé. Nesse sentido, os arts. 12, 15, 21, 22 e 29 da Lei de 1930 encontrariam, em grande medida, correspondência nos arts. L113-1, L113-2, L113-8, L113-9 e L121-3 do novo Código.

Algumas alterações mais recentes, porém, chamam atenção. Em relação ao dever de declaração inicial do risco (art. L1113-2), mantém-se as diferentes consequências jurídicas caso a sua violação decorra de boa-fé ou de má-fé do segurado; no primeiro caso, com a possibilidade de aumento do prêmio ou rescisão do contrato (art. L113-8); no segundo, com a nulidade (art. L119-9). Altera-se, porém, a extensão do conteúdo do dever. Segundo dispõe o art. L112-3, na sua nova redação introduzida pela Lei de 1989 (ainda em vigor), o segurado é obrigado "a responder com exatidão às questões colocadas pelo segurador, nomeadamente no formulário de declaração inicial do risco"; e não, mais, a declarar "todas as circunstâncias por ele conhecidas que permitam ao segurador apreciar os riscos",[196] conforme regime anterior. O dever de declara-

---

192. Veja-se, por todos: BIGOT, Jean (Dir.). *Le contrat d'assurance*. Paris: LGDJ, 2002. t. 3. Cap. I. Notions génerales par Jean Bigot. p. 60-61. MENEZES CORDEIRO, António. *Direito dos Seguros*. 2. ed. Lisboa: Almedina, 2016. p. 133. No tocante especificamente à declaração inicial do risco: POÇAS, Luís. *O Dever de Declaração Inicial do Rico no Contrato de Seguro*. Coimbra: Almedina, 2013. p. 245 e ss.
193. BIGOT, Jean (Dir.). *Le contrat d'assurance*. Paris: LGDJ, 2002. t. 3. Cap. I. Notions génerales par Jean Bigot. MONTI, Alberto. *Buona Fede e Assicurazione*. Milano: Giuffrè, 2002. p. 196 e ss.
194. BIGOT, Jean (Dir.). *Le contrat d'assurance*. Paris: LGDJ, 2002. t. 3. Cap. I. Notions génerales par Jean Bigot. POÇAS, Luís. *O Dever de Declaração Inicial do Risco no Contrato de Seguro*. Coimbra: Almedina, 2013. p. 250.
195. POÇAS, Luís. *O Dever de Declaração Inicial do Risco no Contrato de Seguro* . Coimbra: Almedina, 2013. p. 245 e ss.
196. No original. Art. L112-3. "L'assuré est obligé (...) 2º De répondre exactement aux questions posées par l'assureur, notamment dans le formulaire de déclaration du risque par lequell l'assureur l'interroge lors

ção inicial do risco, assim, assume os contornos de um dever de resposta: em que o segurado deve informar apenas o que lhe foi perguntado pelo segurador, e o ônus de formular o questionário e decidir quais as circunstâncias do risco devem ser informadas é do segurador.[197] Em grande medida, essa alteração legislativa reflete as preocupações com a proteção do consumidor, o qual, por não ter o domínio técnico do risco, assume um papel passivo na sua declaração. A extensão da sua obrigação, assim, é reduzida.

Em França, a codificação do direito do consumidor remonta 1993, na parte legislativa, e 1997, na parte regulamentar.[198] Suas disposições repercutiriam no contrato de seguro, quando caracterizada relação de consumo, e, por consequência, no papel reconhecido à boa-fé nesse âmbito. Nesse sentido, ganhariam destaque aquelas normas protetivas do consumidor que impõem deveres especiais de informação ao fornecedor, como a que estabelece o dever do fornecedor de colocar o consumidor em condições de conhecer as características essenciais do bem ou serviço a ser prestado antes da celebração do contrato (Art. L. 111-1). Da mesma forma, as regras especiais relativas às Condições Gerais do Contrato, proibitivas de cláusulas consideradas abusivas (Art. L.132-1) e prescritivas de regras especiais de intepretação, com destaque para a norma segundo a qual as cláusulas devem ser apresentadas e regidas de forma clara e compreensível e, em caso de dúvida, interpretadas no sentido mais favorável ao consumidor (Art. L.133-2).[199]

Da mesma forma, a boa-fé teria o seu conteúdo normativo no contrato de seguro densificado a partir da concreção do dever de lealdade (*devor de loyauté*), reconhecido aos contratos em geral com base no art. 1.134 do Código Civil,[200] segundo o qual as convenções devem ser executadas de boa-fé e cuja abrangência seria estendida à fase de formação dos contratos (conforme o atual art. 1.104).[201]

---

de la conclusion du contrat, sur les circonstances qui sont de nature à faire apprécier par l'assureur les risques qu'il prend en charge".

197. POÇAS, Luís. *O Dever de Declaração Inicial do Risco no Contrato de Seguro*. Coimbra: Almedina, 2013. p. 250-252.
198. Suas disposições, posteriormente, seriam constantemente revisadas e atualizadas à luz das diretivas, relativas à proteção do consumidor, do direito comunitário europeu.
199. BIGOT, Jean (Dir.). *Le contrat d'assurance*. Paris: LGDJ, 2002. t. 3. Cap. I. Notions générales par Jean Bigot. p. 238 e ss.
200. Conforme Zimmermann e Whittaker, atualmente, no espaço jurídico francês, a doutrina reconhece a importância da boa-fé como base legal para o desenvolvimento das obrigação de lealdade e cooperação, diverge, contudo, quanto à sua extensão – e importância – enquanto princípio geral. Daí porque os autores reconhecem que o princípio da boa-fé não teve, no direito francês, o desenvolvimento expressivo que receberia no direito alemão (Good faith in European contract law: surveying the legal landscape. *Good Faith in European Contract Law*. Cambridge: Cambridge University Press, 2008. p. 37-38).
201. Inicialmente pela doutrina e jurisprudência, após, pela reforma do Código Civil de 2016 (art. 1.104). ZIMMERMANN, Reinhard; WHITTAKER, Simon. Good Faith in European Contract Law: surveying

Nesse sentido, a boa-fé passa a fundamentar um especial dever (acessório) de lealdade do segurador na formação e execução do contrato, encontrando expansão para além das hipóteses legais de declaração do risco, em um movimento que se percebe tanto na jurisprudência como na doutrina.[202] Assim, por exemplo, impõe ao segurador, na fase de regulação do sinistro, deveres acessórios de lealdade e cooperação, os quais seriam violados, por exemplo, por atuação do segurador que vise procrastinar o procedimento e o pagamento da indenização.[203] E, nos seguros de responsabilidade civil, justifica o reconhecimento de um dever acessório de lealdade na gestão da lide, em consideração ao interesse do segurado, cuja principal consequência seria a impossibilidade do segurador alegar exceções de natureza contratual, em desfavor do segurado, que eram conhecidas no momento da assunção do risco.[204]

Percebe-se, nesse momento, uma certa justaposição entre a boa-fé contratual geral, aplicável a todos os contratos, e a boa-fé como norma particular do contrato de seguro. Deste fenômeno resulta o reconhecimento de novos deveres acessórios de lealdade no contrato de seguro, especialmente ao segurador, voltados à proteção do segurado consumidor, muitos dos quais, até então, não encontrariam previsão legal. Trata-se, ainda, em grande medida, de deveres específicos ao seguro, na medida em que pertinentes ao risco e à sua gestão.

2.2.3 Boa-fé no direito dos seguros alemão

No sistema jurídico alemão contemporâneo, o papel da boa-fé no contrato de seguro pode ser estudado a partir de quatro perspectivas. Em um primeiro momento, o conceito se desenvolveu segundo o pensamento jurídico do direito comercial alemão do século XIX. Após, já na virada do século, a boa-fé comercial seria recepcionada na fundação do Direito dos Seguros alemão, sendo incrementada pelos aportes sistemáticos da pandectística e fundamentando todo um conjunto de normas da Lei do Contrato de Seguro – VVG. A partir daí, a atividade de interpretação e concreção do §242 do BGB passou a exercer particular importância para a compreensão da boa-fé no seguro. Mais recentemente, reformas legislativas, especialmente orientadas à proteção do segurado consumidor, consolidariam construções doutrinárias e jurisprudenciais desenvolvidas a partir do §242, assim como novas tendências da boa-fé no seguro.

---

the legal landscape. In: ZIMMERMANN, Reinhard; WHITTAKER, Simon. *Good Faith in European Contract Law*. Cambridge: Cambridge University Press, 2008. p. 37-38.
202. MONTI, Alberto. *Buona Fede e Assicurazione*. Milano: Giuffrè, 2002. p. 196 e ss.
203. MONTI, Alberto. *Buona Fede e Assicurazione*. Milano: Giuffrè, 2002. p. 202 e ss.
204. MONTI, Alberto. *Buona Fede e Assicurazione*. Milano: Giuffrè, 2002. p. 205 e ss.

2.2.3.1 Boa-fé e seguro no direito comercial alemão do séc. XIX

A boa-fé não encontrou previsão expressa na codificação comercial alemã do século XIX enquanto princípio da *lex mercatoria* ou fundamento especial do contrato de seguro. Apenas em sentido subjetivo ("in gutem Glauben").[205] Isso, contudo, não significa que a boa-fé fosse "estranha ao espírito" da codificação[206] ou que nela não possam ser identificadas "referências indiretas" à boa-fé.[207] Analisando a questão, Meyer observa que muitas das normas jurídicas que se desenvolveram com base na *bona fides* para regular as relações mercantis foram introduzidas na codificação comercial.[208] O mesmo pode ser afirmado em relação ao contrato de seguro, cujo conteúdo normativo decorrente da boa-fé, desenvolvido no período anterior, seria incorporado na codificação comercial.

Na ampla disciplina conferida ao seguro marítimo pelo Código Comercial de 1861 (Allgemeines Deutsches Handelsgesetzbuch –ADHGB), é possível observar um sistema normativo fundado na boa-fé (§§782-905). Assim, com a previsão do dever do tomador/segurado de informar as circunstâncias relevantes do risco (§810), cujo descumprimento libera o segurador do contrato (§812), assim como o próprio agravamento do risco (§818). Da mesma forma, a previsão da hipótese em que um dos contratantes tenha conhecimento da cessação do risco no momento da contratação, a qual, uma vez caracterizada, desobriga o outro do contrato (§789).[209]

Nesses termos, o ADHGB conformou um sistema de tutela da confiança do segurado ou do segurador no comportamento honesto do outro. A boa-fé manifesta-se, aqui, como estado subjetivo cuja ausência tem o efeito liberatório do contrato (§789); e como fundamento do dever do tomador/segurado de declaração do risco e não agravamento (§§ 810 e 818), assumindo, assim, algum sentido prescritivo de condutas. Essa mesma base normativa seria, mais tarde, incorporada no Código Comercial de 1898 (Handelsgesetzbuch – HGB), que regularia o seguro marítimo na Seção 10 (§§778-905).[210]

---

205. Especificamente no §900 do ADHGB, a propósito do direito de retenção ou reclamação do prêmio do seguro.
206. MENEZES CORDEIRO, António. *Da Boa-fé no Direito Civil*. Coimbra: Almedina, 2013. p. 320.
207. MEYER, Rudolf. *Bona fides und lex mercatoria in der europäischen Rechtstradition*. Wallstein Verlag Göttingen. 1994. p. 71.
208. MEYER, Rudolf. *Bona fides und lex mercatoria in der europäischen Rechtstradition*. Wallstein Verlag Göttingen. 1994. p. 71.
209. Em sentido subjetivo ("in gutem Glauben"), a boa-fé aparece no §900, a propósito do seguro em duplicidade, para justificar, mesmo em caso de boa-fé do segurado, o direito à retenção ou reclamação do prêmio.
210. Acesso ao inteiro teor em https://beck-online.beck.de. Mar. 2022. Diferentemente do Código anterior, no HGB, as consequências da ausência de boa-fé já são mais variadas, com destaque para a nulidade do contrato em caso de duplo seguro com intenção fraudulenta (§787); o efeito liberatório do contrato em

A importância central da boa-fé nas relações comerciais e, especialmente, nas relações de seguro, seria evidenciada, por outro lado, pela jurisprudência comercial alemã do século XIX.[211] Ainda antes do ADHGB, nas decisões do Oberappellationsgericht zu Lübeck (OAG Lübeck), tribunal superior de apelação, criado em 1815, com jurisdição sobre Lübeck, Hamburgo, Bremen e Frankfurt. Posteriormente, na jurisprudência do Reichsoberhandelsgericht (ROHG), Tribunal Comercial Superior do Império, criado em 1871; e do Reichsgericht (RG), Tribunal do Império, que incorporaria, em 1879, o ROHG.

Nos contratos de seguro, a boa-fé foi empregada pela jurisprudência comercial tanto com uma conotação geral, como princípio aplicável a todas as relações comerciais, e, portanto, também ao seguro, quanto com uma conotação especial, a justificar um particular significado no seguro e a natureza *bona fides* do tipo. Os limites, porém, entre essas concepções geral e especial não seriam tão claros. Ademais, a boa-fé apareceu em diversos contextos: tanto para a interpretação do contrato de seguro, seja das declarações negociais ou das cláusulas contratuais, de modo a flexibilizar a sua rigidez; como para fundamentar obrigações contratuais, especialmente o dever de informação do segurado para com o segurador e outros deveres de lealdade e consideração mútua, cuja violação tem o efeito liberatório do contrato. Nesse sentido, apresentou, para além de uma dimensão subjetiva, também um sentido normativo ou prescritivo de condutas.[212]

Não propriamente com um significado especial no seguro, mas como exigência dos contratos mercantis em geral, a boa-fé foi empregada para a interpretação das declarações do segurado a propósito do objeto do seguro em decisão proferida pelo OAG Lübeck (novembro de 1829). No caso, em que se discutia, a partir das declarações do segurado, se o objeto do contrato eram apenas as cargas ou também o navio, constou nas razões de decidir: "no contrato de seguro, o qual, como qualquer outro contrato, se baseia na boa-fé (Treu und Glauben), é de igual efeito se o segurado deu esta informação diretamente ou se ele deu através

---

caso de conhecimento por um dos contratantes da cessação do risco quando da contratação (§785); e o direito do segurador de resolução do contrato (Rücktrittsrecht), e o prazo para o seu exercício, em caso de descumprimento do dever de declaração inicial do risco (§806, 808 e 811). Ademais, no tocante ao descumprimento da declaração do risco, passa-se a exigir, para liberar o segurador do pagamento em caso de sinistro, em caso de exercício do direito de resolução após a ocorrência, o nexo causal entre a circunstância falsa ou omitida e o sinistro (§811).

211. Nesse sentido: MEYER, Rudolf. *Bona fides und lex mercatoria in der europäischen Rechtstradition*. Wallstein Verlag Göttingen. 1994. p. 72-74; ABRAHAM, Hans Jürgen. *Das Recht der Seeversicherung*. 1. Band. Hamburg: Cram, de Gruyter & Co. 1967. p. 271-272; MENEZES CORDEIRO, António. *Da Boa-fé no Direito Civil*. Coimbra: Almedina, 2013. p. 314-324.

212. A respeito do incremento da boa-fé objetiva na jurisprudência comercial, destaca-se, em língua portuguesa, a análise de Menezes Cordeiro: *Da Boa-fé no Direito Civil*. Coimbra: Almedina, 2013. p. 314-324.

de exteriorizações tais, ou de um comportamento tal, a partir do qual possa ser concluído por qualquer pessoa que o seu navio estava segurado".[213]

Também com esta conotação geral, em decisão proferida em dezembro de 1883, o RG (Reichsgericht) recorreu à boa-fé para exigir do segurado que tomasse conhecimento, mediante leitura, das condições contratuais que lhe foram remetidas. Nos termos da decisão: "dá-se, segundo os fundamentos da boa-fé (Treue und Glauben), para eles [segurados] a obrigação de informar-se sobre o conteúdo das proposições contratuais a eles participadas e observá-las". Ademais, "eles precisam partir do pressuposto de que isso é esperado pela outra parte", especialmente "quando isso faz parte dos cuidados esperados de qualquer comerciante na condução de seus negócios".[214]

Com especial significado no contrato de seguro, a boa-fé foi empregada para fundamentar a obrigação recíproca de "especial consideração pela Treue und Glauben" ("ganz besondere Rücksicht auf Treue und Glauben"), cuja violação – no caso, pelo segurado que faz declarações falsas ou omissões, relativas ao estado de risco, quando da contratação de seguro de vida – libera o segurador do contrato. Neste particular, sendo irrelevante se o fato inverídico ou omitido tenha relação causal com a morte do segurado (ROHG, abril de 1873).[215] Da mesma forma, quando a jurisprudência caracterizou a relação contratual de seguros como aquela "que expressivamente tem fundamento na lealdade recíproca" ("welches durchweg gegenseitige Loyalität zur Grundlage hat"). Nesse sentido, recorrendo ao fundamento de lealdade para a interpretação de cláusula do contrato de seguro, e concluir, a partir dele, que os contratantes – ao disporem, em cláusula contratual, que a avaliação dos danos provenientes do sinistro se daria por árbitros especializados, supostamente com exclusão da via judicial – na realidade não quiseram estabelecer a validade obrigatória da avaliação dos árbitros quando tecnicamente errada ou manifestamente incorreta, admitindo-se, também nesses casos, o recurso à via judicial (decisão proferida pelo RG, em outubro de 1883).[216]

O papel da boa-fé nas relações mercantis e, particularmente, nas relações de seguro também seria destacada pela ciência jurídica comercial do século

---

213. OAG Lübek, 25 de novembro de 1829. Conforme: *Sammlung von Entscheidungen des Oberappellationsgerichts zu Lübeck in Lübecker Rechtssachen*. Von Bruhn. Lübeck: v. Rohden, 1858, Band. 1 p. 286-287. Tradução nossa.
214. RG, 8 de dezembro de 1883. Conforme: *Entscheidungen des Reichsgerichts in Zivilsachen*. Hrsg. von den Mitgliedern des Gerichtshofes und der Reichsanwaltschaft. Leipzig: Veit, 1885, Band. 13. p. 77. Tradução nossa.
215. ROHG, 26 de abril de 1873. Conforme: *Entscheidungen des Reichs-Oberhandelsgerichts*. Hrsg. von den Räthen des Gerichtshofes. Stuttgart: Enke. 1873. Band. 9. p. 286.
216. RG, 11 de outubro de 1883. Conforme: *Entscheidungen des Reichsgerichts in Zivilsachen*/hrsg. von den Mitgliedern des Gerichtshofes und der Reichsanwaltschaft. Leipzig: Veit, 1884, Band. 10. p. 132.

XIX, notadamente nas obras de Goldschmitdt (1829-1897).[217] O autor reconhecia, nas relações comerciais, o sentido eminente de "bonae fidei negotia", e o papel da boa-fé para a adequada aplicação e compreensão das normas e à própria formação do direito consuetudinário.[218] Ao tratar especificamente do contrato de seguro, reconhecia a sua natureza "bonae fidei", da qual derivava a função interpretativa da boa-fé. Segundo o autor, o seguro "é um contrato *bonae fidei*. Seu conteúdo, incluindo as condições de seguro, deve ser interpretado de acordo com o costume de relações justas".[219] Nesse sentido, a partir desse campo operativo da boa-fé, destacava que as condições contratuais impostas ao segurado (e.g. para a subsistência do contrato ou para o pedido de pagamento) não deveriam ser tratadas como absolutas em caso de dúvida.[220]

2.2.3.2   Boa-fé na fundação do direito dos seguros alemão

No sistema jurídico alemão, a fundação do Direito dos Seguros, compreendido como ramo do direito autônomo, formalmente dividido em direito institucional e contratual do seguro, remonta, segundo autorizada doutrina, ao início do século XX.[221] Nesse sentido, é resultado da criação de leis especiais destinadas a disciplinar a atividade e o contrato de seguro, nomeadamente, a Lei da Supervisão dos Seguros (Versicherungsaufsichtgesetz – VAG), de 1901, e a Lei do Contrato de Seguro (Versicherungsvertragsgesetz – VVG), de 1908. Da mesma forma, seria impulsionado pelo pensamento jurídico científico, que, já ao final do século XIX, prepararia o terreno para o desenvolvimento do Direito dos Seguros como ramo autônomo, lançando as bases sistemáticas para a disciplina unitária do contrato seguro, não mais circunscrita aos seguros marítimos.

O pensamento jurídico desenvolvido no direito comercial do século XIX sobre o papel da boa-fé no contrato de seguro seria recepcionado na fundação do Direito dos Seguros, absorvido pela doutrina e repercutindo na Lei do Contrato de Seguro – VVG.

---

217. Conforme Meyer, a boa-fé também estaria presente em outras obras fundantes da ciência jurídica comercial alemã no século XIX, como em Heinrich Thöl e Wilhelm Endemann. MEYER, Rudolf. *Bona fides und lex mercatoria in der europäischen Rechtstradition*. Wallstein Verlag Göttingen. 1994. p. 74-75.
218. GOLDSCHMIDT, Levin. Universalgeschichte des Handelsrechts, p. 309-310. Apud. MEYER, Rudolf. *Bona fides und lex mercatoria in der europäischen Rechtstradition*. Wallstein Verlag Göttingen. 1994. p. 74.
219. GOLDSCHMIDT, Levin. *System des Handelsrechts mit enschuluss des Wechsel –, See-und Versicherungsrechts im Grundriss*. Stuttgart: Verlag Von Ferdinand Enke, 1891. p. 237, § 158, item 6.
220. GOLDSCHMIDT, Levin. *System des Handelsrechts mit enschuluss des Wechsel –, See-und Versicherungsrechts im Grundriss*. Stuttgart: Verlag Von Ferdinand Enke, 1891.p. 237, § 158, item 6.
221. MENEZES CORDEIRO, António. *Direito dos Seguros*. 2. ed. Lisboa: Almedina, 2016. p. 130-132.

Sob a influência da pandectística, o desenvolvimento doutrinário do Direito dos Seguros, antecedente à legislação, encontraria em Victor Ehrenberg (1851-1929) um dos seus expoentes.[222] Na sua obra fundadora Versicherungsrecht (Direito dos seguros), publicada em 1893,[223] o autor reconhecia a natureza *bonae fidei* do contrato de seguro. Para Ehrenberg, essa característica *bona fides* (ou *uberrimae fidei*) teria duplo significado. De um lado, justificaria, em caso de dúvida, uma interpretação do contrato de seguro não rigorosa ou literal, mas segundo o costume das relações leais, probas, honestas e de boa-fé. De outro lado, expressaria a relação de confiança que se estabelece entre segurado e segurador, a colocá-los em uma posição de alta dependência em relação ao comportamento leal do outro, cuja quebra tem o efeito liberatório do contrato, tornando-o não vinculante para aquele cuja confiança fora frustrada. Em ambos os casos, não compreende a característica *bona fides* propriamente como uma particularidade do contrato de seguro. Sustenta que a boa-fé como cânone hermenêutico estaria presente em todos os contratos. Por sua vez, a relação de confiança, em relação ao comportamento honesto do outro, também estaria presente em outros contratos, e não caracterizaria todas as espécies de seguro.[224]

Em relação à posição de confiança (ou dependência) do segurado no comportamento honesto do segurador, o autor destaca a hipótese de sua quebra quando o segurador celebra o contrato mesmo ciente de que o risco já não existe, a qual tem o efeito de liberar o segurado do pagamento do prêmio, mediante *exeptio doli*. Em relação à posição de confiança (dependência) do segurador no comportamento honesto do segurado, observa que ela existe no momento da conclusão do contrato, assim como do seu cumprimento. Materializando-se, mais precisamente, como uma confiança (ou dependência) em relação às informações prestadas pelo segurado, necessárias, ao segurador, tanto para a avaliação do risco e decisão sobre contratação, como para a análise do sinistro, da sua causa e extensão, e do agravamento do risco.[225] Nesse sentido, reconhece, nos deveres do segurado de declaração do estado do risco, a razão para a caracterização do seguro como contrato *uberrimae fidei*.[226] Ademais, observa, em regra, que a violação grosseira desses deveres relacionados ao risco tem por consequência a perda, pelo segurado, de qualquer direito decorrente do contrato.

---

222. Conforme: MENEZES CORDEIRO, António. *Direito dos Seguros*. 2. ed. Lisboa: Almedina, 2016. p. 131; TZIRULNIK, Ernesto. *Seguro de riscos de engenharia*: instrumento do desenvolvimento. São Paulo: Roncarati, 2015. p. 103.
223. EHRENBERG, Victor. *Versicherungsrecht*. Leipzig: Verlag von Duncker & Humblot. 1893.
224. EHRENBERG, Victor. *Versicherungsrecht*. Leipzig: Verlag von Duncker & Humblot. 1893. p. 73.
225. EHRENBERG, Victor. *Versicherungsrecht*. Leipzig: Verlag von Duncker & Humblot. 1893. p. 73-75.
226. EHRENBERG, Victor. *Versicherungsrecht*. Leipzig: Verlag von Duncker & Humblot. 1893. p. 352.

A análise da obra de Ehrenberg, e do seu pensamento sobre a boa-fé no seguro, revela a recepção dos aportes da ciência jurídica comercial alemã (neste particular, com referência expressa à obra de Goldschmitdt).[227] Ehrenberg se alinha ao pensamento corrente no direito comercial (doutrina e jurisprudência), reconhecendo a característica *bona fides* do seguro e sua repercussão na interpretação do contrato, não propriamente como uma particularidade do seguro, mas de todos os contratos. Da mesma forma, ao pensamento da pandectística, ao atrelar a boa-fé no seguro à *exeptio doli*, como exceção baseada na boa-fé.[228] Porém, vai além do pensamento jurídico até então desenvolvido a respeito da boa-fé no seguro: apresenta o tema com notável rigor sistemático, como é próprio da escola de pensamento na qual estava inserido, de modo a colocar em evidência o sistema operativo da boa-fé no contrato de seguro. Neste particular, delineando a pluralidade de situações em que a relação de confiança entre segurado e segurador se destaca e merece tutela, com significativa precisão técnica, bem como capacidade de assimilação do sistema normativo posto na codificação comercial, a propósito do contrato de seguro.

Por outro lado, no campo legislativo, a Lei do Contrato de Seguro (Gesetz über den Versicherungsvertrag – VVG), de 1908, conferiu tratamento unitário e sistemático ao tipo, abrangente das suas mais diversas modalidades. Foi estruturada em cinco seções: a primeira com disposições gerais; a segunda, relativa aos seguros de danos; a terceira, sobre os seguros de vida e saúde; a quarta, sobre os seguros de acidentes; e a quinta, com disposições finais. No tocante à interseção "boa-fé e seguro", o VVG seguiu o modelo da codificação comercial, não positivando expressamente o dever dos contratantes, segurado e segurador, de agir de boa-fé (conforme, mais tarde, constaria no §13 das Condições Gerais do Seguro Marítimo Alemão – ADS, de 1919).[229] Mas conformando todo um sistema normativo fundado na boa-fé, em que a tutela da confiança no contrato de seguro opera mediante a previsão de um conjunto de direitos e deveres (estes compreendidos pela doutrina como *Obliegenheiten*).[230]

---

227. EHRENBERG, Victor. *Versicherungsrecht*. Leipzig: Verlag von Duncker & Humblot. 1893. p. 73.
228. ZIMMERMANN, Reinhard; WHITTAKER, Simon. Good Faith in European Contract Law: surveying the legal landscape. In: ZIMMERMANN, Reinhard; WHITTAKER, Simon. *Good Faith in European Contract Law*. Cambridge: Cambridge University Press, 2008. p. 19-20.
229. Veja-se: ABRAHAM, Hans Jürgen. *Das Recht der Seeversicherung*. 1. Band. Hamburg: Cram, de Gruyter & Co., 1967. p. 270 e ss. Conforme §13 da ADS: "Alle Beteiligten haben Treu und Glauben im höchsten Maße zu betätigen". Trad. Nossa: "Todas as partes envolvidas devem agir de boa-fé ao mais alto grau".
230. A respeito do conceito de *Obliegenheiten*: WOLF; NEUNER. *Allgemeiner Teil des Bürgerlichen Rechts*. 10 Auflege. München: Verlag C.H Beck. p. 210. Especificamente no contrato de seguro: HEISS, Helmut. VVG §28 – Verletzung einer vertraglichen Obliegenheit. In: BRUCK, Ernst; MÖLLER, Hans (Hrsg.). *Versicherungsvertragsgesetz*. Erster Band. §§1-31. Berlin: De Gruyter Recht: 2008.

Como era próprio da legislação de outros sistemas jurídicos da época,[231] seu conjunto normativo orientava-se especialmente à tutela da confiança do segurador no comportamento honesto do segurado quanto ao risco objeto do contrato. Nesse sentido, com a previsão do dever (*Obliegenheiten*) do tomador/segurado de declaração inicial do risco (§§16 e 17); de não agravar o risco e comunicar o agravamento (§23); de avisar o sinistro (§33); entre outras disposições. Por outro lado, tratou da hipótese de contratação de seguro sobre risco passado, quando essa circunstância fosse conhecida por um dos contratantes, segurado ou segurador, a qual libera o outro do cumprimento do contrato; seja o segurado, do pagamento do prêmio, seja o segurador, da indenização securitária (§2 (2)).

Chama a atenção alguns aspectos da disciplina do VVG. O primeiro deles, que se apresenta como uma inovação legislativa, diz respeito à previsão de diferentes consequências jurídicas, conforme o grau de censurabilidade da conduta do tomador/segurado, em caso de descumprimento dos deveres relacionados ao risco (*Obliegenheiten*). Desse modo, com a superação do modelo adotado pela codificação comercial, o descumprimento desses deveres (*Obliegenheiten*), em regra, liberava o segurador do contrato, mesmo que o tomador/segurado tenha atuado com culpa, sem dolo ou fraude. Nesse sentido, ilustrativa é a disciplina da declaração inicial do risco, que reconhecia, em caso de fraude, o direito do segurador de impugnar o contrato (§22), de modo a proceder a sua anulação; em caso de descumprimento culposo, o direito do segurador à resolução do contrato, a ser exercido no prazo de um mês (§§16, (2) e 20 (1)); e, em caso de descumprimento sem culpa, o direito do segurador de cobrar um prêmio maior, de acordo com o estado de risco não declarado, ou de resolver o contrato, observado o aviso prévio de um mês, caso o risco maior não pudesse ser aceito de acordo com os seus princípios operacionais (§16 (3) c/c §41 (1) e (2)).[232]

O segundo aspecto a ser destacado, também em caso de descumprimento da declaração inicial do risco, diz respeito à obrigação do segurador de pagamento caso exerça o direito de resolução do contrato após a ocorrência do sinistro. Nesta hipótese, se exige que efetue o pagamento da indenização securitária, salvo se houver nexo de causalidade entre a circunstância omitida ou inverídica e o sinistro (§ 21). Condiciona-se, assim, o efeito liberatório do pagamento ao requisito de causalidade.[233]

---

231. Veja-se, por exemplo, o capítulo do presente trabalho no qual é abordado o sistema jurídico francês.
232. POÇAS, Luís. *O Dever de Declaração Inicial do Rico no Contrato de Seguro*. Coimbra: Almedina, 2013. p. 252-253.
233. POÇAS, Luís. *O Dever de Declaração Inicial do Risco no Contrato de Seguro*. Coimbra: Almedina, 2013. p. 254.

2.2.3.3 Interpretação e concreção do §242 do BGB no contrato de seguro

Ao tempo da formação do Direito dos Seguros, entraria em vigor, em 1900, o Código Civil alemão (BGB), o qual consagraria a obrigação dos contratantes de boa-fé (§242),[234] para além da função hermenêutica da boa-fé nos contratos (§157).[235] A partir daí, a intensa atividade de interpretação e concreção do §242 do BGB – inicialmente pela jurisprudência e, posteriormente, pela doutrina – da qual resultaria o desenvolvimento do princípio geral de boa-fé no direito contratual alemão,[236] repercutiria no contrato de seguro. A boa-fé no contrato de seguro passaria, então, a ser compreendida segundo o princípio geral de boa-fé. Teria seu conteúdo alargado, desenvolvido e sistematizado a partir do princípio geral de boa-fé, passando a incidir para além dos seus âmbitos tradicionais na experiência jurídica dos seguros.

Hans Möller, em estudo publicado em 1938, destacou esta tendência na jurisprudência. De acordo com o autor, o dever de lealdade (Treuepflicht) apareceria com significativo destaque na jurisprudência do contrato de seguro a partir de 1933. Antes, porém, teria perdido sua importância central. Isso porque, "a detalhada disciplina legal do contrato de seguro pareceria ter tornado desnecessário o recurso a uma cláusula geral". Ademais, observa que "apenas recentemente o conhecimento se impôs, mostrando que o legislador não pode regulamentar completamente todos os fatos da vida" e que "a melhor forma de eliminar as lacunas e deficiências legais do direito do contrato de seguro seria com base no pensamento da boa-fé".[237]

Nesse sentido, o autor analisa e classifica a vasta jurisprudência alemã da época, dela extraindo quatro funções da boa-fé no contrato de seguro. A primeira delas consiste na função interpretativa, mediante a qual a boa-fé auxilia na identificação do conteúdo do contrato e das obrigações assumidas pelas partes. Assim, por exemplo, em caso de ambiguidade de cláusula das condições gerais do seguro. A segunda função diz respeito ao papel da boa-fé na determinação do modo como as obrigações contratuais ou legais devem ser cumpridas. Assim, por

---
234. § 242 BGB. Der Schuldner ist verpflichtet, die Leistung so zu bewirken, wie Treu und Glauben mit Rücksicht auf die Verkehrssitte es erfordern. Trad. nossa: "O devedor é obrigado a atuar da forma exigida pela boa-fé, em atenção aos usos e costumes".
235. § 157 BGB. Verträge sind so auszulegen, wie Treu und Glauben mit Rücksicht auf die Verkehrssitte es erfordern. Trad. Nossa: "Os contratos devem ser interpretados conforme a boa fé e os costumes".
236. ZIMMERMANN, Reinhard; WHITTAKER, Simon. Good Faith in European Contract Law: surveying the legal landscape. In: ZIMMERMANN, Reinhard; WHITTAKER, Simon. *Good Faith in European Contract Law*. Cambridge: Cambridge University Press, 2008. p. 18 e ss.
237. MÖLLER, Von Hans. Versicherung und Treu und Glauben. *Kernfragen der Versicherungs-Rechtsprechung*, Berlin: E.S Mittler & Sohn, 1938. p. 37.

exemplo, para determinar a data do pagamento da indenização ou o montante devido pelo segurado; ou para impor ao segurador o pagamento antecipado de parcela incontroversa dos danos quando a divergência diga respeito apenas à extensão dos danos reclamados pelo segurado. Da mesma forma, para determinar de que modo o segurado deva comunicar o sinistro ao segurador (e.g. se através de carta simples ou carta registrada) ou quais informações a respeito do risco devem ser informadas na declaração inicial.[238]

Em terceiro lugar, podem derivar da boa-fé deveres adicionais de lealdade, não previstos em lei ou no contrato. Este é o caso do dever do segurador de entrar em contato com o segurado antes de rescindir contrato de seguro de vida por motivo de atraso no pagamento do prêmio; ou do dever do segurado de comunicar ao segurador, mais tardar quando da solicitação do pagamento do prêmio, o desaparecimento do risco garantido, sob pena de arcar com eventuais despesas suportadas pelo segurador. Em quarto lugar, o autor destaca o papel da boa-fé como fundamento da exceção de dolo (*exceptio doli*). Assim, por exemplo, em caso de fraude no sinistro ou, mesmo, de exercício de um direito de má-fé (e.g. invocação, pelo segurador, de acordo celebrado, com abuso da posição de debilidade econômica do segurado).[239]

No campo doutrinário, o desenvolvimento do princípio geral da boa-fé, com base no §242 do BGB, e suas repercussões no contrato de seguro, suscitaria diversos aspectos. De um lado, o próprio questionamento sobre a subsistência de um especial significado da boa-fé no seguro, a justificar a sua natureza *uberrima fides*. Neste particular, parcela da doutrina negaria a especial importância da boa-fé no contrato de seguro. De acordo com Bruck, embora possa ter existido, na época anterior à legislação, alguma justificativa para a compreensão do seguro como um contrato *uberrimae fidei*, já que "um parâmetro comum para o comportamento de reciprocidade a ser observado pelas partes precisava ser encontrado";[240] isso, porém, não se justificaria mais, desde o momento em que a exigência de boa-fé foi elevada, em todo o âmbito do direito civil, como parâmetro geral de interpretação dos contratos e de obrigações do devedor, e desde que as obrigações do contrato de seguro se encontram ordenadas em lei.[241] Muitos autores, por outro lado, pareceram inclinados a reconhecer a particular importância da boa-fé no contrato de seguro. Assim, Möller, que sustentou uma aplicação da boa-fé

---

238. MÖLLER, Von Hans. Versicherung und Treu und Glauben. *Kernfragen der Versicherungs-Rechtsprechung*, Berlin: E.S Mittler & Sohn, 1938. p. 40-44.
239. MÖLLER, Von Hans. Versicherung und Treu und Glauben. *Kernfragen der Versicherungs-Rechtsprechung*, Berlin: E.S Mittler & Sohn, 1938. p. 44-51.
240. BRUCK, Ernst. *Das Privatversicherungsrecht*. Manheim: J. Bensheimer, 1930. p. 58-60. Trad. Nossa.
241. BRUCK, Ernst. *Das Privatversicherungsrecht*. Manheim: J. Bensheimer, 1930. p. 58-59.

orientada pela base comunitária do contrato de seguro, a exigir especial dever de lealdade dos contratantes.[242] Da mesma forma, Prölss, ao destacar a relação de dependência (mútua) que se estabelece no contrato de seguro, a justificar especial papel da boa-fé.[243] Em geral, contudo, a doutrina passaria a fundamentar o dever de boa-fé no contrato de seguro no §242 do BGB, nele justificando as funções e efeitos da boa-fé no seguro, inclusive aqueles positivados no VVG. Assim, sem propriamente distinguir a boa-fé enquanto princípio geral e enquanto princípio específico do seguro. Eventual conteúdo específico da boa-fé no seguro, estaria, então, abarcado pelo princípio geral.[244]

Por outro lado, o desenvolvimento do princípio geral, com base no §242 do BGB, forneceria as bases para aprimorada sistematização e categorização da boa-fé no seguro. A partir das bases teóricas da doutrina privatista, a doutrina do seguro consolidaria a natureza recíproca do dever de boa-fé, extensível ao segurado e ao segurador, e sua eficácia na formação e na execução do contrato de seguro. Da mesma forma, reconheceria, entre os efeitos da boa-fé no seguro, para além daqueles tradicionais ou já normatizados no VVG (e.g. dever de declaração inicial do risco), outros tantos (e.g. dever do segurador de esclarecer ao tomador/segurado sobre a amplitude das coberturas contratadas). Isso tudo a partir de uma avançada sistematização das funções da boa-fé no seguro, com destaque para as funções interpretativa; criadora de deveres contratuais, especialmente do dever de informação e esclarecimento; delimitadora do modo adequado de adimplemento das obrigações contratuais; e como vedação ao dolo (*exceptio doli*).[245]

---

242. MÖLLER, Von Hans. Versicherung und Treu und Glauben. *Kernfragen der Versicherungs-Rechtsprechung*, Berlin: E.S Mittler & Sohn, 1938. p. 38.
243. PRÖLSS; ARMBRÜSTER. Vorbemerkung zur Anwendung des Versicherungsrechts. In: PRÖLSS; MARTIN (Hrsg.). *Versicherungsvertragsgesetz*. Band 14. 28. ed. Müchen: Verlag C.H. Beck, 2010. p. 47-49.
244. Nesse sentido, veja-se também: BECKMANN. Generaleinführung. In: BRUCK/MÖLLER (Coord.). *Versicherungsvertragsgesetz*. Erster Band. §§1-32. Berlin: De Gruyter Recht: 2008. p. 55-57; PRÖLSS; ARMBRÜSTER. Vorbemerkung zur Anwendung des Versicherungsrechts. In: PRÖLSS. MARTIN (Hrsg.). *Versicherungsvertragsgesetz*. Band 14. 28. ed. Müchen: Verlag C.H. Beck, 2010. p. 47 e ss. ABRAHAM, Hans Jürgen. *Das Recht der Seeversicherung*. 1. Band. Hamburg: Cram, de Gruyter & Co., 1967. p. 270 e ss.
245. Nesse sentido: MÖLLER, Von Hans. Versicherung und Treu und Glauben. *Kernfragen der Versicherungs-Rechtsprechung*, Berlin: E.S Mittler & Sohn, 1938. p. 40; ABRAHAM, Hans Jürgen. *Das Recht der Seeversicherung*. 1. Band. Hamburg: Cram, de Gruyter & Co., 1967. p. 270 e ss; BECKMANN. Generaleinführung. In: BRUCK/MÖLLER (Coord.). *Versicherungsvertragsgesetz*. Erster Band. §§1-32. Berlin: De Gruyter Recht: 2008. p. 55-57; PRÖLSS; ARMBRÜSTER. Vorbemerkung des Versicherungsrechts. In: PRÖLSS; MARTIN (Hrsg.). *Versicherungsvertragsgesetz*. Band 14. 28. ed. Müchen: Verlag C.H. Beck, 2010. p. 47 e ss.

2.2.3.4 Boa-fé nas reformas do direito contratual dos seguros alemão

Mais recentemente, o direito contratual dos seguros alemão passou por reformas legislativas relacionadas ao conteúdo normativo da boa-fé. Muitas delas representaram a consolidação legal de construções jurisprudenciais e doutrinárias desenvolvidas a partir da interpretação do §242 do BGB. Outras tantas deram nova dimensão ao princípio da boa-fé no contrato de seguro.

Em 1976, assistiu-se ao advento do AGB-Gesetz, que tratou das cláusulas contratuais gerais, reconhecendo o papel da boa-fé no controle do seu conteúdo. Neste particular, prevendo a invalidade da cláusula contratual que injustificadamente desfavoreça a outra parte, contrariando os preceitos de boa-fé (§9).[246] Da mesma forma, destaca-se o advento das normas de proteção do consumidor – inclusive no direito comunitário europeu, como a Diretiva 93/13/CEE, sobre cláusulas abusivas nos contratos de consumo, e a Diretiva 97/7/EC, relativa a proteção do consumidor em contratos a distância – que seriam introduzidas no BGB nas suas reformas dos anos 2000.[247]

Esse movimento de proteção do consumidor e tutela do aderente influenciaria a legislação especial do contrato de seguro (VVG), a qual passaria por diversas modificações. Entre elas, destaca-se, como manifestação do princípio da boa-fé, o incremento dos deveres de informação do segurador e demais agentes de seguro.[248] Nesse sentido, destaca-se a norma que tratou das consequências do não envio, pelo segurador, das condições gerais e demais informações contratuais ao tomador/segurado (§5a, introduzido em 2004); a previsão da obrigação de informação e aconselhamento dos mediadores de seguro (Título IV, Seção 1, introduzido em 2006); e os especiais deveres de informação do segurador em caso de contrato celebrado à distância com consumidores (§48b, do Título V, de 2004).

Em 2008, o VVG de 1908 seria revogado com a entrada em vigor da Lei de Reforma do Direito do Contrato de Seguro (Gesetz zur Reform des Versicherungsvertragsrechts). No novo diploma legislativo "foram reforçados os direitos do tomador e do segurado"; "incrementados os deveres de informação"; "procedeu-se

---

246. ZIMMERMANN, Reinhard; WHITTAKER, Simon. Good Faith in European Contract Law: surveying the legal landscape. In: ZIMMERMANN, Reinhard; WHITTAKER, Simon. *Good Faith in European Contract Law*. Cambridge: Cambridge University Press, 2008. p. 27-28. Posteriormente, a referida norma encontraria correspondência no §307 do BGB. Conforme: KOCH, Robert. *Insurance Law in Germany*. The Netherlands: Wolters Kluwer, 2018. p. 65.
247. KOCH, Robert. *Insurance Law in Germany*. The Netherlands: Wolters Kluwer, 2018. p. 65. MARQUES, Claudia Lima. *Contratos no Código de Defesa do Consumidor*: o novo regime das relações contratuais. 8. ed. São Paulo: Ed. RT, 2016. p. 97.
248. MENEZES CORDEIRO, António. *Direito dos Seguros*. 2. ed. Lisboa: Almedina, 2016. p. 131.

à delimitação dos privilégios das seguradoras, designadamente do princípio 'tudo ou nada'; e "atendeu-se à europeização da matéria".[249]

Outrossim, no tocante ao dever de declaração inicial do risco (§§19-22), a nova lei apresentou importantes inovações, conformando um regime mais brando, em benefício da posição jurídica do segurado. Nesse sentido, destaca-se a substituição do regime da declaração espontânea pelo regime do questionário, em que o dever do tomador/segurado de declaração inicial do risco limita-se ao dever de resposta às perguntas formuladas pelo segurador (§19 (1)); a previsão de um prazo de 5 anos (o qual será de 10 em caso de fraude) para que o segurador exerça o direito de resolução do contrato em caso de descumprimento do dever de declaração do risco, a contar da data da conclusão do contrato (§21, (3)); bem como o dever pré-contratual do segurador de informar, por escrito, ao tomador/segurado, as consequências jurídicas do descumprimento do dever de declaração inicial do risco (§19, (5)).[250]

Nesse contexto, nas reformas legislativas mais recentes do direito contratual dos seguros alemão, o princípio da boa-fé desenvolve-se fortemente orientado à tutela da confiança do segurado consumidor e/ou aderente. Desse modo, apresenta três principais campos operativos: é critério para o controle do conteúdo das cláusulas contratuais; fundamenta deveres de informação, transparência e aconselhamento do segurador e demais agentes de seguro; igualmente, fundamenta um dever de declaração do risco mais brando, conformando um regime atento à condição de vulnerabilidade do tomador/segurado consumidor ou, simplesmente, aderente.

2.2.4 Uberrima fides no direito dos seguros inglês

No direito inglês contemporâneo, assistiu-se à consolidação da característica *bona fides* do contrato de seguro. Nesta tradição, conforme desenvolvimento jurisprudencial, legislativo e doutrinário, utiliza-se as expressões *uberrima fides* (ou *uberrimae fidei*), em inglês, *utmost good faith*, *most perfect good faith* e *absolute good faith*, para designar tanto uma característica particular do contrato de seguro como um princípio ou especial dever exigido do segurado e do segurador.[251]

---

249. MENEZES CORDEIRO, António. *Direito dos Seguros*. 2. ed. Lisboa: Almedina, 2016. p. 131-132.
250. POÇAS, Luís. *O Dever de Declaração Inicial do Risco no Contrato de Seguro*. Coimbra: Almedina, 2013. p. 254-256. KOCH, Robert. *Insurance Law in Germany*. The Netherlands: Wolters Kluwer, 2018. p. 117-120.
251. Veja-se, por todos, EGGERS, Peter; PICKEN, Simon. *Good Faith and Insurance Contracts*. 4. ed. Abingdon: Informa Law from Routledge, 2018. p. 1 e ss.

A partir das bases lançadas por *Lord Mansfield* em *Carter v. Boehm*, e da tradição jurídica que a partir dele se formou, verificou-se, no direito inglês, um movimento de expansão do princípio da *uberrima fides* ao longo do século XIX, o qual, na virada para o século XX, resultaria na conformação de um modelo próprio de aplicação da boa-fé no contrato de seguro. Este modelo, formado inicialmente na jurisprudência, seria recepcionado no *Marine Insurance Act (1906)*. Receberia, porém, forte crítica da doutrina e, mais recentemente, teria a sua transformação impulsionada por reformas legislativas.

2.2.4.1 Uberrima fides *na jurisprudência inglesa*

O Direito dos Seguros inglês do século XIX foi marcado por uma significativa expansão do princípio da *uberrima fides* sob a ótica de um rigoroso dever de *disclosure* do segurado. Esse fenômeno é explicado a partir do desenvolvimento jurisprudencial, que expandiria a aplicação do princípio para além do seguro marítimo (a boa-fé, aos poucos, teria a sua aplicação reconhecida pelas cortes inglesas aos seguros de vida, de propriedade e incêndio, roubo, garantia, até abranger todas as espécies de seguro);[252] e, por outro lado, alargaria substancialmente o conteúdo do dever de *disclosure*,[253] em comparação à sua formulação original, no século XVIII.

Essa tendência é marcada por dois precedentes da *Court of the King's Bench*. O primeiro, *Lindenau v. Desborough* (1828),[254] no qual restou reconhecido o dever do segurado de *full disclosure*, ou seja, de revelar tudo ao segurador, e não apenas as circunstâncias que acredita serem relevantes.[255] A importância do caso relaciona-se, especialmente, com a fundamentação do J. Bayley, segundo a qual, na delimitação do dever de *disclosure*, a questão a ser respondida "é se alguma

---

252. EGGERS, Peter; PICKEN, Simon. *Good Faith and Insurance Contracts*. 4. ed. Abingdon: Informa Law from Routledge, 2018. p. 13-14.
253. HANSSON. The doctrine of uberrima fides in insurance law – a critical evaluation. *MLR*. v. 32. p. 615-637, nov. 1969. p. 618-621. PARK, Semin. *The duty of disclosure in insurance contract law*. England: Dartmouth, 1996. p. 26-29. SCHNEIDER, Nicole. *Uberrima fides. Treu und Glauben und vorvertragliche Aufklärungspflichten im englischen recht*. Berlin: Duncker & Humblot, 2003. p. 69 e ss.
254. (1828) 8 B. & C. 586.
255. Conforme: HANSSON. The doctrine of uberrima fides in insurance law – a critical evaluation. *MLR*. v. 32. p. 615-637, nov. 1969. p. 618-619. A ação versava sobre seguro de vida contratado por um estrangeiro, o Duque de Saxe-Gota, com um segurador inglês. Nela se discutia o descumprimento do dever de *diclosure*. Em defesa, o segurador alegava que confiou nas informações prestadas pelos médicos alemães a respeito do estado de saúde do segurado, os quais mencionaram que ele estava impossibilitado de falar, porém, omitiram informações sobre suas faculdades mentais, as quais eram muito relevantes, considerando que o segurado veio a falecer por conta de um tumor no cérebro. A ação foi julgada em favor do segurador. Idem, p. 618-619.

circunstância particular era de fato relevante", "e não se a parte acreditava que assim o fosse".[256]

Em um segundo precedente, *Bates v. Hewitt* (1867),[257] a corte decidiu que o dever de informação do segurado abrange inclusive fatos de conhecimento público. No caso julgado, discutia-se, especificamente, que o barco objeto do seguro teria sido um navio de guerra durante a Guerra Civil Americana, razão pela qual seria suscetível de captura pelos Estados Unidos (fato notório não comunicado pelo segurado ao segurador).[258] O caso foi julgado em favor do segurador, sendo reconhecido a violação do dever de *disclosure*.[259] Dos termos da decisão do J. Shee, constou, inclusive, que, se o segurador tivesse realizado investigações, poderia ter descoberto o fato relevante em questão; contudo, não seria obrigado a fazê-lo.[260]

Nesses termos, o dever de *disclosure* adquiriu na jurisprudência uma dimensão diferente da assumida em *Carter v. Boehm* no século anterior.[261] É ampliado

---

256. Trad. nossa. Veja-se a fundamentação: "I think that in all cases of insurance, whether on ships, houses, or lives, the underwriter should be informed of every material circumstance whithin the knowledge of the assured; and that proper question is, whether any particular circumstance was in fact material? And not whether the party believed it to be so. The contrary doctrine would lead to frequent suppression of information, and it would often extremely difficult to shew that the party neglecting to give the information thought it material. But if it be held that all material facts must be disclosed, it will be the interest of the assured to make a full and fair disclosure of all the information within their reach". HANSSON. The doctrine of uberrima fides in insurance law – a critical evaluation. *MLR*. Vol. 32. p. 615-637, nov. 1969. p. 619.
257. (1867). L.R. 2 Q.B. 595.
258. PARK, Semin. *The duty of disclosure in insurance contract law*. England: Dartmouth, 1996. p. 28.
259. Veja-se as razões de decidir dos julgadores: "I cannot help thinking that to enable a person proposing an insurance to speculate upon the maximum or minimum of information he is bound to comunicate, would be introducing a most dangerous principle into the law of insurance" (Mellor J.). "No proposition of insurance law can be better established than this, viz., that the party proposing the insurance is bound to communicate to the insurer all matters which will enable him to determine the extent of the risk against which he undertakes to guarantee the assured" (L. Cockburn). Trad. nossa: "Não posso deixar de pensar que permitir uma pessoa que propõe um seguro especular sobre o máximo ou mínimo de informação que é obrigada a comunicar introduziria um princípio muito perigoso no direito dos seguros" (Mellor J.). "Nenhuma afirmação do direito dos seguros pode ser melhor estabelecida do que esta, a saber, que o proponente do seguro é obrigado a comunicar ao segurador todas as questões que lhe permitam determinar a extensão do risco contra o qual se compromete a garantir o segurado" (L. Cockburn). Conforme: HANSSON. The doctrine of uberrima fides in insurance law – a critical evaluation. *MLR*. v. 32. p. 615-637, nov. 1969. p. 620.
260. HANSSON. The doctrine of uberrima fides in insurance law – a critical evaluation. *MLR*. v. 32. p. 615-637, nov. 1969. p. 620.
261. Rememora-se, a propósito, a fundamentação de Lord Mansfield em Carter v. Boehm: "Existem muitas questões em relação as quais o segurado pode ficar em silêncio inocentemente, e não precisa mencionar o que o subscritor sabe (...) O segurado não precisa mencionar o que o subscritor deveria saber; aquilo cujo conhecimento ele toma para si; ou o que ele acena estar sendo informado". Tradução livre. No original: "There are many matters as to which the insured may be innocently silent & need not mention what the under-writer knows (...) The insured need not mention what the under-writer ought to know; what he takes upon himself the knowledge of; or what he waves being informed of". (1766). 3 Burr 1910. p. 1164-1165.

para abranger todas as informações relevantes, mesmo que não sejam de conhecimento exclusivo do segurado, abarcando também aquelas que sejam passíveis de conhecimento pelo segurador ou, até mesmo, de conhecimento público.[262] Da mesma forma, adota-se uma interpretação restritiva quanto à obrigação do segurador de buscar a informação relevante. Outrossim, o dever de *disclosure* é justificado pela relevância objetiva da circunstância, independentemente da sua apreensão como relevante pelo segurado.

Essa tendência de aplicação de um rigoroso dever de *disclosure*, em desfavor do segurado, nos mais diversos ramos de seguro, encontraria continuidade no século XX. Em 1908, seria confirmada em *Joel v. Law Union and Crown Insurance*.[263] A importância do caso costuma ser explicada a partir da fundamentação de L.J. Moulton,[264] o qual vale-se do conceito de *reasonable man* para reconhecer que o dever de *disclosure* abrange todas as circunstâncias que o segurado deveria ter percebido como relevante segundo o comportamento esperado do *reasonable man*, e não apenas aquilo que ele de fato percebeu como relevante, mesmo que de boa-fé.[265] Da mesma forma, pela consequente conclusão de que também uma *non-disclosure* de boa-fé ou negligente pode viciar o contrato.[266]

Seguindo essa tendência, são citados pela doutrina inglesa os precedentes *Godfrey v. Britannic Assurance Co.* (1963), *Lambert v. Co-operative Insurance*

---

262. Registra-se, conforme Park, que essa visão ampliada do princípio, que marcou tendência no século XIX, seria contraposta por um grupo de julgados que adotavam uma visão mais restrita, seguindo o modelo delineado por *Lord Mansfield* em *Carter v. Boehm*. Nesse sentido, por exemplo, Hambrough v. Mutual Life Insurance Co. of N.Y. (1895) (*The duty of disclosure in insurance contract law*. England: Dartmouth, 1996. p. 29).
263. (1908) 2 KB 863. Disponível: http://www.uniset.ca/other/cs3/19082KB863.html. Acesso em: fev. 2022.
264. Veja-se, PARK, Semin. *The duty of disclosure in insurance contract law*. England: Dartmouth, 1996. p. 29. SCHNEIDER, Nicole. *Uberrima fides. Treu und Glauben und vorvertragliche Aufklärungspflichten im englischen recht*. Berlin: Duncker & Humblot, 2003. p. 76.
265. Veja-se os termos da fundamentação: "That duty, no doubt, must be performed, but it does not suffice that the applicant should bona fide have performed it to the best of his understanding. There is the further duty that he should do it to the extent that a reasonable man would have done it" (...) This further duty is analogous to a duty to do an act which you undertake with reasonable care and skill, a failure to do which amounts to negligence, which is not atoned for by any amount of honesty or good intention. The disclosure must be of all you ought to have realized to be material, not of that only which you did in fact realize to be so". Trad. nossa: "Esse dever, sem dúvida, deve ser cumprido, mas não é suficiente que o requerente o tenha cumprido de boa fé e da melhor forma para a sua compreensão. Há o dever adicional de o fazer como o homem razoável o teria feito" (...) Este dever adicional é análogo a um dever de atuar com razoável cuidado e perícia, cuja falta equivale a negligência, que não é escusável por qualquer tipo de honestidade ou boa intenção. A declaração deve abranger tudo o que deveria ter percebido ser relevante, e não apenas aquilo que de fato percebeu ser". (1908) 2 KB 884 LJ. Disponível em: http://www.uniset.ca/other/cs3/19082KB863.html. Acesso em: fev. 2022.
266. PARK, Semin. *The duty of disclosure in insurance contract law*. England: Dartmouth, 1996. p. 29-30.

Society Ltd (1975) e *Pan Atlantic Insurance Co. Ltd v. Pine Top Insurance Co. Ltd* (1994), entre outros tantos.[267]

Em *Lambert v. Co-operative Insurance Society Ltd* (1975),[268] chama atenção o recurso ao conceito de *prudent insurer* para a definição do que seja relevante e, por isso, objeto do dever de informação do segurado, o que resulta na compreensão de que o dever abarca as circunstâncias que sejam consideradas relevantes pelo segurador prudente. Da mesma forma, o entendimento segundo o qual o fato do segurador ter formulado perguntas não dispensa o segurado de revelar circunstâncias relevantes que não tenham sido contemplas no questionário (do segurador).[269]

Ainda, em relação à fonte (ou base jurídica) do dever de *uberrima fides* (ou de *disclosure*), foram desenvolvidas duas principais concepções na jurisprudência. De acordo com uma primeira corrente, que predominou no século XIX, o dever de boa-fé encontraria fundamento em cláusula implícita do contrato de seguro. Por outro lado, para uma segunda concepção, que ganhou expressão no século XX, encontraria fundamento fora do contrato, como um dever reconhecido pelo *common law* ou, ainda, originário da *equity*. A questão é da maior relevância, especialmente para a definição dos remédios jurídicos em caso de descumprimento,[270] ou seja, se o descumprimento justifica apenas a anulação do contrato ou, também, indenização por perdas e danos.[271]

2.2.4.2 Uberrima fides *no* Marine Insurance Act

Em 1906, o princípio da *uberrima fides,* e o dever de informação dela decorrente, foram positivados no *Marine Insurance Act*. O estatuto, concebido para assentar as regras estáveis do Direito dos Seguros marítimo, recepcionou a *uberrima fides* conforme a tradição que se formou na jurisprudência inglesa nos séculos anteriores.[272] Nele o princípio da *uberrima fides* introduz a Seção que trata da "Disclosure and Representations". Nesse sentido, encontra previsão

---

267. PARK, Semin. *The duty of disclosure in insurance contract law*. England: Dartmouth, 1996. p. 30-34 e 44.
268. (1975). 2 Lloyd's Rep 485.
269. PARK, Semin. *The duty of disclosure in insurance contract law*. England: Dartmouth, 1996. p. 31-32.
270. EGGERS, Peter; PICKEN, Simon. *Good Faith and Insurance Contracts*. 4. ed. Abingdon: Informa Law from Routledge, 2018. p. 100 e ss. PARK, Semin. *The duty of disclosure in insurance contract law*. England: Dartmouth, 1996. p. 48 e ss.
271. Conforme Alberto Monti: Atualmente a jurisprudência inglesa considera a obrigação de boa-fé não um termo implícito do contrato, mas um remédio que opera segundo a lógica da *equity*, de modo que a consequência jurídica da sua violação constitui a rescisão do contrato e restituição do prêmio (*Buona Fede e Assicurazione*. Milano: Giuffrè, 2002. p. 133).
272. EGGERS, Peter; PICKEN, Simon. *Good Faith and Insurance Contracts*. 4. ed. Abingdon: Informa Law from Routledge, 2018. p. 140-142.

no art. 17, que leva o título "Insurance is *uberrimae fidei*" e dispõe: "O contrato de seguro marítimo é um contrato baseado na *utmost good faith* (máxima boa-fé) e, se a *utmost good faith* não for observada por qualquer uma das partes, o contrato pode ser anulado pela outra parte".[273] Nesses termos, o dispositivo concretiza o princípio da boa-fé como dever recíproco dos contratantes e define as consequências da sua violação.

Na sequência, com base nas premissas assentadas no art. 17, o *Marine Insurance Act* disciplina detalhadamente os deveres do segurado de *disclosure* e *representation*, compreendidos, em sentido amplo, como deveres de informação, ou, na linguagem do seguro, relativos à declaração inicial do risco. O primeiro, de revelação e não ocultamento. O segundo, de correta representação dos fatos, sem falsidade.[274] De acordo com o art. 18 (1), que trata do dever de *disclosure*, "o segurado deve revelar ao segurador, antes da conclusão do contrato, todas as circunstâncias relevantes que tenha conhecimento", considerando-se conhecidas pelo segurado "todas as circunstâncias que, no curso normal dos negócios, devam ser conhecidas por ele". Ademais, caso o segurado não o faça, "o segurador poderá anular o contrato".[275]

A definição do que sejam as circunstâncias relevantes, sobre as quais recai o dever de *disclosure*, consta no art. 18 (2), assim compreendidas todas aquelas que possam influenciar a "avaliação de um segurador prudente ao fixar o prêmio ou na decisão se ele assumirá o risco".[276] Por outro lado, a regra é complementada pela previsão das circunstâncias que não precisam ser reveladas caso não tenham sido perguntadas pelo segurador, a saber: que diminuam o risco; que sejam conhecidas ou presumidamente conhecidas pelo segurador (presumindo-se que tenha conhecimento de fatos notórios e de conhecimento comum, assim como das circunstâncias que um segurador, no curso normal do seu negócio, deveria conhecer); ainda, as circunstâncias cuja informação seja dispensada pelo segurador; e aquelas cuja divulgação seja supérflua em razão de uma garantia expressa

---

273. Tradução livre. No original. Art. 17. "A contract of marine insurance is a contract based upon the utmost good faith, and, if the utmost good faith be not observed by either party, the contract may be avoided by the other party".
274. EGGERS, Peter; PICKEN, Simon. *Good Faith and Insurance Contracts*. 4. ed. Abingdon: Informa Law from Routledge, 2018. p. 163 e ss.
275. Tradução livre. No original. Art. 18. Disclosure by assured. (1) Subject to the provisions of this section, the assured must disclose to the insurer, before the contract is concluded, every material circumstance which is known to the assured, and the assured is deemed to know every circumstance which, in the ordinary course of business, ought to be known by him. If the assured fails to make such disclosure, the insurer may avoid the contract.
276. Tradução livre. No original. Art. 18. Disclosure by assured. (2) Every circumstance is material which would influence the judgment of a prudent insurer in fixing the premium, or determining whether he will take the risk.

ou implícita (art. 18 (3)).²⁷⁷ Da mesma forma, a norma é complementada pela previsão de que a questão de saber se uma determinada circunstância é relevante é uma questão de fato (4) e o termo "circunstância" compreende qualquer comunicação feita ao segurado ou informação recebida por ele (5).²⁷⁸

O dever de correta representação dos fatos (*representation*), por sua vez, encontra previsão no art. 20 (1), segundo o qual: "toda representação relevante feita pelo segurado ou seu agente ao segurador, durante as negociações do contrato, e antes da sua celebração, deve ser verdadeira. Se for falsa, o segurador pode anular o contrato".²⁷⁹ Neste caso, a definição do que seja a representação de circunstância relevante segue a disciplina da *disclosure*, compreendida como aquela que possa influenciar a "avaliação de um segurador prudente ao fixar o prêmio ou na decisão se ele assumirá o risco" (2). No mais, há definição de que a representação pode ser uma questão de fato ou de expectativa ou crença (3). No primeiro caso, como questão de fato, é verdadeira quando estiver substancialmente correta, isto é, "se a diferença entre o que é representado e o que é realmente correto não seria considerada relevante por um segurador prudente" (4).²⁸⁰ No

---

277. No original. "Art. 18. Disclosure by assured. (3) In the absence of inquiry the following circumstances need not be disclosed, namely: (a) Any circumstance which diminishes the risk; (b) Any circumstance which is known or presumed to be known to the insurer. The insurer is presumed to know matters of common notoriety or knowledge, and matters which an insurer in the ordinary course of his business, as such, ought to know; (c) Any circumstance as to which information is waived by the insurer; (d) Any circumstance which it is superfluous to disclose by reason of any express or implied warranty". Trad. nossa: "Declaração pelo segurado. (3) Na falta de inquirição, não será necessário revelar as seguintes circunstâncias, a saber: (a) Qualquer circunstância que diminua o risco; (b) Qualquer circunstância que seja conhecida ou presumivelmente conhecida da seguradora. Presume-se que a seguradora tem conhecimento de assuntos de notoriedade ou conhecimento comum, e assuntos que uma seguradora no decurso normal da sua atividade, como tal, deveria saber; (c) Qualquer circunstância sobre a qual a seguradora renuncia à informação; (d) Qualquer circunstância que seja supérfluo revelar em virtude de qualquer garantia expressa ou implícita".
278. No original. "Art. 18. Disclosure by assured. (4) Whether any particular circumstance, which is not disclosed, be material or not is, in each case, a question of fact. (5) The term 'circumstance' includes any communication made to, or information received by, the assured". Trad. Nossa: "Declaração pelo segurado. (4) Se qualquer circunstância particular, que não seja revelada, seja significativa ou não, em cada caso, é uma questão de fato. (5) O termo 'circunstância' inclui qualquer comunicação feita ao segurado ou informação recebida por ele.
279. Tradução nossa. No original. Art. 20. Representations pending negotiation of contract. (1) Every material representation made by the assured or his agent to the insurer during the negotiations for the contract, and before the contract is concluded, must be true. If it be untrue the insurer may avoid the contract.
280. Trad. nossa. No original. Art. 20. Representations pending negotiation of contract. (2) Every circumstance is material which would influence the judgment of a prudent insurer in fixing the premium, or determining whether he will take the risk. (3) A representation may be either a representation as to a matter of fact, or as to a matter of expectation or belief. (4) A representation as to a matter of fact is true, if it be substantially correct, that is to say, if the difference between what is represented and what is actually correct would not be considered material by a prudent insurer. (5) A representation as to a matter of expectation or belief is true if it be made in good faith. (6) A representation may be withdrawn

segundo caso, como expectativa ou crença, é verdadeira se feita de boa-fé. Por fim, a norma prevê que a representação pode ser retirada ou corrigida antes da celebração do contrato (6) e que a questão de saber se determinada representação é material é uma questão de fato (7).

Nesses termos, é no âmbito da *disclosure* e da *representation* que o princípio da *uberrima fides* encontra seu principal âmbito de concreção no *Marine Insurance Act*. Neste particular, alcança significativo grau de sistematização e tem sua aplicação concentrada nos deveres exigidos do segurado; muito embora sua vinculatividade em relação a ambos os contratantes, segurado e segurador, seja expressamente reconhecida.[281] Outrossim, conforme registro de Eggers e Picken, por conta da autoridade do *Marine Insurance Act,* suas normas sobre a *uberrima fides* seriam declaradas pelas cortes inglesas como representativas do "law of good faith" ("direito da boa-fé") aplicável também aos seguros não marítimos.[282]

2.2.4.3 Papel tradicional da boa-fé no direito dos seguros inglês

O desenvolvimento, especialmente jurisprudencial, mas também legislativo e doutrinário, verificado no Direito dos Seguros inglês nos séculos XIX e XX resultou na conformação de um modelo de aplicação da *uberrima fides*. Nesta tradição, o seguro integra uma categoria de contratos, os denominados *uberrima fides*[283] ou relações fiduciárias,[284] os quais são regidos pelo princípio da boa-fé, distinguindo-se dos demais tipos por envolver uma particular relação de confiança. Nesse sentido, justificam a exigência de um especial dever de informação,[285] de honestidade e completa revelação ("honesty and full disclosure"),[286] para além do dever de não fazer representações falsas (non-misrepresentation), aplicável à generalidade dos contratos.

---

or corrected before the contract is concluded. (7) Whether a particular representation be material or not is, in each case, a question of fact.
281. Também nesse âmbito destacam-se as disposições relativas às "floating policy", compreendidas, segundo o *Marine Insurance Act,* como aquelas que descrevem o seguro em termos gerais, deixando o nome do navio e outras particularidades, como o valor das mercadorias e dos bens transportados, a serem definidos por declaração posterior do segurado; exigindo-se, em tais casos, que o valor das mercadorias ou dos bens seja declarado honestamente; admitindo-se a possibilidade de correção de eventual omissão ou declaração errônea mesmo após a perda ou a chegada, desde que resulte de boa-fé; conforme art. 29 (1) e (3).
282. EGGERS, Peter; PICKEN, Simon. *Good Faith and Insurance Contracts*. 4. ed. Abingdon: Informa Law from Routledge, 2018. p. 142-143.
283. EGGERS, Peter; PICKEN, Simon. *Good Faith and Insurance Contracts*. 4. ed. Abingdon: Informa Law from Routledge, 2018. p. 23-39.
284. PARK, Semin. *The duty of disclosure in insurance contract law*. England: Dartmouth, 1996. p. 18-19.
285. MONTI, Alberto. *Buona Fede e Assicurazione*. Milano: Giuffrè, 2002. p. 125-126.
286. EGGERS, Peter; PICKEN, Simon. *Good Faith and Insurance Contracts*. 4. ed. Abingdon: Informa Law from Routledge, 2018. p. 24.

Tradicionalmente, o *common law* inglês não reconhece a existência de um princípio geral de boa-fé aplicável a todos os contratos, diferentemente do que ocorre no direito continental. Entende-se que a aplicação do princípio da boa-fé na fase de negociação contraria a posição adversarial que esse sistema reconhece às partes, as quais estão autorizadas a agir segundo seus interesses, desde que não façam declarações falsas *(misrepresentation)*; da mesma forma, vai de encontro a certos direitos reconhecidos na execução do contrato, como o de quebra contratual.[287] Nesta tradição, aplica-se, como regra, o princípio da *caveat emptor*, de modo que os contratantes suportam o ônus de obter toda a informação relevante para a celebração do contrato. Isto não significa, porém, que a confiança das partes não seja tutelada em caso de falsidade ou distorções que possam induzir em erro na contratação. Neste particular, o papel desempenhado pelo dever de *non-misrepresentation*. Da mesma forma, as doutrinas do *mistake e stoppel*, entre outras que coíbem a má-fé.[288]

Como sintetizam Eggers e Picken, em passagem com particular relevância para a compreensão do papel da boa-fé no Direito dos Seguros inglês: "o *common law* inglês preferiu designar certos contratos como *uberriamae fidei*, ao invés de importar completo dever de boa-fé em todas as relações contratuais". Assim, salvo nos contratos *uberrimae fidei*, "a parte que negocia um contrato é obrigada apenas a não induzir em erro, ao contrário de positivamente tornar claro todos os vícios, e possíveis vantagens, da sua própria posição".[289]

Nesse contexto, no Direito dos Seguros inglês, o princípio da *uberrima fides* encontra seu principal âmbito operativo no dever de informação que se exige do segurado na fase pré-contratual,[290] seja fundamentando o dever de *disclosure* (de revelação e não omissão da informação), ou de *non-misrepresentation* (de não fazer representações falsas).[291] Nesse sentido, envolve, particularmente, o que no direito

---

287. ZIMMERMANN, Reinhard; WHITTAKER, Simon. Good Faith in European Contract Law: surveying the legal landscape. In: ZIMMERMANN; WHITTAKER. *Good Faith in European Contract Law*. Cambridge: Cambridge University Press, 2008. p. 39-41.
288. EGGERS, Peter; PICKEN, Simon. *Good Faith and Insurance Contracts*. 4. ed. Abingdon: Informa Law from Routledge, 2018. p. 4-5 e 8. Atualmente também podem ser identificados no *common law* inglês - embora sem recorrer necessariamente a um princípio geral de boa-fé - outros institutos que exercem função equivalente à desempenhada pelo princípio da boa-fé no direito continental, no sentido de corrigir injustiças contratuais e tutelar a confiança dos contratantes, conforme: ZIMMERMANN, Reinhard; WHITTAKER, Simon. Good Faith in European Contract Law: surveying the legal landscape. In: ZIMMERMANN; WHITTAKER. *Good Faith in European Contract Law*. Cambridge: Cambridge University Press, 2008. p. 44-48.
289. Tradução nossa. EGGERS, Peter; PICKEN, Simon. *Good Faith and Insurance Contracts*. 4. ed. Abingdon: Informa Law from Routledge, 2018. p. 5.
290. MONTI, Alberto. *Buona Fede e Assicurazione*. Milano: Giuffrè, 2002. p. 128-130.
291. Conforme EGGERS; PICKEN, a reciprocidade do dever e seu conteúdo, no tocante ao segurador, não foram bem definidas, permanecendo, esta esfera de aplicação, ainda incerta. EGGERS, Peter; PICKEN, Simon. *Good Faith and Insurance Contracts*. 4. ed. Abingdon: Informa Law from Routledge, 2018. p.

continental é chamado de dever de declaração inicial do risco; cuja disciplina, no *common law*, se bifurca nos regimes da *disclosure* e da *misrepresentation*.[292]

Esse modelo, do *common law*, se caracteriza pela previsão de um rigoroso dever de informação do segurado, conformando um regime que tutela primordialmente a posição jurídica do segurador. Em relação ao dever de *disclosure*, exige-se que sejam revelados todos os fatos relevantes (*material facts*), que um segurador prudente espere que sejam revelados (*prudent insurer*), e que o segurado conheça ou deva conhecer (*constructive knowledge*).[293] Em caso de violação do dever, independentemente do estado subjetivo do segurado,[294] mesmo que se trata de uma inocente *non-disclosure*,[295] o segurador tem o direito de anular o contrato, com efeitos retroativos; devendo restituir os prêmios pagos, salvo em caso de fraude. Ainda, para o exercício do direito de anulação, o segurador deve demonstrar que a omissão efetivamente influenciou (*actual inducement*)[296] sua decisão sobre contratar ou os termos do contrato.[297]

Em relação ao dever de *non-misrepresentation*, exige-se que o segurado não faça declarações falsas ou errôneas de fatos relevantes que saiba ou deveria saber não serem verdadeiros. O descumprimento, com ou sem culpa, de boa-fé ou má-fé, possibilita a anulação do contrato, ou resolução, com eficácia *ex-tunc*, desde que o segurador demonstre que a informação falsa ou errônea influenciou sua decisão sobre contratar ou os termos do contrato.[298-299]

---

3. Segundo PARK, a reciprocidade do dever, na prática, só ocorreria final da década de 1980 (*The duty of disclosure in insurance contract law*. England: Dartmouth, 1996. p. 11 e p. 180-183).

292. POÇAS, Luís. *O Dever de Declaração Inicial do Risco no Contrato de Seguro*. Coimbra: Almedina, 2013. p. 235.

293. POÇAS, Luís. *O Dever de Declaração Inicial do Risco no Contrato de Seguro*. Coimbra: Almedina, 2013. p. 237-239.

294. MONTI, Alberto. *Buona Fede e Assicurazione*. Milano: Giuffrè, 2002. p. 128-130. p. 127.

295. MALCOLM; Clarke. *The law of insurance contracts*. 6. ed. London: Informa. 2009. p. 699.

296. Conforme decisão da *House of Lords* no caso: Pan Atlantic Insurance Co. v. Pine Top Insurance Xo. Ltd (1994). Conforme: POÇAS, Luís. *O Dever de Declaração Inicial do Risco no Contrato de Seguro*. Coimbra: Almedina, 2013. p. 237-239.

297. Em relação ao dever de *disclosure*, o qual se aplica a todas as modalidades de seguros, a doutrina observa, porém, que o conceito de *prudent insurer* e a compreensão do que seja uma circunstância relevante (*material facts*) tende a variar conforme a espécie de seguro. Da mesma forma, que a doutrina do conhecimento construtivo (*constructive knowledge*) foi declarada não aplicável ao segurado particular (*private assured*) pela Corte de Apelação, dele exigindo que revele apenas o que seja do seu conhecimento, diferentemente do "segurado que deveria ter adquirido conhecimento de um fato relevante no curso normal dos negócios". Nesse sentido: *Economides v. Commercial Union Assurance Co plc* (1997). Conforme: EGGERS, Peter; PICKEN, Simon. *Good Faith and Insurance Contracts*. 4. ed. Abingdon: Informa Law from Routledge, 2018. p. 16-18.

298. POÇAS, Luís. *O Dever de Declaração Inicial do Risco no Contrato de Seguro*. Coimbra: Almedina, 2013. p. 240-241.

299. Mais recentemente, o regime da *representation* teria a sua importância destacada em virtude de dois aspectos. Pelo uso recorrente que a prática tem feito do modelo do questionário, especialmente em

Um segundo âmbito operativo da *uberrima fides*, segundo o modelo tradicional do *common law*, diz respeito ao dever do segurado de não realizar reclamações fraudulentas (*fraudulent claims*), o qual materializa-se na execução do contrato de seguro,[300] porém, com menor grau de desenvolvimento dogmático em comparação ao dever de informação pré-contratual. A reclamação fraudulenta pode se caracterizar tanto pela distorção da extensão dos danos provenientes do sinistro (fraude em relação aos efeitos do sinistro) quanto pela causação deliberada do sinistro (fraude em relação à causa do sinistro). Em qualquer caso, é requisito da reclamação fraudulenta que a falsidade do segurado seja intencional e substancial.[301] Os seus efeitos, porém, por muito tempo permaneceram indefinidos, com oscilações de entendimento.[302] A controvérsia central dizia respeito à aplicação – à hipótese – da regra da anulação do contrato, com efeito retroativo, do art. 17 do *Marine Insurance Act*.[303] Em geral, porém, predominou o entendimento segundo o qual o dever de não realizar reclamações fraudulentas constitui cláusula implícita do contrato cuja violação desobriga o segurador e justifica a resolução com efeitos prospectivos.[304]

2.2.4.4 Novas funções da boa-fé no direito dos seguros inglês

Mais recentemente, assistiu-se, no *common law* inglês, a um movimento de mitigação do tradicional modelo de aplicação da boa-fé no contado de seguro.

---

contratos de seguros massificados. Da mesma forma, pela introdução de mecanismos de controle da prática da "warranty" (garantia), também conhecida como cláusula base do contrato. Esta, por muitos anos, teria esvaziado o regime da *misrepresentaion*, tendo como principal efeito transformar as representações do segurado em *warranty*, ou seja, em garantia contratual de veracidade e exatidão das declarações prestadas pelo segurado no formulário, a qual passa a integrar a base do contrato e cuja quebra justifica sua anulação pelo segurador, independentemente das circunstâncias serem relevantes ou conhecidas pelo segurado e mesmo que as declarações tenham sido prestadas de boa-fé. Conforme: PARK, Semin. *The duty of disclosure in insurance contract law*. England: Dartmouth, 1996. p. 34. POÇAS, Luís. *O Dever de Declaração Inicial do Risco no Contrato de Seguro*. Coimbra: Almedina, 2013. p. 241-242. Para maior aprofundamento do tema da "warranty": BIRDS, John. *Modern Insurance Law*. 9. ed. London: Sweet & Maxwell, 2013. p. 163-189.

300. Conforme reconheceu a jurisprudência inglesa em *Boulton v. Houlder Insurance Contracts* (1904): "It is an essential condition of the policy of insurance that the underwriters shall be treated with good faith, not merely in reference to the inception of risk, but the steps taken to carry out the contract". Trad. nossa: "É uma condição essencial da apólice de seguro que os seguradores sejam tratados de boa fé, não apenas com relação início do risco, mas quanto às medidas tomadas para a execução do contrato". Conf. MALCOLM; Clarke. *The law of insurance contracts*. London: LLP, 1989. p. 563.
301. MALCOLM; Clarke. *The law of insurance contracts*. London: LLP, 1989. p. 564-566.
302. Os remédios disponíveis ao segurador em caso de reclamação fraudulenta seriam esclarecidos no *Insurance Act* de 2015, seção 12, o qual desobriga o segurador ao pagamento e reconhece o seu direito de resolução do contrato com efeitos a partir do ato fraudulento. EGGERS, Peter; PICKEN, Simon. *Good Faith and Insurance Contracts*. 4. ed. Abingdon: Informa Law from Routledge, 2018. p. 559.
303. BIRDS, John. *Modern Insurance Law*. 9. ed. London: Sweet & Maxwell, 2013. p. 147 e ss.
304. MALCOLM; Clarke. *The law of insurance contracts*. London: LLP, 1989. p. 567-568.

Esse movimento, que conforma um novo modelo de aplicação da boa-fé no seguro, orientado à tutela da posição jurídica do segurado, se particulariza em duplo aspecto. De um lado, pela mitigação do rigoroso dever de informação pré-contratual do segurado, e imposição de deveres de boa-fé também ao segurador. De outro, pela relativa abertura do sistema inglês ao princípio geral da boa-fé.

A mitigação do rigoroso dever de informação pré-contratual do segurado seria impulsionado por uma série de fatores. Tanto pela crítica doutrinária[305] quanto pelo movimento de tutela do segurado consumidor, verificado, na Inglaterra, a partir do *Statement of General Insurance Practice*, de 1986.[306] Seria levado a cabo, porém, apenas na virada do século, com o advento do *Consumer Insurance (Disclosure and Representations)*, em 2012, e do *Insurance Act*, em 2015, os quais alterariam o conteúdo do dever do segurado e os efeitos do seu descumprimento, com a previsão de diferentes regimes conforme se trate, ou não, de relação de consumo.

Inicialmente, o *Consumer Insurance (Disclosure and Representations) Act* reduziu o dever de informação do segurado/consumidor ao dever de não fazer representações falsas negligentemente, sem "reasonable care" (Seção 2, (2)), abolindo, assim, um dever de revelação e não omissão da informação. Da mesma forma, revogou a aplicação, aos contratos de consumo, dos regimes da *disclosure* e *representations* do *Marine Insurance Act* (Seção 2 (4)).[307] Posteriormente, o *Insurance Act* promoveu alterações no regime aplicável aos contratos de seguro que não caracterizam relação de consumo. Em relação ao dever de *uberrima fides*, o diploma alterou o art. 17 do *Marine Insurance Act* para afastar a invalidade como remédio universal em caso de descumprimento (Seção 14). Por outro lado, em relação aos deveres do segurado de *disclosure* (revelação e não omissão) e *representation* (veracidade da informação), estes foram mantidos, porém, sob nova roupagem e unificados: denominados "fair presentation of the risk" (justa representação do risco), conforme Seção 3 (1); ainda, com a previsão de diferentes consequências jurídicas em caso de descumprimento, conforme resultem ou não de ação deliberada ou imprudente (Anexo 1).[308]

---

305. Veja-se, HANSSON. The doctrine of uberrima fides in insurance law – a critical evaluation. *MLR*. v. 32. p. 615-637, Nov. 1969. PARK, Semin. *The duty of disclosure in insurance contract law*. England: Dartmouth, 1996. p. 31-34.
306. EGGERS, Peter; PICKEN, Simon. *Good Faith and Insurance Contracts*. 4. ed. Abingdon: Informa Law from Routledge, 2018. p. 17-18; 145-146.
307. EGGERS, Peter; PICKEN, Simon. *Good Faith and Insurance Contracts*. 4. ed. Abingdon: Informa Law from Routledge, 2018. p. 143 e ss.
308. EGGERS, Peter; PICKEN, Simon. *Good Faith and Insurance Contracts*. 4. ed. Abingdon: Informa Law from Routledge, 2018. p. 146 e ss.

Também é observada uma tendência de expansão do campo de aplicação da boa-fé para além do tradicional dever de informação pré-contratual do segurado ou do dever de não realizar reclamações fraudulentas. Assim, com o reconhecimento de um dever de cooperação na execução do contrato, extensível, também, e especialmente, ao segurador. O exato conteúdo e alcance desta boa-fé recíproca, porém, ainda é incerto.[309] Na jurisprudência, já foram reconhecidos (ou, pelo menos, debatidos) os deveres do segurador de boa-fé (i) na condução da defesa do segurado em processo judicial; (ii) na liquidação dos danos e pagamento da indenização; (ii) e como restrição ao direito de anulação do contrato.[310] É na doutrina, entretanto, que esse modelo de aplicação boa-fé aflora, sendo objeto de sistematização.[311]

Paralelamente a esses dois movimentos, o princípio geral da boa-fé, aplicável aos contratos, passaria a ter alguma importância no direito inglês. Essa relativa abertura do sistema inglês ao princípio geral da boa-fé ocorreria, por influência do direito continental, a partir das normas de direito comunitário europeu e do desenvolvimento doutrinário; neste particular, por uma parcela da doutrina mais disposta a recepcionar o princípio geral de boa-fé.[312]

Esse fenômeno terá repercussão no papel da boa-fé no contrato de seguro. Assim, por exemplo, no controle da validade das cláusulas em contratos de consumo.[313] Nesse sentido, o *Unfair Terms in Consumer Contracts Regulations*, de 1994, ao implementar a Diretiva 93/13/CEE/1993 (sobre cláusulas abusivas nos contratos de consumo), introduziu, no direito inglês, a boa-fé como parâmetro de controle da validade das cláusulas de contratos de consumo, ao considerar injusta (e não obrigatória ao consumidor) a cláusula que, contrariamente à exigência de boa-fé, provoque um significativo desequilíbrio nos direitos e obrigações dos contratantes em desvantagem ao consumidor (*Regulation* 4. (1), 5. (1)).[314] Alberto Monti adverte, porém, que a norma não encontraria aplicação significativa na jurisprudência inglesa. Outrossim, a tentativa de transplante da boa-fé continental

---

309. BIRDS, John. *Modern Insurance Law*. 9. ed. London: Sweet & Maxwell, 2013. p. 155. EGGERS, Peter; PICKEN, Simon. *Good Faith and Insurance Contracts*. 4. ed. Abingdon: Informa Law from Routledge, 2018. p. 3.
310. BIRDS, John. *Modern Insurance Law*. 9. ed. London: Sweet & Maxwell, 2013. p. 155 e ss. MONTI, Alberto. *Buona Fede e Assicurazione*. Milano: Giuffrè, 2002. p. 136 e ss.
311. Veja-se, por exemplo, as sistematizações de: MALCOLM; Clarke. *The law of insurance contracts*. 6. ed. London: Informa. 2009. §27. BIRDS, John. *Modern Insurance Law*. 9. ed. London: Sweet & Maxwell, 2013. p. 155 e ss. E a mais aprofundada de: EGGERS, Peter; PICKEN, Simon. *Good Faith and Insurance Contracts*. 4. ed. Abingdon: Informa Law from Routledge, 2018.
312. ZIMMERMANN, Reinhard; WHITTAKER, Simon. Good Faith in European Contract Law: surveying the legal landscape. In: ZIMMERMANN, Reinhard; WHITTAKER, Simon. *Good Faith in European Contract Law*. Cambridge: Cambridge University Press, 2008. p. 13-14, 47-48.
313. MONTI, Alberto. *Buona Fede e Assicurazione*. Milano: Giuffrè, 2002. p. 134-136.
314. MONTI, Alberto. *Buona Fede e Assicurazione*. Milano: Giuffrè, 2002. p. 134-136.

seria criticada por parcela significativa da doutrina inglesa,[315] a qual, de outro lado, trataria de distinguir essa nova manifestação da boa-fé no seguro da sua formulação tradicional (*uberrima fides*).[316]

2.2.5 Funções da boa-fé no direito dos seguros contemporâneo

Três modelos de aplicação da boa-fé caracterizam o Direito dos Seguros contemporâneo. O primeiro, preponderante no século XIX, próprio da fase de desenvolvimento do seguro nos domínios do direito comercial. O segundo, típico da fundação do Direito dos Seguros como ramo jurídico autônomo na primeira metade do século XX. E o terceiro, que se notabilizou, na segunda metade do século XX, pelas transformações operadas no Direito dos Seguros a partir da influência exercida pelo desenvolvimento do princípio geral de boa-fé e pelas normas de proteção do segurado consumidor e/ou aderente.

No primeiro modelo, conformado a partir do direito comercial, percebe-se a estabilização de dois campos operativos da boa-fé enquanto instituto jurídico voltada à tutela da confiança no seguro mediante a prevenção da fraude. Em um primeiro campo operativo, a característica *bona fides* do seguro manifesta-se como vedação à fraude ou ao dolo. Nesses termos, mediante a previsão de um conjunto normativo que, considerando o estado anímico do segurado ou do segurador, sanciona o comportamento intencional, de má-fé, com a nulidade do contrato ou com o efeito liberatório do contrato em favor daquele cuja confiança fora frustrada. Nesses âmbito, a boa-fé assume conotação subjetiva, como ausência de intenção de lesar o outro ou, ainda, ausência de conhecimento sobre estar a lesar outrem (e.g. art. 357 do Cod. Com. francês; §789 do ADHGB alemão; proibição de *fraudulent claims* no direito inglês).

Em um segundo campo operativo, a boa-fé consolidou-se, nos diferentes sistemas jurídicos, como fundamento do dever pré-contratual do tomador/segurado de informar as circunstâncias relevantes do risco ao segurador, cujo descumprimento gera o efeito liberatório do contrato, independentemente do estado subjetivo do contratante (ou seja, não importando se a omissão ou a declaração falsa tenha ocorrido de má-fé, com intenção de fraude, de boa-fé ou por mera culpa). No direito inglês, a violação desse dever justificava a anulação do contrato; no direito francês, a invalidade (art. 348 Cod. Com.); no alemão, desobrigava o segurador (§812 ADHGB).

---

315. Veja-se, nesse sentido: TEUBNER, Gunther. Legal Irritants: Good Faith in British Law or How Unifying Law Ends Up in New Divergences. *The Modern Law Review*, vol. 61, No. 1 (jan. 1998), p. 11-32.
316. MONTI, Alberto. *Buona Fede e Assicurazione*. Milano: Giuffrè, 2002. p. 135-136.

Nesse segundo campo operativo, a boa-fé manifesta-se de forma objetivada, com algum sentido normativo ou prescritivo de condutas. Dela resulta, nos diferentes sistemas, um regime "tudo ou nada", em que a violação do dever pré-contratual de declaração do risco, sob quaisquer circunstâncias (culpa, dolo, boa-fé ou má-fé), libera o segurador do contrato. Esta boa-fé objetivada, seria, porém, preponderantemente circunscrita ao dever de informação pré-contratual do segurado/tomador, especialmente voltada à tutela da confiança do segurador; a reciprocidade dos seus efeitos, quando declarada, era mais formal (ou retórica) do que propriamente com consequências jurídicas concretas. No direito inglês, essa boa-fé objetivada encontraria manifestação nos deveres de *disclosure* e *non-misrepresentation*, o que ocorreria a partir do reconhecimento de um princípio de *uberrima fides* aplicável aos contratos de seguros. No direito francês, encontraria manifestação atenuada no regime da declaração inicial do risco, compreendido sob a roupagem dos vícios do consentimento (tanto a declaração prestada com *dolo malus* como com *dolo bonus* justificava a invalidade do contrato). No direito alemão, essa boa-fé objetivada encontraria alguma abertura, para além do dever de declaração inicial do risco, especialmente na jurisprudência, a partir do reconhecimento de uma especial exigência (recíproca) de boa-fé nas relações mercantis e nas relações de seguro.

No segundo modelo, característico da fundação do Direito dos Seguros, dominante na primeira metade do século XX, a boa-fé estabilizou-se como fundamento axiológico (e central) de um sistema normativo de tutela da confiança no contrato de seguro. Esse sistema, com unidade e coerência interna, seria abrangente de todas as modalidades de seguro; tutelaria a confiança dos contratantes – especialmente do segurador – não apenas prevenindo a fraude, mas também preservando a base econômica do contrato ou assegurando o consentimento livre e esclarecido, entre outras situações jurídicas particulares da relação de seguro nas quais repousaria uma confiança digna de tutela. Outrossim, articularia as manifestações objetiva e subjetiva da boa-fé.

Na tradição romano-germânica, da qual são exemplos o direito francês e alemão, esse sistema seria conformado, sobretudo, pela positivação, em lei, de uma pluralidade de deveres do segurado relacionados ao risco garantido, necessários ao adequado funcionamento e adimplemento do contrato de seguro (ou de outras posições jurídicas passivas, p. ex., no direito alemão, das *Obliegenheiten*). Esses deveres (ou *Obliegenheiten*) não seriam circunscritos à fase pré-contratual (declaração inicial do risco), mas compreensivos da execução do contrato de seguro (e.g. dever de não agravar o risco, de avisar o sinistro). Isso ocorreria tanto no VVG de 1908 como na Lei francesa do contrato de seguro de 1930. Da previsão desses deveres em lei resulta o papel normativo da boa-fé, como fundamento axiológico das normas. No direito inglês, o sistema operativo da boa-fé, na forma do princípio da *uberrima fides*, encontraria especial desenvolvimento na jurisprudência e, a partir dela, seria positivado no *Marine Insurance Act*. Porém, ainda seria preponderantemente circunscrito aos deveres de informação do segurado relativos ao risco ou ao sinistro (deveres de *disclosure* e *non-misrepresentation*).

Nesse sistema normativo do contrato de seguro, a função prescritiva de condutas da boa-fé seria articulada com manifestações subjetivas da boa-fé, em que esta constitui estado subjetivo relevante ao preenchimento do suporte fático de certas normas jurídicas. Assim, tanto daquelas normas que sancionam a fraude, como estado anímico contraposto à boa-fé, quanto daquelas normas que atribuem diferentes consequências jurídicas ao descumprimento dos deveres do segurado relativos ao risco conforme o seu estado anímico, ou seja, conforme o segurado tenha agido de boa-fé ou má-fé, com mera culpa ou dolo.

Neste particular, opera-se um movimento de subjetivação da boa-fé no contrato de seguro. Na tradição romano-germânica, esse movimento ocorreria já no início do século XX. Tanto no VVG como na Lei francesa do seguro de 1930 assiste-se à superação do modelo "tudo ou nada", com a introdução de diferentes consequências jurídicas, em caso de descumprimento do dever de declaração inicial do risco, conforme o grau de censurabilidade da conduta do segurado, ou seja, conforme tenha atuado de boa-fé, com mera culpa, ou de má-fé, com dolo. Nesse regime, a má-fé (fraude) é sancionada com a caducidade ou nulidade do contrato, enquanto o descumprimento de boa-fé ou meramente culposo produz consequências jurídicas que visam a preservação da base econômica do contrato e a manutenção do vínculo contratual. No direito inglês, esse movimento ocorreria apenas ao final do século XX.

Em um terceiro modelo de aplicação, próprio da segunda metade do século XX, a boa-fé teria a sua função normativa ou prescritiva de condutas potencializada no contrato de seguro. Esse fenômeno seria percebido, com maior ou menor intensidade, nos diferentes sistemas jurídicos, na medida em que impulsionado pelas normas de proteção do segurado consumidor e/ou aderente e pelo modo de desenvolvimento do princípio da boa-fé no direito contratual. Esses novos fatores de desenvolvimento do direito resultam no reconhecimento de uma série de direitos e deveres ao segurado e ao segurador para além daqueles tradicionais, com destaque para o papel da boa-fé no controle do conteúdo das cláusulas contratuais, como fundamento de deveres de informação do segurador ou, mesmo, como limite ao modo do exercício de direitos. Da mesma forma, a reciprocidade do dever de boa-fé – a qual, até então, quando reconhecida no seguro, revestia-se de caráter formal ou retórico – assume manifestações mais concretas.

No direito alemão, essa função normativa da boa-fé no seguro teria seu conteúdo alargado pelo desenvolvimento de um princípio geral de boa-fé aplicável aos contratos (§242, do BGB). Nesse sistema, a concreção da boa-fé se daria sem propriamente distinguir o seu conteúdo enquanto princípio geral dos contratos e enquanto conceito do contrato de seguro. No direito francês, a função normativa da boa-fé no seguro teria seu conteúdo alargado pelo reconhecimento de novos deveres de lealdade aos segurado e ao segurador a partir da interpretação do art. 1134 do Código Civil. Nesse sistema, porém, com uma maior contenção em relação aos efeitos da boa-fé como princípio contratual, o que explica, inclusive, no campo doutrinário, a distinção entre o significado da boa-fé nos contratos em geral e o seu conteúdo especial no seguro. No direito inglês, também seriam desenvolvidas, especialmente por influência do direito continental e comunitário europeu, novas funções da boa-fé no contrato de seguro; o que se daria, porém, em constante tensão com a tradicional resistência desse sistema jurídico ao reconhecimento de um princípio geral de boa-fé nos contratos.

3
FUNÇÃO ESTRUTURAL DA BOA-FÉ NO CONTRATO DE SEGURO

3.1 NATUREZA *BONA FIDES* DO CONTRATO DE SEGURO

A natureza *bona fides* ou *uberrima fides* do contrato de seguro comporta diferentes abordagens no direito contemporâneo. Essas abordagens são particularmente influenciadas pelo desenvolvimento do princípio contratual da boa-fé. Esse desenvolvimento trouxe à tona o debate sobre a subsistência de um significado especial da boa-fé no seguro. Afinal: naqueles sistemas jurídicos em que o princípio da boa-fé é aplicável a todos os contratos, ainda se justificaria o reconhecimento da natureza *bona fides* ou *uberrima fides* do seguro? Das aplicações simultâneas do princípio da boa-fé e da *uberrima fides* no contrato de seguro resultariam zonas de sobreposição? O princípio contratual da boa-fé teria incorporado, por completo, o conteúdo da *uberrima fides* no seguro?

O debate a respeito do papel da *uberrima fides* no Direito dos Seguros contemporâneo também seria impulsionado pelo próprio estágio de desenvolvimento alcançado por este ramo do direito. Neste aspecto, a disciplina legal unitária e sistematizada do contrato de seguro, da qual resultaria a estabilização de um sistema normativo de tutela da confiança, com a previsão detalhada dos deveres do segurado e do segurador, colocaria à prova a utilidade da *uberrima fides*.

No influxo desses fatores de desenvolvimento do direito, é possível identificar duas principais linhas de pensamento. De um lado, concepções teóricas que negam a natureza *bona fides* (ou *uberrima fides*) do contrato de seguro. De outro, concepções teóricas que reconhecem a natureza *bona fides* (ou *uberrima fides*) do seguro.

A linha teórica que nega a natureza *bona fides* (ou *uberrima fides*) do contrato de seguro parte de dois principais fundamentos: pressupõe a inutilidade prática do conceito, cujo conteúdo se sobrepõe ao princípio da boa-fé, e sustenta a sua impropriedade em razão da natural impossibilidade de gradação da boa-fé, não sendo, possível, portanto, reconhecer um significado especial da boa-fé no seguro.

Ernst Bruck, cujo pensamento tornou-se particularmente influente não apenas no Direito dos Seguros alemão, mas também na doutrina estrangeira, seria uma das primeiras vozes a enfrentar, já na década de 1930 e sob a plena vigência e desenvolvimento do §242 do BGB, o tema da natureza *bona fides (uberrima fides)* do seguro. E o faria para negá-la. Segundo o autor, haveria alguma justificativa para a compreensão do seguro como contrato *uberrimae fidei* na época pré-legislação, já que "um parâmetro comum para o comportamento de reciprocidade a ser observado pelas partes precisava ser encontrado".[1] Isso, contudo, não se justificaria mais desde o momento em que a exigência de boa-fé foi erigida a critério geral de interpretação dos contratos e de obrigações do devedor (§§157 e 242 do BGB), assim como desde que as obrigações do contrato de seguro se encontram ordenadas em lei (notadamente, no VVG).[2] Por outro lado, de acordo com o autor, quando as Condições Gerais do Seguro Marítimo exigem dos contratantes a observância de *Treu und Glauben,* na mais alta medida,[3] incorrem em sobreposição e em equivoco normativo. Sobreposição porque repetem o conteúdo de norma vigente (§242 do BGB). Equívoco porque *Treu und Glauben* não suporta gradações ou escalonamento.[4]

Schiavo, mais recentemente, no direito argentino, também se ocupou de afastar a natureza *bona fides (uberrima fides)* do seguro.[5] Nesse sentido, divergindo de autores clássicos daquele sistema jurídico, como Halperin.[6] De acordo com Schiavo, a qualificação do seguro como contrato de boa-fé "não tem outra razão de ser, a não ser uma mera referência histórica". E isso porque "todos os contratos estão submetidos e caracterizados pela aplicação do princípio da boa-fé".[7] Ademais, complementa: "afirmar a boa-fé como característica própria do contrato de seguro permitiria aceitar a existência de outros negócios que poderiam ser enquadrados na categoria de contratos de má-fé".[8] Da mesma forma, o

---

1. BRUCK, Ernst. *Das Privatversicherungsrecht*. Manheim: J. Bensheimer, 1930. p. 59-60. Tradução nossa.
2. BRUCK, Ernst. *Das Privatversicherungsrecht*. Manheim: J. Bensheimer, 1930. p. 60.
3. §13. ADS. "Alle Beteiligten haben Treu und Glauben im höchsten Maße zu betätigen". Tradução nossa: "Todas as partes envolvidas devem agir de boa-fé ao mais alto grau".
4. BRUCK, Ernst. *Das Privatversicherungsrecht*. Manheim: J. Bensheimer, 1930. p. 60. Tradução nossa: inclusive, faz referência expressa, em rodapé, ao art. 1.443 do Código Civil brasileiro de 1916.
5. Schiavo, C. A. (2003). *Principios generales de los contratos comerciales aleatorios el contrato de seguro y el instituto de la reticencia*. Tesis doctoral, Universidad Católica Argentina, Facultad de Derecho, Argentina. Disponível em: http://bibliotecadigital.uca.edu.ar/repositorio/tesis/principios-generales-de-los-contratos-comerciales-aleatorios.pdf. Acesso em: mar. 2022. p. 108 e ss.
6. HALPERIN, Isaac. *El Contrato de Seguro: seguros terrestres*. Buenos Aires: Tipografica, 1946. p. 24.
7. Schiavo, C. A. (2003). *Principios generales de los contratos comerciales aleatorios el contrato de seguro y el instituto de la reticencia*. Tesis doctoral, Universidad Católica Argentina, Facultad de Derecho, Argentina. Disponível em: http://bibliotecadigital.uca.edu.ar/repositorio/tesis/principios-generales-de-los-contratos-comerciales-aleatorios.pdf. Acesso março 2022. p. 108-111. Tradução nossa.
8. Schiavo, C. A. (2003). *Principios generales de los contratos comerciales aleatorios el contrato de seguro y el instituto de la reticencia*. Tesis doctoral, Universidad Católica Argentina, Facultad de Derecho,

autor nega a possibilidade de distinguir o seguro dos demais tipos "em razão de uma característica superlativa", com base em "um grau de *uberrimae bona fidei*".[9] Nesses termos, sustenta que a boa-fé não revela propriamente uma característica específica do seguro, mas reconhece que o princípio comporta uma particular forma de concretização nesse âmbito, derivada da dinâmica e do objeto deste contrato.[10]

No direito português, Margarida Lima Rego[11] nega a natureza *uberrima fides* do contrato de seguro frente ao papel desempenhado pela boa-fé contratual nesse sistema jurídico: "fala-se, por vezes, no contrato de seguro como sendo *uberrima fides*. Entendo, todavia, que, pelo menos no direito português, não há motivo para isso, dado o regime resultante dos arts. 227.º/1 e 762.º/2 CC".

Entre as concepções teóricas que reconhecem a natureza *bona fides* (ou *uberrima fides*) do seguro é possível destacar três linhas de pensamento. A primeira, que confere centralidade ao princípio da boa-fé e, a partir dele, compreende o conceito de *uberrima fides*. A segunda, que pressupõe a convivência do princípio da boa-fé e da *uberrima fides* como conceitos autônomos. E a terceira, que, a partir da centralidade do conceito de *uberrima fides*, nele compreende o conteúdo do princípio da boa-fé.

A primeira linha de pensamento é aquela que parte da centralidade do princípio da boa-fé no direito contratual, para, a partir dele, explicar o especial significado da boa-fé no contrato de seguro. Nesses termos, reconhece a particular importância do conceito de *uberrima fides* no seguro, porém o compreende e desenvolve no âmbito do princípio geral da boa-fé, como manifestação deste. É a concepção predominante em sistemas jurídicos em que o princípio da boa-fé se desenvolve como cláusula geral, a exemplo do alemão (§242 do BGB) e do brasileiro (art. 422 do CC).

Sob esta ótica, a doutrina justifica a especial importância da boa-fé no seguro sob diferentes perspectivas. De acordo com Abel Copo,[12] no direito espanhol,

---

Argentina. Disponível em: http://bibliotecadigital.uca.edu.ar/repositorio/tesis/principios-generales--de-los-contratos-comerciales-aleatorios.pdf. Acesso em: mar. 2022. p. 112. Tradução nossa.

9. Schiavo, C. A. (2003). *Principios generales de los contratos comerciales aleatorios el contrato de seguro y el instituto de la reticencia*. Tesis doctoral, Universidad Católica Argentina, Facultad de Derecho, Argentina. Disponível em: http://bibliotecadigital.uca.edu.ar/repositorio/tesis/principios-generales--de-los-contratos-comerciales-aleatorios.pdf. Acesso em: mar. 2022. p. 112. Tradução nossa.
10. Schiavo, C. A. (2003). *Principios generales de los contratos comerciales aleatorios el contrato de seguro y el instituto de la reticencia*. Tesis doctoral, Universidad Católica Argentina, Facultad de Derecho, Argentina. Disponível em: http://bibliotecadigital.uca.edu.ar/repositorio/tesis/principios-generales--de-los-contratos-comerciales-aleatorios.pdf. Acesso em: mar. 2022. p. 112-113.
11. REGO, Margarida Lima. *Contrato de Seguro e Terceiros*: estudos de direito civil. Coimbra: ed. Coimbra, 2010. p. 441.
12. COPO, Abel B. Veiga. *Tratado del contrato de seguro*. Navarra: Civitas, 2017. t. I. p. 206 e ss.

e Martins-Costa,[13] no brasileiro, a natureza *uberrima fides* do seguro encontra fundamento na especial intensidade da boa-fé exigida dos contratantes, da qual decorre um "comportamento contratual de colaboração entre as partes que não ocorre, ao menos com semelhante dimensão e intensidade, em outros tipos de relações jurídicas",[14] ou, mesmo, a compreensão do seguro como espécie de relação fiduciária.[15] Heiss[16] e Prölss,[17] por sua vez, justificam a natureza *bona fides* do seguro na especial relação de dependência (ou interdependência) que se estabelece entre segurado e segurador quanto ao comportamento honesto do outro. Da mesma forma, Burns,[18] segundo o qual a relação de seguro é caracterizada por uma "dependência especial da honestidade mútua". Segundo Möller,[19] a exigência de um especial dever de boa-fé se justifica, no seguro, em razão da sua natureza comunitária e duradoura.[20]

Em todas essas abordagens, porém, a *uberrima fides* não se desenvolve como conceito autônomo, mas tem seu conteúdo abarcado pelo princípio da boa-fé. Nesses termos, a relação que se estabelece entre a *uberrima fides* e o princípio da boa-fé é de correspondência. A primeira é compreendida como manifestação específica do segundo no contrato de seguro.

A segunda linha de pensamento é aquela que reconhece à boa-fé contratual e à *bona fides* (*uberrima fides*) no seguro diferentes conteúdos e âmbitos de concreção, pressupondo a sua convivência no sistema jurídico e desenvolvimento como conceitos autônomos. Esta concepção encontra especial adesão no direito francês a partir da formulação de Picard e Besson.[21]

---

13. MARTINS-COSTA, Judith. *A boa-fé no direito privado*: critérios para a sua aplicação. São Paulo: Marcial Pons, 2015. p. 321 e ss.
14. COPO, Abel B. Veiga. *Tratado del contrato de seguro*. Navarra: Civitas, 2017. t. I. p. 207. Tradução livre.
15. MARTINS-COSTA, Judith. *A boa-fé no direito privado*: critérios para a sua aplicação. São Paulo: Marcial Pons, 2015. p. 327-328, 340 e ss. Também no direito brasileiro, segundo Vera Helena de Mello Franco, "a característica de boa-fé não é privativa dos contratos de seguros, mas neles a exigência da boa-fé é levada a extremos em virtude de algumas circunstâncias: 1º) o contrato de seguros é um contrato celebrado em massa, no qual estão as características próprias dos contratos de adesão (...) 2º) a previsão e a avaliação do risco segurado estão fundadas nas declarações do segurado (...) 3º) tanto a seguradora quanto o segurado estão obrigados a guardar a mais estrita boa-fé". FRANCO, Vera Helena de Mello. *Lições de Direito Securitário*. São Paulo: Editora Maltese, 1993. p. 27.
16. HEISS, Helmut. *Treu und glauben in Versicherungsvertragsrecht*. Wien: Orac, 1989. p. 20 e ss.
17. PRÖLSS; ARMBRÜSTER. Vorbemerkung zur Anwendung des Versicherungsrechts. In: PRÖLSS; MARTIN (Hrsg.). *Versicherungsvertragsgesetz*. Band 14. 28. ed. Müchen: Verlag C.H. Beck, 2010. p. 47-48.
18. BURNS, Alexander. *Privatversicherungsrecht*. München: C.H.Beck, 2015. p. 51-52.
19. MÖLLER, Von Hans. Versicherung und Treu und Glauben. *Kernfragen der Versicherungs-rechtsprechung*. Berlin: E.S Mittler & Sohn, 1938. p. 37-38.
20. Em sentido semelhante, Abraham, para quem o seguro estaria orientado a uma comunhão de interesses, a exigir especial consideração em relação ao outro. ABRAHAM, Hans Jürgen. *Das Recht der Seeversicherung*. 1. Band. Hamburg: Cram, de Gruyter & Co., 1967. p. 271-272.
21. PICARD; BESSON. *Les Assurances Terrestres*. 4. ed. Paris: LGDJ, 1975. t. I. p. 71.

Segundo os autores, no que diz respeito à interpretação do contrato, a boa-fé não apresenta significado particular no seguro, pois, "no direito moderno, todos os contratos são de boa-fé, devendo ser interpretados não estritamente", mas segundo o "espírito da convenção" (art. 1156 do CC). Da mesma forma, considerando a previsão do art. 1134 do Código Civil, segundo o qual "as convenções devem ser executadas de boa-fé", "com honestidade e lealdade".[22] Entretanto, como uma particularidade do contrato de seguro, a boa-fé "enfatiza que a seguradora está sempre, em certa medida – nomeadamente no que diz respeito à declaração do risco e às precauções a serem tomadas para evitar e conter os sinistros – à mercê do segurado e obrigada a confiar nele de forma particular". Daí resulta que "o segurado é, portanto, obrigado a comportar-se, em relação à mutualidade da qual é membro, com absoluta sinceridade, completa lealdade".[23] Segundo os autores, ainda, é esse sentido especial da boa-fé no seguro que explica a severidade de certas sanções impostas ao segurado que não cumpre estritamente suas obrigações.

No mesmo sentido, é a abordagem de Bigot, o qual busca distinguir o dever das partes de boa-fé, previsto no art. 1134 do Código Civil (atual art. 1104), que preside todos os contratos, do significado particular da expressão "contrat de bonne foi" no seguro. Segundo o autor, a natureza *bona fides* do seguro significa "que a seguradora está obrigada a contar com o segurado, por exemplo, para a declaração do risco, do sinistro, para salvamento e prevenção, e para que o risco conserve seu caráter aleatório";[24] do mesmo modo, "explica a severidade das sanções" impostas ao segurado em caso de violação da obrigação de boa-fé (e.g. perda do direito à garantia, nulidade do contrato).[25]

Uma terceira linha de pensamento é aquela que pressupõe a centralidade do conceito de *uberrima fides*, para, a partir dele, compreender e justificar a aplicação do princípio da boa-fé no contrato de seguro. Para esta concepção, é no âmbito da *uberrima fides* que o princípio contratual da boa-fé se manifesta. A *uberrima fides* é o veículo condutor da aplicação da boa-fé contratual no seguro. Trata-se da concepção tradicional no direito inglês, conforme Eggers e Picken, bem como Park, que compreende o seguro como espécie de contrato *uberrima fides*[26] ou

---

22. PICARD; BESSON. *Les Assurances Terrestres*. ed. Paris: LGDJ, 1975, t. I. 4. p. 71.
23. PICARD; BESSON. *Les Assurances Terrestres*. 4. ed. Paris: LGDJ, 1975, t. I. 4. p. 71.
24. BIGOT, Jean (Dir.). *Le contrat d'assurance*. Paris: L.DJ. 2002. t. 3. Cap. I. Notions générales par Jean Bigot. p. 60.
25. BIGOT, Jean (Dir.). *Le contrat d'assurance*. Paris: LGDJ. 2002. t. 3. Cap. I. Notions générales par Jean Bigot. p. 61.
26. EGGERS, Peter; PICKEN, Simon. *Good Faith and Insurance Contracts*. 4. ed. Abingdon: Informa Law from Routledge, 2018. p. 23-39.

relação fiduciária,[27] o qual, por envolver uma particular relação de confiança, se distingue dos demais tipos pela aplicação do princípio da boa-fé.

Nesse sentido, desse modo de incidência da boa-fé no seguro, resulta a exigência de um especial dever de informação dos contratantes (sobretudo do segurado);[28] um dever de completa revelação dos fatos relevantes à celebração do contrato ("full disclosure"),[29] e não apenas de não fazer representações falsas (non-misrepresentation), como ocorre em relação aos contratos em geral. Da mesma forma, do conteúdo da boa-fé, a doutrina destaca o dever do segurado de não realizar reclamações fraudulentas.[30] Esses deveres, porém, de acordo com esta concepção, não decorrem de uma aplicação conjunta (ou integrada) da *uberrima fides* e da boa-fé como conceitos autônomos. Mas da aplicação do princípio da boa-fé na medida e extensão da *uberrima fides*.

3.1.1 Natureza *bona fides* do seguro e seu significado no direito brasileiro

O Direito dos Seguros brasileiro tradicionalmente reconhece a natureza *bona fides (uberrima fides)* do contrato de seguro. Isso se dá por meio das locuções "máxima boa-fé" ou "mais estrita boa-fé", sob marcada influência do direito estrangeiro. Inicialmente, o conceito se desenvolve segundo o modelo francês (Código Comercial francês), sob os influxos do direito português. Quando da "civilização" do contrato de seguro, verifica-se, na legislação, o transplante de disposições do Código do Cantão de Zurique, do que resulta a influência do dever de boa-fé da tradição germânica (na fórmula cantonal *Wahrhaftigkeit und Treue verpflichtet* ou, na origem prussiana, *besonderer Treue, Redlichkeit und Aufrechtigkeit verpflichtet*). Mais tarde, o dever de boa-fé se desenvolve no seguro sob acentuada influência da boa-fé objetiva (*Treu und Glauben*), também de matriz germânica.

Do encontro dessas diferentes tradições jurídicas resulta o hibridismo (sincretismo) do conceito de "máxima boa-fé" ou "mais estrita boa-fé" no Direito dos Seguros brasileiro. Da mesma forma, a própria transformação do seu conteúdo ao longo dos anos, conforme os sucessivos processos de recepção e adaptação do direito estrangeiro ao sistema jurídico brasileiro. O conceito brasileiro de *uberrima fides* não deve, porém, ser compreendido como transplante acrítico do estrangeiro, mas como conceito que se desenvolve e encontra fundamento na tradição brasileira, que é construído e moldado segundo as características particulares desse sistema jurídico.

---

27. PARK, Semin. *The duty of disclosure in insurance contract law*. England: Dartmouth, 1996. p. 18-19.
28. MONTI, Alberto. *Buona Fede e Assicurazione*. Milano: Giuffrè, 2002. p. 125-126.
29. EGGERS, Peter; PICKEN, Simon. *Good Faith and Insurance Contracts*. 4. ed. Abingdon: Informa Law from Routledge, 2018. p. 24.
30. MALCOLM; Clarke. *The law of insurance contracts*. 6. ed. London: Informa. 2009.

3.1.1.1 Natureza bona fides do seguro na formação do direito comercial brasileiro

A natureza *bona fides* do contrato de seguro já era reconhecida nos primórdios do direito comercial brasileiro.[31] Neste período, o conceito se desenvolveu segundo as influências do direito francês e português.[32] Para tanto, seria decisiva a obra "Princípios de Direito Mercantil e Leis da Marinha", de José da Silva Lisboa, na qual fora destacada a característica *bona fides* do seguro, tanto da modalidade marítima quanto terrestre.[33] Igualmente, a disciplina do seguro marítimo no Código Comercial, de 1850, cujas disposições vigoram ainda hoje (Título VIII, arts. 666 a 730).[34]

Em "Princípios de Direito Mercantil e Leis da Marinha", José da Silva Lisboa reconhece a importância da boa-fé como "base de todos os contratos", mas com particular relevância no seguro, âmbito no qual seria "mais rigorosamente indispensável".[35] Segundo o autor, a boa-fé é estado subjetivo dos contratantes que legitima o seguro enquanto contrato de azar ou aleatório, inclusive para justificar a cobertura de risco putativo,[36] e que se exige especialmente do segurado, o qual deve atuar com fidelidade e exatidão nas declarações prestadas ao segurador.[37]

---

31. "O marco inicial da atividade securitária no Brasil é fixado com a abertura dos Portos às nações amigas, em 1808, contemporâneo à vinda da Família Real portuguesa, como consequência da invasão napoleônica de Portugal, com o início das atividades da *Companhia de Seguros Boa-Fé*, com atuação vinculada aos seguros marítimos. Logo em seguida, tem lugar a criação de outra denominada *Conceito Público*. Em 1810, tem lugar a criação da Casa de Seguros do Rio de Janeiro, que passa a ser financiada com os emolumentos correspondentes a 5% do valor dos prêmios pagos, divididos entre a Junta de Comércio, o Provedor e o Escrivão. No mesmo ano é criada, também no Rio de Janeiro, a seguradora *Indemnidade*. Com a independência do Brasil, em 1822, manteve-se em vigor a legislação portuguesa em todos os campos, até que novas leis nacionais brasileiras viessem a revogá-las (Lei de 20 de outubro de 1823). Em seguida à Independência, é fundada no Brasil a Sociedade de Seguros Mútuos Brasileiros (1828), primeira seguradora do Brasil-Nação" (MIRAGEM, Bruno; PETERSEN, Luiza. *Direito dos seguros*. Rio de Janeiro: Forense, 2022). Nesse sentido, também: ALVIM, Pedro. *Do contrato de seguro*. Rio de Janeiro: Forense, 1999, p. 50-51.
32. A respeito do contrato de seguro no direito comercial francês e inglês: MENEZES CORDEIRO, António. *Direito dos Seguros*. 2. ed. Lisboa: Almedina, 2016. p. 71 e ss.; 89 e ss. Sobre a formação do direito comercial brasileiro: FERREIRA, Waldemar Martins. *Tratado de Direito Mercantil Brasileiro*. 2. ed. Rio de Janeiro: Freitas Bastos, 1948. v. 1. p. 219 e ss.
33. LISBOA, José da Silva (Visconde de Cayru). *Princípios de Direito Mercantil e Leis da Marinha*. 6. ed. Rio de Janeiro: Typographia Academica. 1874. t. II. p. 13 e ss.
34. No sistema jurídico brasileiro, operada a unificação do Direito das obrigações no Código Civil de 2002, restou revogada toda a primeira parte do Código Comercial, relativa ao comércio em geral, permanecendo em vigor, porém, a sua segunda parte, relativa ao comércio marítimo, que se ocupa, entre outros assuntos, do seguro marítimo.
35. LISBOA, José da Silva (Visconde de Cayru). *Princípios de Direito Mercantil e Leis da Marinha*. 6. ed. Rio de Janeiro: Typographia Academica. 1874. t. II. p. 15.
36. LISBOA, José da Silva (Visconde de Cayru). *Princípios de Direito Mercantil e Leis da Marinha*. 6. ed. Rio de Janeiro: Typographia Academica. 1874. t. II. p. 14 e 70.
37. LISBOA, José da Silva (Visconde de Cayru). *Princípios de Direito Mercantil e Leis da Marinha*. 6. ed. Rio de Janeiro: Typographia Academica. 1874. t. II. p. 15. 24.

Da mesma forma, a natureza *bona fides* justifica a nulidade do seguro de vida em caso de fraude ou falsidade, pois nesses, assim como nos marítimos, "o segurador não pode deixar de confiar-se na integridade do segurado".[38] Na execução do contrato de seguro, da boa-fé decorre a exigência de que o segurador satisfaça imediatamente o pagamento da indenização em caso de sinistro. Igualmente, a boa-fé é critério de interpretação do contrato, o qual, na dúvida, "se deve presumir feito com a maior candura e sinceridade mercantil".[39] Ainda, segundo o autor, não apenas a fraude é incompatível com a boa-fé, mas também a contratação de seguro sem interesse ou para viagens ilegais.[40] Nesses termos, sob essas múltiplas abordagens, o autor apresenta a boa-fé como conceito elementar do contrato de seguro, em sua obra fundadora do direito comercial brasileiro.

A importância da boa-fé no seguro também resultaria da disciplina do Código Comercial. De um lado, como regra de interpretação do contrato em caso de dúvida sobre o seu conteúdo ou ambiguidade de suas cláusulas (art. 673, 4, c/c art. 131, 1).[41] De outro lado, como fundamento de todo um sistema normativo particularmente orientado à tutela da confiança do segurador, em que a boa-fé assume importância a partir do emprego de termos antinômicos, como fraude e dolo, e subjaz o tratamento endereçado à falsa declaração e ocultação das circunstâncias do risco. Nesse sistema, o dolo e a fraude são sancionados com a nulidade do contrato (art. 677, 3),[42] para além de outras medidas, como o pagamento em dobro do prêmio (art. 679[43] e 700).[44] Ademais, a declaração falsa

---

38. LISBOA, José da Silva (Visconde de Cayru). *Principios de Direito Mercantil e Leis da Marinha*. 6. ed. Rio de Janeiro: Typographia Academica. 1874. t. II. p. 46.
39. LISBOA, José da Silva (Visconde de Cayru). *Principios de Direito Mercantil e Leis da Marinha*. 6. ed. Rio de Janeiro: Typographia Academica. 1874. t. II. p. 61 e 147.
40. LISBOA, José da Silva (Visconde de Cayru). *Principios de Direito Mercantil e Leis da Marinha*. 6. ed. Rio de Janeiro: Typographia Academica. 1874. t. II. p. 85 e 88.
41. Dispunha o art. 131, 1: "Sendo necessário interpretar as cláusulas do contrato, a interpretação, além das regras sobreditas, será regulada sobre as seguintes bases: 1. A inteligência simples e adequada, que for mais conforme a boa-fé, e ao verdadeiro espirito e natureza do contrato, deverá sempre prevalecer à rigorosa e restrita significação das palavras". Ademais, nos termos do art. 673: "Suscitando-se dúvida sobre a inteligência de alguma ou algumas das condições e cláusulas da apólice, a sua decisão será determinada pelas regras seguintes: (...) 4. em caso de ambiguidade que exija interpretação, será esta feita segundo as regras estabelecidas no artigo n. 131".
42. Art. 677. "O contrato do seguro é nulo: (...) 3 – Sempre que se provar fraude ou falsidade por alguma das partes".
43. Art. 679. "No caso de fraude da parte do segurado, além da nulidade do seguro, será este condenado a pagar ao segurador o prêmio estipulado em dobro. Quando a fraude estiver da parte do segurador, será este condenado a retornar o prêmio recebido, e a pagar ao segurado outra igual quantia. Em um e outro caso pode-se intentar ação criminal contra o fraudulento".
44. Art. 700. "Sempre que se provar que o segurado procedeu com fraude na declaração do valor declarado na apólice, ou na que posteriormente se fizer no caso de se não ter feito no ato do contrato (artigo n°s. 692 e 694), o juiz, reduzindo a estimação do objeto segurado ao seu verdadeiro valor, condenará o segurado a pagar ao segurador o dobro do prêmio estipulado".

ou simplesmente errônea do risco, assim como a ocultação de circunstâncias, tanto de boa-fé como de má-fé, justifica a anulação do contrato (art. 678, 1 e 2).[45] Neste aspecto, o legislador brasileiro adota, a propósito da declaração do risco, o "paradigma da invalidade" ("tudo ou nada"),[46] seguindo o modelo francês, em aproximação aos institutos do dolo e do erro, como vício de consentimento.

Nesta época, a boa-fé apresenta sentido subjetivo no contrato de seguro. É estado anímico dos contratantes, ora contraposto à má-fé, merecedor de sanção, ora como crença legítima, digna de tutela. A boa-fé também apresenta algum sentido normativo ou prescritivo de condutas (como ocorre a propósito da exigência de declaração inicial do risco), porém este é bastante incipiente e distante da sua compreensão atual como princípio contratual. Observa-se, neste particular, que, embora o Código Comercial já previsse a boa-fé como regra de interpretação de cláusulas contratuais ambíguas (art. 131, 1), a doutrina, atenta ao contexto juscultural e à mentalidade jurídica da época, reconhece que esta previsão não seria "suficiente para afirmar que o princípio da boa-fé, tal como é conhecido atualmente tenha sua origem nesta disposição legal".[47] Conforme Bruno Miragem:[48]

> As raízes germânicas do princípio, a partir da concretização do §242 do BGB de 1900, bem notado pela recepção originalmente doutrinária que teve no Brasil, reduz as cogitações sobre a precedência do Código Comercial brasileiro no tema, a um desproposidado ufanismo ou excessiva simplificação do seu sentido no direito das obrigações.

---

45. Art. 678. "O seguro pode também anular-se: 1 – quando o segurado oculta a verdade ou diz o que não verdade; 2 – quando faz declaração errônea, calando, falsificando ou alterando fatos ou circunstâncias, ou produzindo fatos ou circunstâncias não existentes, de tal natureza e importância que, a não se terem ocultado, falsificado ou produzido, os seguradores, ou não houveram admitido o seguro, ou o teriam efetuado debaixo de prêmio maior e mais restritas condições".
46. O regime da declaração do risco no modelo francês que se formou com o Código Comercial é sintetizado, por Luís Poças, nos seguintes termos: "assumindo por principal fundamento a teoria dos vícios da vontade; que se basta com a desconformidade objectiva entre o risco declarado e o real; que desconsidera, em grande medida, o grau de censurabilidade da conduta do proponente; que comporta uma solução "tudo ou nada", assente num remédio invalidante do contrato; e que consagra, por isso tudo, uma tutela vincada ao segurador. A este quadro de referência regulatório chamaremos *paradigma da invalidade*". POÇAS, Luís. *O Dever de Declaração Inicial do Risco no Contrato de Seguro*. Coimbra: Almedina, 2013. p. 76.
47. MIRAGEM, Bruno. *Direito das obrigações*. 3 ed. Rio de Janeiro: Forense, p. 63. No mesmo sentido: COUTO E SILVA, Clóvis. O princípio da boa-fé no direito brasileiro e português. In: FRADERA, Vera (Org.). *O direito privado brasileiro na visão de Clóvis do Couto e Silva*. 2. ed. Porto Alegre: Livraria do Advogado, 2014. De acordo com este autor: "No Código Comercial de 1850, em seu art. 131, alude-se à boa-fé como elemento importante para interpretação dos negócios jurídicos. Todavia, nossos melhores comentaristas, como Carvalho de Mendonça, não dão valor maior ao princípio, e não referem a possibilidade de constituir a boa-fé fonte autônoma de direitos e obrigações". p. 45.
48. MIRAGEM, Bruno. *Direito das obrigações*. 3. ed. Rio de Janeiro: Forense, 2021, p. 63.

A referida norma, ademais, foi considerada pela doutrina como "simples princípio de hermenêutica que se baseia na boa-fé subjetiva",[49] com destaque, ainda, para a sua natureza subsidiária, como critério hermenêutico aplicável apenas em caso de dúvida quanto ao teor do contrato,[50] assim como para a sua natureza não supletiva do negócio jurídico.[51] A concepção da época pode ser observada nas seguintes passagens de Carvalho de Mendonça e Waldemar Ferreira, respectivamente:

> Eis uma das mais profícuas regras para a interpretação do negócio jurídico, e seria completa se o Código também mandasse atender ao escopo que as partes tiveram com a sua formação. Referindo-se e dando especial realce à boa-fé, ao espírito e natureza do contrato, quis o Cód. Comercial significar que os negócios jurídicos não se podem converter em instrumentos de insídia. É uma atmosfera honesta e não viciada que se devem preparar, concluir e executar os contratos. A boa-fé não traduz mais do que estado de ânimo de uma pessoa, que não conhece a verdade.[52]

> O de rigor, na ordem contratual mercantil, é a boa-fé. Exista ela no entendimento dos dispositivos que ela inspirou e sob o influxo dela se escreveram. A inteligência simples e adequada não deve ser deturpada pelos maliciosos e pelos burlões. Nem foi por outro intuito que, no n. I do art. 131, se lançou o salutar princípio de que o de mais conformidade com a boa fé e o verdadeiro espírito do contrato, e sua natureza, é de prevalecer ao rigoroso e estrito significado dos vocábulos. As cláusulas duvidosas explicam-se pelas que o não sejam e hajam as partes admitido. As antecedentes e subsequentes, que se harmonizem, exprimem o sentido das ambíguas. Não se separe do conjunto o que somente nêle se compreende. Frases destacadas podem formar série de máximas e pensamentos soltos: mas, encadeiadas na corrente das estipulações, inteiram o contrato, no seu todo e nas particularidades.[53]

O sentido subjetivo da boa-fé no seguro também pode ser observado na jurisprudência, a qual, não raro, relativizaria o rigor do art. 678, n. 1 e 2, do Código Comercial, para afastar, em favor do segurado, a sanção de invalidade do contrato, naqueles casos em que tenha agido de boa-fé, isto é, sem intenção de fraude, ao prestar declarações inverídicas ou omitir circunstâncias do risco. Nesse sentido, destacam-se duas decisões do Supremo Tribunal Federal. A primeira, proferida em 15 de abril de 1896,[54] em ação de cobrança de seguro marítimo. No caso, re-

---

49. MOREIRA ALVES, José Carlos. A boa-fé objetiva no sistema contratual brasileiro. *Revista Ibero-Americana de Direito Público*. Rio de Janeiro, v. 4, n. 12, p. 169-181, out./dez. 2003. p. 174.
50. MAC-DONALD, Norberto. Anotações sobre a interpretação dos contratos conforme a boa-fé. In: JOBIM, Marcio; ESTEVEZ, André. *Estudos de Direito Empresarial. Homenagem aos 50 anos de docência do Prof. Peter Walter Ashton*. São Paulo: Saraiva, 2012. p. 247-248.
51. MENDONÇA, Carvalho de. *Tratado de Direito Comercial*. J. X. 6. ed. Posta em dia por Roberto Carvalho de Mendonça. Rio de Janeiro: Freitas Bastos. 1960. v. VI. Parte I. p. 209.
52. MENDONÇA, Carvalho de. *Tratado de Direito Comercial*. J. X. 6. ed. Posta em dia por Roberto Carvalho de Mendonça. Rio de Janeiro: Freitas Bastos. 1960. v. VI. Parte I. p. 211.
53. FERREIRA, Waldemar Martins. *Tratado de Direito Mercantil Brasileiro*. 2. ed. Rio de Janeiro: Freitas Bastos, 1948. v. 1. p. 330-331.
54. *O Direito*, 1896, v. 70, maio/ago., p. 234-240.

conhecida a precariedade do navio que transportava as cargas seguradas, o que teria favorecido a ocorrência do sinistro, discutia-se, com base no art. 678, n. 2, a invalidade do contrato frente à ocultação do estado do navio pelo segurado. A invalidade, contudo, foi afastada pelos julgadores sob o fundamento de que não restou demonstrado que os segurados empregaram qualquer fraude para ocultar as circunstâncias do navio ao segurador, mas, ao contrário, que agiram de boa-fé.

Também a propósito das declarações do segurado na formação do contrato, o Supremo aplicou a boa-fé, na sua conotação subjetiva, em decisão proferida em 2 de agosto de 1902. No caso, tendo o seguro sido celebrado por conta de terceiro, porém, com a omissão dessa circunstância ao segurador, restou afastada a possibilidade de sua anulação com base no reconhecimento da boa-fé do tomador. Aqui, novamente, afastou-se o regime desfavorável ao segurado para tutelar a sua boa-fé; superou-se o regime "tudo ou nada", destinado à tutela irrestrita da confiança do segurador, para tutelar a confiança do segurado, de boa-fé.[55]

3.1.1.2 Recepção do dever de máxima boa-fé no Código Civil de 1916

O Código Civil de 1916, ao disciplinar o seguro em capítulo específico, entre as várias espécies contratuais, promove a sistematização e o tratamento unitário do tipo, até então objeto de regulamentação no Código Comercial, apenas na modalidade marítima. Nesses termos, opera a "civilização" do contrato de seguro no sistema jurídico brasileiro, o que se dá sob influência do Código de Direito Privado do Cantão de Zurique (*Privatrechtliches Gesetzbuch für Der Kanton Zürich*).[56] Neste particular, por intermédio do Projeto de

---

55. *O Direito*, 1896, v. 90, jan./abr., p. 450 e 452.
56. Conforme já tivemos oportunidade de expor em trabalho sobre o tema (MIRAGEM, Bruno; PETERSEN, Luiza. O Código do Cantão de Zurique e o direito dos seguros brasileiro (parte 1). *Conjur*. Coluna Seguros Contemporâneos. nov. 2021, p. 2 e 3), cujo texto e referências bibliográficas transcreve-se a seguir: "O Código de Direito Privado do Cantão de Zurique, de 1855, é fruto da pandectística suíça, de autoria de Bluntschli, um dos principais expoentes desta escola de pensamento (WIEACKER, Franz. *História do direito privado moderno*. Lisboa: Fundação Calouste Gulbenkian, 2010, p. 506, 562 e 567). Caracterizou-se pelo espírito de conservar e inovar, ou seja, de preservar a tradição sem deixar de propor inovações quando necessário (LEHR, Ernest. *Code Civil du Canton de Zurich de 1887*, Traduit et annoté. Paris: Imprimerie Nationale, 1890. p. LI e ss.). Especificamente em relação ao contrato de seguro, se insere no movimento legislativo iniciado na segunda metade do século XIX, de regulamentação dos seguros terrestres – até então, apenas os marítimos eram objeto de disciplina legal, e o seguro carecia de um corpo legislativo capaz de tratar de forma uniforme e sistematizada os seus diversos tipos (DONATI, Antigono. *Trattato del Diritto delle Assicurazioni Private*. Milano: Giuffrè, 1952. v. I. p. 77 e ss.). Na sua versão original, o Código do Cantão regulou o contrato de seguro em seção específica (Seção XI, do Livro IV (Direito das obrigações), arts. 1704 a 1760), dividida em três capítulos. O primeiro, com disposições gerais, a respeito da forma e condições do contrato, das obrigações do segurado e do segurador, e da prescrição. O segundo, sobre o seguro mutual. E o terceiro, dispondo a respeito de algumas espécies, a saber: seguro de incêndio, granizo, transporte, vida e morte de gado (BLUNTSCHLI, Johann Caspar. *Privatrechtliches Gesetzbuch für den Kanton Zürich. Das zürcherische*

Código Civil de Coelho Rodrigues[57] e posterior recepção de suas disposições no Projeto Beviláqua.[58]

A disciplina do seguro no Código de 1916 se notabiliza, entre outros aspectos, pela recepção legislativa do dever recíproco do segurado e do segurador de máxima boa-fé (*uberrima fides*). Nos termos do art. 1.443, deste diploma, "o segurado e o segurador são obrigados a guardar no contrato a mais estrita boa-fé e veracidade, assim a respeito do objeto, como das circunstâncias e declarações a ele concernentes".

A norma teve inspiração no art. 508 do Código do Cantão de Zurique,[59] segundo o qual: "na conclusão de um contrato de seguro ambos os contratantes

---

Obligationenrecht. 3 Band. Zürich: Schulthess, 1855. p. 572 e ss.). Mais adiante, na revisão do Código do Cantão, em 1887, empreendida por Albert Schneider, o seguro passou a constar dos arts. 496 a 552, da Seção VII, Livro III (Direito das obrigações). Manteve-se, na ocasião, a mesma estrutura da seção, com a previsão de três capítulos: o primeiro, com disposições gerais; o segundo, sobre o seguro mutual; e o terceiro sobre os diferentes tipos, com o acréscimo do seguro de sobrevivência (SCHNEIDER, Albert. *Privatrechtliches Gesetzbuch für den Kanton Zürich*: auf grundlage des bluntschli'schen kommentars. Zürich: Schulthess, 1888. p. 48 e ss.)".

57. COÊLHO RODRIGUES, Antônio. *Projeto do Código Civil Braziliero, precedido de um projecto de lei preliminar*. Rio de Janeiro: Imprensa Nacional, 1893.

58. BEVILÁQUA, Clóvis. *Em defesa do projecto de Código Civil Brazileiro*. Rio de Janeiro: Livraria Francisco Alves, 1906. p. 26. Conforme já tivemos oportunidade de expor (MIRAGEM, Bruno; PETERSEN, Luiza. O Código do Cantão de Zurique e o direito dos seguros brasileiro (parte 1). *Conjur*. Coluna Seguros Contemporâneos. nov. 2021, p. 2), cujo texto e referências bibliográficas transcreve-se a seguir, a influência do Código do Cantão de Zurique sobre o Código Civil de 1916 "é explicada por duas circunstâncias relacionadas ao processo de codificação no Brasil. Em primeiro lugar, a forte inspiração do Projeto Coêlho Rodrigues no Código do Cantão de Zurique, não apenas em matéria de seguro, mas em diversos outros temas. De outro lado, pela grande aceitação que o Projeto Coêlho Rodrigues teve no Projeto Beviláqua, no tocante à disciplina do contrato de seguro, tomando dele a inspiração no modelo suíço. Pontes de Miranda, ao expor a respeito do seguro no Código Civil de 1916, é categórico ao afirmar: "diremos pouco; a fonte principal foi o Código Civil do Cantão de Zurique (PONTES DE MIRANDA. *Fontes e evolução do direito civil brasileiro*. 2. ed. Rio de Janeiro: Forense. 1981. p. 324). A assertiva pode ser confirmada pelo próprio Clóvis Beviláqua, em seus comentários doutrinários, ao sinalizar que, dos 45 dispositivos do capítulo relativo ao contrato de seguro (Cap. XIV, Título V, Livro III), pelo menos 38 teriam alguma influência, direta ou indireta, do Código de Direito Privado do Cantão de Zurique (Privatrechtliches Gesetzbuch für Der Kanton Zürich) (BEVILÁQUA, Clóvis. *Código Civil dos Estados Unidos do Brasil*. 5. tir. Rio de Janeiro: Rio, 1973. p. 560 e ss.). Neste particular, o autor também observa a influência de outros sistemas jurídicos, como o direito belga, espanhol, português, italiano. Porém, prevalece a influência do Código de Zurique".

59. Nesse sentido: BEVILÁQUA, Clóvis. *Código Civil dos Estados Unidos do Brasil*. Comentado por Clóvis Beviláqua. 5. tir. Rio de Janeiro: Ed. Rio, 1973. p. 573. De acordo com o autor, a norma também teria como inspiração o art. 9 da Lei Belga (1874), segundo o qual: "Toute réticence, toute fausse déclaration de la part de l'assuré, même sans mauvaise foi, rendent l'assurance nulle lorsqu'elles diminuent l'opinion du risque ou en changent le sujet, de telle sorte que l'assureur, s'il en avait eu connaissance, n'aurait pas contracté aux mêmes conditions". Tradução nossa: "Toda reticência, toda falsa declaração por parte do segurado, mesmo sem má fé, torna o seguro nulo quando diminua a opinião sobre o risco ou altere o seu objeto, de tal forma que o segurador, se tivesse tido conhecimento disso, não teria contratado nas mesmas condições". Idem, p. 573.

são obrigados à veracidade e lealdade" ("Bei Schliessung des Versicherungsvertrages sind beide Parteien zur Wahrhaftigkeit und Treue verpflichtet").[60] O Código cantonal, por sua vez, receberia a influência do *Allgemeines Landrecht für die Preußischen Staaten*,[61] o qual, no seu §2024, previa: "por ocasião da conclusão do contrato de seguro ambas as partes são obrigadas a especial lealdade, honestidade e sinceridade" ("Bei Schliessung des Versicherungsvertrags sind beide Teile zu besonderer Treue, Redlichkeit und Aufrechtigkeit verpflichtet").[62]

É nesse contexto que devem ser compreendidas as origens do art. 1.443 do Código de 1916, do qual resulta a influência da boa-fé germânica no Direito dos Seguros brasileiro (não, ainda, porém, na fórmula *Treu und Glauben*, enquanto boa-fé objetiva, com todo o seu significado). A norma, porém, embora transplante do direito estrangeiro,[63] não representou uma completa inovação no sistema jurídico brasileiro, mas reforçou a tradição jurídica já existente, que já reconhecia o especial papel da boa-fé no seguro. Da mesma forma, seria interpretada pela doutrina e pela jurisprudência segundo essa mesma tradição jurídica já formada.

O dever de máxima boa-fé, a partir da previsão do art. 1443 do Código Civil, encontrou eco na doutrina civilista da época. Contudo, não recebeu maiores desenvolvimentos teóricos, tendo sua aplicação circunscrita preponderantemente

---

60. SCHNEIDER, Albert. *Privatrechtliches Gesetzbuch für den Kanton Zürich*: auf grundlage des bluntschli'schen kommentars. Zürich: Schulthess, 1888. p. 52. Na primeira versão do Código do Cantão de Zurique, a norma correspondia ao §1716 (BLUNTSCHLI, Johann Caspar. *Privatrechtliches Gesetzbuch für den Kanton Zürich. Das zürcherische Obligationenrecht*. 3 Band. Zürich: Schulthess, 1855. p. 577). Na tradução para o francês, de Ernest Lehr: "Au moment où elles traitent, les deux parties sont tenues d'être sincères et bonne foi" (*Code Civil du Canton de Zurich de 1887*, Traduit et annoté. Paris: Imprimerie Nationale, 1890. p. 124). No projeto Coêlho Rodrigues, correspondia ao art. 933 "o segurado e o segurador são obrigados a guardar no respectivo contrato a mais restricta sinceridade e boa fé, tanto a respeito do objecto, como das circumstancias e das declarações pertinentes (COÊLHO RODRIGUES, Antônio. *Projeto do Código Civil Brazileiro, precedido de um projecto de lei preliminar*. Rio de Janeiro: Imprensa Nacional, 1893. p. 114).
61. CHAUFTON, Albert. *Les assurances*. Paris: Librairie A. Marescq Ainé, 1884, t. II. p. 196. A influência também pode ser percebida no próprio texto de Bluntschli, autor do Código cantonal, no qual faz referência ao §2024 do *Allgemeines Landrecht für die Preußischen Staaten*, observando: "é esclarecedor que neste contrato em especial medida a honestidade e lealdade são exigidas tanto conclusão do mesmo como da sua execução". No original: "Es is einleuchten. Dasz bei diesem Vertrage in ganz besonderem Masze Wahrhaftigkeit und Treue erfordert werden, sowohlbeim Abschlusz desselben al sim Verfolg". BLUNTSCHLI. *Deutsches Privatrecht. Besorgt von Felix Dahn*. München: Literarisch-Artistische Anstalt, 1864. p. 499. No mesmo sentido: BLUNTSCHLI, Johann Caspar. *Privatrechtliches Gesetzbuch für den Kanton Zürich* cit. p. 577-578.
62. Disponível em: https://www.google.com.br/books/edition/Das_allgemeine_Landrecht_f%C3%BCr_die_preuss. Acesso em: mar. 2022.
63. BEVILÁQUA, Clóvis. *Código Civil dos Estados Unidos do Brasil*. Comentado por Clóvis Beviláqua. 5. tir. Rio de Janeiro: Ed. Rio, 1973. p. 573; LEHR, Ernest. *Code Civil du Canton de Zurich de 1887*. Traduit et annoté. Paris: Imprimerie Nationale, 1890, p. 124.

à formação do contrato.[64] Nesse sentido, apresentou algum conteúdo normativo ou prescritivo de condutas, especialmente para vincular o segurado, como fundamento do dever de declaração inicial do risco (art. 1.444 do CC), e, quando muito, da obrigação de não agravar o risco (art. 1.454 do CC).[65] Seu conteúdo, porém, era oscilante e impreciso.[66] Com mais frequência, assumia conotação subjetiva, como estado anímico dos contratantes, contraposto à fraude, à má-fé.[67] Da mesma forma, sob influência da doutrina francesa e da tradição comercial brasileira, era empregado a propósito da declaração do risco em aproximação aos institutos do erro e do dolo.[68]

Nesses termos, a previsão legislativa do dever de máxima boa-fé não resultou, necessariamente, em um maior desenvolvimento teórico em direção a um sentido normativo (prescritivo de condutas) da boa-fé no seguro, para além da declaração inicial do risco. Embora esse conteúdo pudesse ser antevisto, segundo Moreira Alves,[69] no art. 1443, não seria desenvolvido pela doutrina em toda a sua

---

64. ESPINOLA, Eduardo. *Dos contratos nominados no direito civil brasileiro*. 2. ed. Rio de Janeiro: Conquista, 1956, p. 486 e ss.; CARVALHO SANTOS, J. M. *Código Civil Brasileiro Interpretado*. 10 ed. Rio de Janeiro: Freitas Bastos, 1981, v. XIX. p. 292-294; BEVILÁQUA, Clóvis. *Código Civil dos Estados Unidos do Brasil*. 5. tir. Rio de Janeiro: Rio, 1973, p. 573 e ss.; PONTES DE MIRANDA, Francisco Cavalcante. *Tratado de direito privado* (1964). 3. ed. São Paulo: Ed. RT, 1984. v. 45, p. 323-324.
65. CARVALHO SANTOS, J. M. *Código Civil Brasileiro Interpretado*. 10 ed. Rio de Janeiro: Freitas Bastos, 1981, v. XIX. p. 292-293 e 338. BEVILÁQUA, Clóvis. *Código Civil dos Estados Unidos do Brasil*. Comentado por Clóvis Beviláqua. 5. tir. Rio de Janeiro: Ed. Rio, 1973. p. 583.
66. Essa ausência de clareza pode ser observada na seguinte passagem de Beviláqua: "O art. anterior [art. 1.443 do Código Civil] impõe ao segurado e ao segurador a obrigação de serem leaes e verdadeiros. O art. 1.444, porém, só estabelece pena para o segurado que peccar contra esse preceito, porque ele é que tem maiores possibilidades de fazel-o. Se a má fê fôr do segurador, o segurado poderá anular o contracto; se fôr deste ultimo, o contracto será annullado sem dispensa do pagamento do premio vencido". BEVILÁQUA, Clóvis. *Código Civil dos Estados Unidos do Brasil*. Comentado por Clóvis Beviláqua. 5. tir. Rio de Janeiro: Ed. Rio, 1973. p. 573-574. Veja-se, também, idem, p. 583, sobre o agravamento do risco.
67. Nas palavras de Carvalho Santos: "Mais do que qualquer outro contrato, o de seguro é fundamentalmente *bona fidei*, principalmente porque, assumindo o segurador a responsabilidade de riscos, claro que precisa ter elementos exatos para os cálculos do prêmio a cobrar do segurado, enquanto que, da parte do segurado, é preciso que êle confie nas promessas do segurador, contanto com a boa-fé com que este assume os riscos" (CARVALHO SANTOS, J. M. *Código Civil Brasileiro Interpretado*. 10 ed. Rio de Janeiro: Freitas Bastos, 1981, v. XIX. p. 292). Da mesma forma, Pontes de Miranda: "O segurador põe sobre si a álea que o contraente teme, ou pode temer. Precisa saber qual a extensão dessa álea. Por isso, tem de contar com as declarações exatas do contraente. Só assim pode êle saber se lhe convém, ou não, o contrato, com o prêmio de que se trata ou o próprio contrato. Tem de fazer indagações que confirmem, neguem, ou completem essas declarações. De qualquer modo, tem de admitir a boa-fé e contar com a boa-fé com que o interessado se manifesta. Daí dizer-se que o contrato de seguro é *uberrimae fidei*" (PONTES DE MIRANDA, Francisco Cavalcante. *Tratado de direito privado* (1964). 3. ed. São Paulo: Ed. RT, 1984. v. 45, p. 324).
68. CARVALHO SANTOS, J. M. *Código Civil Brasileiro Interpretado*. 10 ed. Rio de Janeiro: Freitas Bastos, 1981, v. XIX. p. 294 e 296. PONTES DE MIRANDA, Francisco Cavalcante. *Tratado de direito Privado*. Atual. Bruno Miragem. São Paulo: Ed. RT, 2012. t. XLV. p. 479 e ss.
69. MOREIRA ALVES, José Carlos. A boa-fé objetiva no sistema contratual brasileiro. *Revista Ibero-Americana de Direito Público*. Rio de Janeiro, v. 4, n. 12, p. 169-181, out./dez. 2003. p. 175.

potencialidade.[70] Preponderou, ainda, a concepção subjetiva da boa-fé, como estado de fato.[71-72] Neste período, o dever de máxima boa-fé ainda é precipuamente conotado à boa-fé subjetiva.[73] Esta concepção doutrinária refletia,[74] também, na jurisprudência.[75-76] De acordo com Martins-Costa:[77]

> No Código Civil de 1916, as referências à boa-fé no contrato de seguro, para além de repostadas nuclearmente à boa-fé subjetiva, tinham previamente descritas as consequências da ação contrária à boa-fé, isso significando que essa figura não desempenhava, então, a função de cláusula geral. A má-fé do segurado era punida pela perda do benefício, sendo esse o sentido conferido aos artigos 1.443 e 1.444, do Código Bevilaqua. A má-fé do segurador implicava, por sua vez, a punição consistente no pagamento em dobro do prêmio estipulado, na forma do art. 1.446 (....) os deveres informativos estavam precipuamente conotados à boa-fé no sentido subjetivo e sua carga recaía, em largas margens, no tomador do seguro (...). Em contrapartida, devia o segurado (ou candidato) agir *de* boa-fé (subjetiva), mencionando todas as circunstâncias e eventos que, no seu modo de perceber, pudessem ter relevância no risco que estava para ser garantido.

---

70. De acordo com Adalberto Pasqualotto: "não há paralelismo entre a boa-fé consagrada no Direito das obrigações como exigência objetiva de conduta ética dos contratantes e a regra quase unilateral do art. 1.443 do Código revogado, na interpretação que dela se tornou mais habitual. A referência explícita feita pelo art. 422, do Código Civil de 2002, às fases de conclusão e execução do contrato dimensiona a boa-fé como componente fundamental da conduta de ambas as partes em todo o processo obrigacional, apanhando a atuação da seguradora e servindo de cânone interpretativo do contrato". (PASQUALOTTO, Adalberto. *Contratos Nominados III*. Seguro, constituição de renda, jogo e aposta, fiança, transação e compromisso. São Paulo: Ed. RT, 2008. p. 109).
71. MENDONÇA, M. I. Carvalho de. *Contratos no direito civil brasileiro*. 3. ed. Atual. Por José de Aguiar Dias. Rio de Janeiro: Forense, 1955. t. II. CARVALHO SANTOS, J. M. *Código Civil Brasileiro Interpretado*. 10 ed. Rio de Janeiro: Freitas Bastos, 1981, v. XIX. p. 292. BEVILÁQUA, Clóvis. *Código Civil dos Estados Unidos do Brasil*. 5. tir. Rio de Janeiro: Ed. Rio, 1973. p. 574.
72. MARTINS-COSTA, Judith. *A boa-fé no direito privado*: critérios para a sua aplicação. São Paulo: Marcial Pons, 2015. p. 343.
73. MARTINS-COSTA, Judith. *A boa-fé no direito privado*: critérios para a sua aplicação. São Paulo: Marcial Pons, 2015. p. 343.
74. CARVALHO SANTOS, J. M. *Código Civil Brasileiro Interpretado*. 10 ed. Rio de Janeiro: Freitas Bastos, 1981, v. XIX. p. 294 e 296. BEVILÁQUA, Clóvis. *Código Civil dos Estados Unidos do Brasil*. 5. tir. Rio de Janeiro: Ed. Rio, 1973. p. 573.
75. RE 17375, Relator(a): OROZIMBO NONATO, Segunda Turma, julgado em 18.05.1951, DJ 12.07.1951. PP-06314 EMENT VOL-00046-01 PP-00207 ADJ 02-02-1953 PP-00369. CARVALHO SANTOS, J. M. *Código Civil Brasileiro Interpretado*. 10 ed. Rio de Janeiro: Freitas Bastos, 1981, v. XIX. p. 288-298. Veja-se, também, SILVEIRA, Alipio. *A boa-fé no Código Civil*. São Paulo: Editora Universitária de Direito. 1973. v. 2. p. 158.
76. E pode ser percebida, já na década de 80, na seguinte passagem de Pedro Alvim: "A boa-fé deve presidir à formação de todos os contratos. Corresponde a um estado de espírito, em harmonia com a manifestação de vontade que vinculou as partes contratantes. É a intenção pura, isenta de dolo ou malícia, manifestada com lealdade e sinceridade, de modo a não induzir a outra parte ao engano ou erro. Não constitui um privilégio do contrato de seguro, mas é ai reclamada com maior insistência" (ALVIM, Pedro. *O Contrato de Seguro* (1983). 2. ed. Rio de Janeiro: Forense, 1986. p. 130).
77. MARTINS-COSTA, Judith. *A boa-fé no direito privado*: critérios para a sua aplicação. São Paulo: Marcial Pons, 2015. p. 343.

Observa-se, ainda, que essa dimensão subjetiva da boa-fé é evidenciada pelo próprio reconhecimento de diferentes consequências jurídicas conforme a reticência ou declaração falsa do segurado resulte de boa-fé ou de má-fé, no primeiro caso, afastando-se a aplicação do art. 1.444 do Código Civil ("Se o segurado não fizer declarações verdadeiras e completas, omitindo circunstâncias que possam influir na aceitação da proposta ou na taxa do prêmio, perderá o direito ao valor do seguro, e pagará o prêmio vencido"). Neste particular, afirmava-se, em caso de fraude (má-fé), ser o contrato nulo, com a aplicação das sanções do art. 1.444: o segurado perde o direito ao valor do seguro e é obrigado ao prêmio vencido. Em caso de boa-fé, diferentemente, deveriam ser aplicadas as regras de direito comum, com a possibilidade de anulação do contrato e o retorno das partes ao estado que se encontravam antes da contratação (art. 158 do Código Civil).[78]

3.1.1.3 Recepção da boa-fé objetiva no direito privado brasileiro

O desenvolvimento teórico da boa-fé objetiva (princípio da boa-fé) tem origem no direito alemão, na fórmula *Treu und Glauben*, a partir da atividade de interpretação e concreção da cláusula geral do §242 do BGB,[79] que exige do devedor que cumpra com a sua prestação conforme a boa-fé e os usos do tráfico. Nesse sistema, o processo de construção do princípio seria impulsionado pela intensa atividade jurisprudencial de aplicação do §242, verificada já na década de 1930, e, a partir de então, pelo trabalho doutrinário de ordenação e sistematização desse corpo jurisprudencial.[80] Neste particular, com destaque para a obra fundamental de Franz Wieacker (*Zur rechtstheoretischen Präzisierung des § 242 BGB*, publicada em 1965) e para os trabalhos, particularmente influentes no direito brasileiro, de Josef Esser (*Grundsatz und Norm in der richterlichen Fortbildung des Privatrechts*, 1956) e Karl Larenz (*Lehrbuch des Schuldrechts*, 1953-1956).[81]

---

78. Segundo Beviláqua, "Certamente, o segurado poderá provar que não teve malícia no informar, nem foi negligente (...) Feita essa prova, aplicam-se as regras de direito comum, isto é, o contrato será simplesmente anulável; no caso contrário, será nulo" (*Soluções práticas de Direito*. v. 1. p. 385. Apud CARVALHO SANTOS, J. M. *Código Civil Brasileiro Interpretado*. 10. ed. Rio de Janeiro: Freitas Bastos, 1981, v. XIX. p. 298-300).
79. "Cláusula geral é técnica legislativa, da qual resulta norma redigida com conceitos polissêmicos ou indeterminados, cuja aplicação supõe a necessidade de interpretação e concreção destes mesmos conceitos. Isso dá ao intérprete/aplicador certa margem na construção do significado da norma e sua aplicação, tendo em consideração circunstâncias específicas do caso concreto. Permite a atualização da norma no tempo, e sua aplicação em vista das necessidades e/ou peculiaridades do caso, aliando a tópica jurídica (justiça do caso concreto) e as exigências de coerência interna do sistema jurídico" (MIRAGEM, Bruno. *Direito das obrigações*. 3. ed. Rio de Janeiro: Editora Forense, 2021. p. 65).
80. ZIMMERMANN, Reinhard; WHITTAKER, Simon. Good faith in European contract law: surveying the legal landscape. In: ZIMMERMANN, Reinhard; WHITTAKER, Simon. *Good Faith in European Contract Law*. Cambridge: Cambridge University Press, 2008. p. 18-26.
81. MIRAGEM, Bruno. *Direito das obrigações*. 3. ed. Rio de Janeiro: Editora Forense, 2021. p. 62-63.

No direito privado brasileiro, a influência da boa-fé objetiva (princípio da boa-fé), de matriz germânica, seria percebida, inicialmente, na doutrina civilista, a partir da década de 60. Nesse sentido, com destaque para as obras "A obrigação como processo", de 1964,[82] de Clóvis do Couto e Silva, e "Transformações gerais do direito das obrigações", de 1967, de Orlando Gomes,[83] consideradas as primeiras a apresentar o tema sob uma perspectiva sistemática.[84] Em "A obrigação como processo", a boa-fé é erigida a princípio da relação obrigacional, ao lado da autonomia da vontade, mais especificamente, como "mandamento de conduta" direcionado a "todos os que participam do vínculo obrigacional", de modo a estabelecer, "entre eles, um elo de cooperação, em face do fim objetivo a que visam" (adimplemento).[85]

Em "Transformações gerais do direito das obrigações", a boa-fé aparece no âmbito da tendência moderna de uma política legislativa de limitação da autonomia privada, com propósito de "equilíbrio social" ou "moralizador". O que, nas palavras do autor, pode ser identificado a partir da "aplicação mais constante de certos princípios que o Código alemão introduzia, e conhecidos como as cláusulas gerais, dentre as quais se salientam as relativas a boa-fé, bons costumes, à confiança e lealdade recíprocas".[86] A influência germânica também pode ser observada em Alípio Silveira ("A boa-fé no Código Civil", de 1972). Nela o autor sistematizou as duas "formas inteiramente diferentes de considerar a boa-fé: como fato e como princípio", neste particular, distinguindo a boa-fé-crença da boa-fé-lealdade a partir das noções de "Gutten Glauben" e "Treu und Glauben".[87]

A boa-fé objetiva (princípio da boa-fé), a partir da influência germânica, encontrou previsão legal no direito brasileiro apenas ao final do século XX.[88] Na década de 90, foi positivado no Código de Defesa do Consumidor, não apenas como princípio das relações de consumo (art. 4, III), mas também como critério para a identificação e controle de cláusulas abusivas (art. 51, IV). No primeiro caso, "como linha teleológica de interpretação", no segundo, "como cláusula geral". Outrossim, fundamentou todo um conjunto de normas, desse mesmo

---

82. COUTO E SILVA, Clóvis V. do. *A obrigação como processo*. Rio de Janeiro: FGV Editora, 2007.
83. GOMES, Orlando. *Transformações gerais do Direito das obrigações*. 2. ed. São Paulo: Ed. RT, 1980.
84. MIRAGEM, Bruno. *Direito das obrigações*. 3. ed. Rio de Janeiro: Editora Forense, 2021. p. 63.
85. COUTO E SILVA, Clóvis V. do. *A obrigação como processo*. Rio de Janeiro: FGV Editora, 2007. p. 32-33.
86. GOMES, Orlando. *Transformações gerais do Direito das obrigações*. 2. ed. São Paulo: Ed. RT, 1980. p. 8.
87. SILVEIRA, Alipio. *A boa-fé no Código Civil*. São Paulo: Editora Universitária de Direito. 1972. v. 1. p. 19, 7-10, 61 e ss.
88. Nesse sentido: AGUIAR JÚNIOR, Ruy Rosado de. A boa-fé na relação de consumo. *Revista de Direito do Consumidor*, v. 14. São Paulo: Ed. RT, abr./jun. 1995, p. 385. MOREIRA ALVES, José Carlos. A boa-fé objetiva no sistema contratual brasileiro. *Revista Ibero-Americana de Direito Público*, Rio de Janeiro, v. 4, n. 12, p. 169-181, out./dez. 2003. p. 180.

diploma, atributivas de "uma série de deveres anexos às relações contratuais".[89] A partir de então, o princípio da boa-fé encontrou expressivo desenvolvimento na jurisprudência, para o que seria determinante a contribuição de Ruy Rosado de Aguiar Jr., responsável, nas palavras de Bruno Miragem, por uma verdadeira "renovação da jurisprudência brasileira em direito privado",[90] incialmente como Desembargador do Tribunal de Justiça do Rio Grande do Sul[91] e, a partir de 1994, como Ministro do Superior Tribunal de Justiça.[92]

Posteriormente, a boa-fé seria positivada no Código Civil de 2002 como princípio das relações obrigacionais. No art. 422, exercendo a função de cláusula geral, como fonte autônoma de deveres jurídicos ("Os contratantes são obrigados a guardar, assim na conclusão do contrato, como em sua execução, os princípios de probidade e boa-fé"); no art. 187, como limite ao exercício de direitos subjetivos ("Também comete ato ilícito o titular de um direito que, ao exercê-lo, excede manifestamente os limites impostos pelo seu fim econômico ou social, pela boa-fé

---

89. MARQUES, Claudia Lima. *Contratos no Código de Defesa do Consumidor*: o novo regime das relações contratuais. 6. ed. São Paulo: Ed. RT, 2011. p. 219.
90. MIRAGEM, Bruno. *Ruy Rosado de Aguiar Júnior*: renovador do direito privado brasileiro (1938-2019). *Revista de Direito do Consumidor*, v. 131, set./out 2020. São Paulo: Ed. RT. p. 419-443.
91. Nesse sentido, podem ser destacados os seguintes julgados: Apelação Cível 588012666, Quinta Câmara Cível, Tribunal de Justiça do RS, Relator: Ruy Rosado de Aguiar Júnior, Julgado em: 12.04.1988 (caso em que fora aplicada a teoria do adimplemento substancial); Apelação Cível 589073956, Quinta Câmara Cível, Tribunal de Justiça do RS, Relator: Ruy Rosado de Aguiar Júnior, Julgado em: 19.12.1989 (em que fora aplicada a teoria do *venire contra factum proprium*); Apelação Cível 591028295, Quinta Câmara Cível, Tribunal de Justiça do RS, Relator: Ruy Rosado de Aguiar Júnior, Julgado em: 06.06.1991 ("caso dos tomates", em que foi reconhecida, a partir da aplicação da boa-fé, a responsabilidade por culpa *in contrahendo*). Comentários sobre esses e outros julgados de relatoria de Ruy Rosado, que aplicaram o princípio da boa-fé, podem encontrados em: MIRAGEM, Bruno. *Ruy Rosado de Aguiar Júnior*: renovador do direito privado brasileiro (1938-2019). *Revista de Direito do Consumidor*, v. 131, set./out. 2020. p. 419-443; MARTINS-COSTA, Judith. Princípio da boa-fé. *Revista da Ajuris*. Porto Alegre. v. 50. 1990. p. 207-227; MARTINS-COSTA, Judith. *A boa-fé no direito privado*: sistema e tópica no processo obrigacional. São Paulo: Ed. RT, 2000. p. 473 e ss.
92. No Superior Tribunal de Justiça, podem ser destacados os seguintes julgados: REsp 76.362/MT, Rel. Min. Ruy Rosado de Aguiar Júnior, 4ª Turma, j. 11.12.1995, DJ 1º.04.1996 (no qual foi aplicada a teoria do adimplemento substancial em contrato de seguro); AgRg no Ag 47.901/SP, Rel. Min. Ruy Rosado de Aguiar Júnior, 4ª Turma, j. 12.09.1994, DJ 31.10.1994 (no qual a boa-fé fundamentou dever de proteção, derivado de relação contratual de fato, e a responsabilidade da instituição financeira por furto de automóvel ocorrido em seu estacionamento, mesmo que não fosse exigido pagamento para a sua utilização); REsp 95.539/SP, Rel. Min. Ruy Rosado de Aguiar Júnior, 4ª Turma, j. 03.09.1996, DJ 14.10.1996 (no qual foi aplicada a teoria *venire contra factum proprium* em promessa de compra e venda); REsp 214.680/SP, Rel. Min. Ruy Rosado de Aguiar Júnior, 4ª Turma, j. 10.08.1999, DJ 16.11.1999 (no qual foi reconhecida a hipótese da *supressio* em relação de condomínio); REsp 272.739/MG, Rel. Ministro Ruy Rosado de Aguiar, Quarta Turma, julgado em 1º.03.2001, DJ 02.04.2001, p. 299 (no qual foi aplicada a teoria do adimplemento substancial em alienação fiduciária). Nesse sentido: MIRAGEM, Bruno. *Ruy Rosado de Aguiar Júnior*: renovador do direito privado brasileiro (1938-2019). *Revista de Direito do Consumidor*, v. 131, set./out. 2020. p. 419-443.

ou pelos bons costumes"); e no art. 113, para a interpretação do negócio jurídico[93] ("Os negócios jurídicos devem ser interpretados conforme a boa-fé e os usos do lugar de sua celebração").[94]

Neste particular, o Projeto de Código Civil caracterizou-se pelo reconhecido propósito de incluir valores éticos no direito privado brasileiro, mediante o recurso a cláusulas gerais, como a boa-fé, de modo a possibilitar um modelo hermenêutico aberto, que permitisse maior aderência ao caso concreto e, ao mesmo tempo, a continua atualização do texto legal pelo intérprete.[95]

Para posterior desenvolvimento e concretização da cláusula geral de boa-fé do Código Civil, seria determinante não apenas o espírito do legislador, mas toda a experiência jurídica (doutrinária, legislativa e jurisprudencial) que se formaria e que caracterizou o processo de recepção da boa-fé objetiva no direito privado brasileiro. Neste aspecto, com destaque, nas palavras de Claudia Lima Marques, para "as conquistas do *Richterrecht* (Direito dos Juízes) alcançadas com o uso do CDC",[96] ou seja, para a "transposição da reflexão jurisprudencial e doutrinária"[97] construída a partir da previsão da boa-fé objetiva no CDC para interpretação e aplicação da cláusula geral de boa-fé do Código Civil, do que resulta, conforme a autora, um "diálogo de coordenação e adaptação sistemática" entre as fontes.[98]

3.1.1.4 Perfil atual da boa-fé no direito dos seguros brasileiro

O significado atual da boa-fé no seguro deve ser compreendido a partir da recepção da boa-fé objetiva (princípio da boa-fé) no sistema jurídico brasileiro. Esta recepção resultou na própria transformação do dever de máxima boa-fé no seguro.[99] Em um fenômeno de simbiose, este se desenvolve e passa a ser compreendido sob os influxos da boa-fé objetiva. O dever de boa-fé no seguro, então,

---

93. Como o acréscimo, em 2019, do § 1º do art. 113, segundo o qual "a interpretação do negócio jurídico deve lhe atribuir o sentido que: I – for confirmado pelo comportamento das partes posterior à celebração do negócio; II – corresponder aos usos, costumes e práticas do mercado relativas ao tipo de negócio; III – corresponder à boa-fé; IV – for mais benéfico à parte que não redigiu o dispositivo, se identificável; e V – corresponder a qual seria a razoável negociação das partes sobre a questão discutida, inferida das demais disposições do negócio e da racionalidade econômica das partes, consideradas as informações disponíveis no momento de sua celebração".
94. MIRAGEM, Bruno. *Direito das obrigações*. Rio de Janeiro: Forense, 2021. p. 65-67.
95. REALE, Miguel. *O projeto do novo Código Civil*: situação após aprovação pelo Senado Federal. 2. ed. São Paulo: Saraiva, 1999. p. 8-9.
96. MARQUES, Claudia Lima; BENJAMIN, Antônio Herman; MIRAGEM, Bruno. *Comentários ao Código de Defesa do Consumidor*. 3. ed. São Paulo: Ed. RT, 2010. p. 52 e ss.
97. MIRAGEM, Bruno. *Curso de direito do consumidor*. 6. ed. São Paulo: Ed. RT, 2013. p. 70.
98. MARQUES, Claudia Lima; BENJAMIN, Antonio Herman; MIRAGEM, Bruno. *Comentários ao Código de Defesa do Consumidor*. 3. ed. São Paulo: Ed. RT, 2010. p. 43 e ss.
99. MIRAGEM, Bruno. A contribuição essencial do direito comparado para a formação e o desenvolvimento do direito privado brasileiro. *Revista dos Tribunais*, v. 1000. fev. 2019. p. 10-11.

tem seu conteúdo objetivo (normativo) potencializado, para além da declaração inicial do risco (sua função tradicional). Da mesma forma, sua dimensão objetiva passa a ser objeto de significativa sistematização doutrinária e intensa aplicação jurisprudencial.[100] Trata-se de fenômeno inerente à centralidade adquirida pelo princípio da boa-fé no direito privado brasileiro.

Sob os influxos da boa-fé objetiva, o dever de boa-fé do segurado e do segurador se desenvolve, também, com eficácia na execução do contrato,[101] conforme passa a prever expressamente o art. 765 do Código Civil de 2002 ("O segurado e o segurador são obrigados a guardar na conclusão e na execução do contrato, a mais estrita boa-fé e veracidade, tanto a respeito do objeto como das circunstâncias e declarações a ele concernentes"). Neste particular, o art. 765 recepcionou o conteúdo normativo do art. 1.443 do Código de 1916,[102] porém, explicitou a exigência de mais estrita boa-fé e veracidade tanto na conclusão como na execução do contrato, de modo a abranger a compreensão da obrigação como totalidade, nos moldes do art. 422 do novo Código Civil ("Os contratantes são obrigados a guardar, assim na conclusão do contrato, como em sua execução, os princípios de probidade e boa-fé").[103]

---

100. Entre as primeiras e mais significativas sistematizações teóricas do dever de boa-fé no contrato de seguro no direito brasileiro, destaca-se: SILVEIRA, Alipio. *A boa-fé no Código Civil*. São Paulo: Editora Universitária de Direito. 1973. v. 2. p. 147-190. Na obra, escrita ainda sob a vigência do Código Civil de 1916, as dimensões objetiva e subjetiva da boa-fé no seguro, porém, ainda não aprecem tão claras. Mais recentemente: MARTINS-COSTA, Judith. *A boa-fé no direito privado*: critérios para a sua aplicação. São Paulo: Marcial Pons, 2015. p. 343-350; MIRAGEM, Bruno. O Direito dos Seguros no Sistema Jurídico Brasileiro: uma introdução. In: MIRAGEM, Bruno; CARLINI, Angélica (Org.). *Direito dos Seguros*: fundamentos de direito civil, direito empresarial e direito do consumidor. São Paulo: Ed. RT, 2015. p. 30-31; TZIRULNIK, Ernesto; CAVALCANTI, Flávio; PIMENTEL, Ayrton. *O Contrato de Seguro*. 3. ed. São Paulo: Roncarati, 2016. p. 110 e ss; CAVALCANTI, Bruno Navaes. *O Princípio da boa-fé e os Contratos de Seguro*. Recife: Nossa Livraria, 2000.
101. PASQUALOTTO, Adalberto. *Contratos Nominados III*. Seguro, constituição de renda, jogo e aposta, fiança, transação e compromisso. São Paulo: Ed. RT, 2008. p. 106-107.
102. Conforme notas explicativas de Comparato ao Substitutivo ao capítulo referente ao contrato de seguro no anteprojeto do Código Civil: "O art. XII reafirma o velho princípio da *uberrima fides*. Que desde os primórdios se entendeu como próprio desse tipo de contrato (cf. O art. 1.443 do atual Código Civil)" (Substitutivo ao capítulo referente ao contrato de seguro no anteprojeto do Código Civil. *Revista de Direito Mercantil, Industrial, Econômico e Financeiro*, São Paulo, ano XI, n. 5, p. 143-152, 1972. p. 147-148).
103. No Projeto de Lei 29 de 2017 da Câmara dos Deputados (substitutivo do Senado Federal), o dever de boa-fé que se reconhece ao segurado e ao segurador encontra fundamento no art. 56, segundo o qual, "o contrato de seguro deve ser interpretado e executado segundo a boa-fé". O Projeto de Lei, neste aspecto, estende o dever de boa-fé àqueles que de algum modo venham a intervir no contrato de seguro, do que resulta a exigência de boa-fé e lealdade não apenas das partes, segurado e segurador, mas também de terceiros, como o corretor de seguros ou o regulador do sinistro (art. 37. "Os intervenientes são obrigados a agir com lealdade e boa-fé e prestar informações completas e verídicas sobre todas as questões envolvendo a formação e execução do contrato"). Observa-se, por outro lado, que não há, nos referidos dispositivos, o emprego da locução "máxima boa-fé" ou "mais estrita boa-fé e veracidade", como ocorre no direito vigente (art. 765 do CC). Isso não significa, porém, uma

Da mesma forma, o dever de boa-fé no seguro encontra concreção – tanto na sua sistematização pela doutrina quanto na sua aplicação pela jurisprudência – a partir das funções reconhecidas à boa-fé objetiva. Desse modo, é fonte autônoma de deveres contratuais (art. 422 do CC); limite ao exercício de direitos (art. 187 do CC) e critério para a interpretação do negócio jurídico (art. 113 do CC).[104] Outrossim, sua natureza recíproca deixa de ser apenas formal, assumindo contornos materiais, de modo a efetivamente vincular, também, o segurador, para tutela das expectativas legítimas do segurado. No âmbito das relações de consumo, e particularmente quando o seguro caracterizar contrato de adesão, a boa-fé tem lugar como parâmetro de controle de cláusulas abusivas (art. 51, IV, CDC, e art. 424 CC), e para a tutela do consumidor vulnerável (art. 4, III, CDC), justificando, ao segurador, deveres especiais de informação,[105] cooperação e cuidado.[106]

Nesses termos, o dever de boa-fé tem seu conteúdo alargado no seguro, de modo a abranger situações até então desvinculadas da sua concepção tradicio-

---

ruptura com a tradição anterior, a qual reconhece a natureza *bona fides* (*uberrima fides*) do contrato de seguro, tampouco a inutilidade ou perda de significado da *uberrima fides* neste âmbito. O especial significado que se reconhece à boa-fé no seguro, a partir da noção *uberrima fides*, decorre de toda uma construção histórica do conceito no sistema jurídico brasileiro, que se justifica a partir do desenvolvimento doutrinário, legislativo e jurisprudencial. Assim, não pode ser invalidado, de plano, a partir da alteração pontual da legislação. O Projeto de Lei 29 de 2017, ao contrário, reforça a importância da boa-fé no contrato de seguro. Neste particular, destaca expressamente a obrigação de boa-fé das partes e dos intervenientes (arts. 56 e 37). Da mesma forma, segue o modelo legislativo das legislações contemporâneas, em que a boa-fé fundamenta todo um sistema normativo de tutela da confiança no contrato de seguro, no qual as suas dimensões objetiva (prescritiva de condutas) e subjetiva aparecem articuladas. Assim ocorre, na medida em que, previsto em termos gerais que "o contrato de seguro deve ser interpretado e executado segundo a boa-fé" (art. 56), a boa-fé informa toda a disciplina do contrato de seguro, desde a sua formação até a sua execução, fundamentando deveres de conduta (por exemplo, art. 14, art. 44, art. 47, art. 48, art. 66, par. único do art. 77, art. 80, entre outros). Da mesma forma, é estado subjetivo das partes, contraposto à má-fé e ao dolo, relevante ao preenchimento do suporte fático de certas normas jurídicas, em muitas delas assumindo conotação ética, sendo relevante o elemento culpa (por exemplo, art. 7º, § 3º e 4º do art. 14, §§ 1º e 2º do art. 44, § 2º do art. 47, §§ 1º e 2º do art. 66, art. 68, par. único do art. 11, entre outros).

104. MARTINS-COSTA, Judith. *A boa-fé no direito privado*: critérios para a sua aplicação. São Paulo: Marcial Pons, 2015. p. 344. PASQUALOTTO, Adalberto. *Contratos Nominados III*. Seguro, constituição de renda, jogo e aposta, fiança, transação e compromisso. São Paulo: Ed. RT, 2008. p. 108 e ss.

105. "Assim como tem o segurado o dever de veracidade nas declarações prestadas, a fim de possibilitar a correta avaliação do risco pelo segurador, a boa-fé objetiva impõe ao segurador, na fase pré-contratual, o dever, dentre outros, de dar informações claras e objetivas sobre o contrato, para permitir que o segurado compreenda, com exatidão, o verdadeiro alcance da garantia contratada, e, nas fases de execução e pós-contratual, o dever de evitar subterfúgios para tentar se eximir de sua responsabilidade com relação aos riscos previamente determinados" (STJ, REsp 1804965/SP, Rel. Min. Nancy Andrighi, 2ª Seção, j. 27.05.2020, DJe 1º.06.2020).

106. MARQUES, Claudia Lima. *Contratos no Código de Defesa do Consumidor*: o novo regime das relações contratuais. 8. ed. São Paulo: Ed. RT, 2016. p. 227-246; MIRAGEM, Bruno. *Curso de direito do consumidor*. 8. ed. São Paulo: Ed. RT, 2019. p. 216 e ss.

nal. Assume protagonismo na fase de regulação do sinistro,[107] no controle do conteúdo do contrato e de suas cláusulas,[108] ou, mesmo, em relação ao modo de exercício das posições jurídicas pelos contratantes.[109] Nesse sentido, aparece, na jurisprudência, para limitar o direito do segurador de resolução do contrato em caso de adimplemento substancial;[110] para limitar o direito do segurador de resilição de contrato cativo de longa duração;[111] para afastar a garantia, no seguro de automóvel, em caso de embriaguez do condutor;[112] em relação ao modo de aviso do sinistro pelo segurado;[113] para interpretação do art. 768 do Código Civil (agravamento do risco);[114] para determinação do tempo razoável de que dispõe o segurador para o conserto do automóvel segurado;[115] entre outras tantas situações.

Disso resulta a transformação da *uberrima fides* no contrato de seguro. O conceito tem o seu significado renovado, e o texto legal (art. 765 do CC) sentido atualizado. Nas palavras de Bruno Miragem:[116]

> O modelo de interpretação e aplicação da boa-fé, mediante utilização do direito comparado e a recepção da contribuição de outros sistemas jurídicos, altera o significado da norma e sua extensão, assim como da própria disciplina jurídica do contrato de seguro, ainda que sem ter havido uma alteração substancial da legislação. A boa-fé do contrato de seguro passa a

---

107. AGUIAR JÚNIOR, Ruy Rosado de. Seguro regulação: a função do regulador e a boa-fé. In: LUPION, Ricardo; ARAÚJO, Fernando (Org.). *15 anos do Código Civil*: direito de empresa, contratos e sociedades. Porto Alegre: Fi, 2018, p. 179-195; MARTINS-COSTA, Judith. Boa-fé e regulação do sinistro. *VII Fórum de Direito do Seguro José Sollero Filho* – IBDS. Lei de contrato de seguro: solidariedade ou exclusão? São Paulo: Roncarati, 2018. p. 201 e ss. Veja-se, também, nosso trabalho: MIRAGEM, Bruno; PETERSEN, Luiza. Regulação do sinistro: pressupostos e efeitos na execução do contrato de seguro. *Revista dos Tribunais*. São Paulo, v. 1025, p. 291-324. 2021. No Projeto de Lei 29 de 2017 da Câmara dos Deputados (substitutivo do Senado Federal), o protagonismo do princípio da boa-fé na regulação do sinistro pode ser observado no Cap. XIII "Da Regulação e da Liquidação de Sinistros", do que resulta o reconhecimento de deveres de conduta às partes, segurado e segurador, e ao regulador do sinistro, assim como de limites ao exercício de posições jurídicas.
108. MARQUES, Claudia Lima. *Contratos no Código de Defesa do Consumidor*: o novo regime das relações contratuais. 8. ed. São Paulo: Ed. RT, 2016. p. 533 e ss.
109. MIRAGEM, Bruno. A contribuição essencial do direito comparado para a formação e o desenvolvimento do direito privado brasileiro. *Revista dos Tribunais*, v. 1000. fev. 2019. p. 10.
110. REsp 76.362/MT, Rel. Ministro Ruy Rosado De Aguiar, Quarta Turma, julgado em 11.12.1995, DJ 1º.04.1996, p. 9917.
111. REsp 1073595/MG, Rel. Ministra Nancy Andrighi, Segunda Seção, julgado em 23.03.2011, DJe 29.04.2011.
112. REsp 1485717/SP, Rel. Ministro Ricardo Villas Bôas Cueva, Terceira Turma, julgado em 22.11.2016, DJe 14.12.2016.
113. REsp 1546178/SP, Rel. Ministro Ricardo Villas Bôas Cueva, Terceira Turma, julgado em 13.09.2016, DJe 19.09.2016.
114. REsp 1411431/RS, Rel. Ministro Paulo De Tarso Sanseverino, Terceira Turma, julgado em 04.11.2014, DJe 10.11.2014.
115. REsp 1604052/SP, Rel. Ministro Ricardo Villas Bôas Cueva, Terceira Turma, julgado em 16.08.2016, DJe 26.08.2016.
116. MIRAGEM, Bruno. A contribuição essencial do direito comparado para a formação e o desenvolvimento do direito privado brasileiro. *Revista dos Tribunais*, v. 1000. fev. 2019. p. 10-11.

se traduzir em sua concepção objetiva (*fidei*), a partir de uma transição de significado que é doutrinaria e jurisprudencial, atualizando o sentido do texto legislativo (em especial a referências à boa-fé no art. 765 do Código Civil, bem como nas situações em que o conteúdo da norma a supõe – e.g. arts. 762, 766, 768, 769, 773 e 790), e, independentemente dele, expandindo sua eficácia para além das situações específicas previstas no tipo legal, a partir da característica reconhecida à própria concepção objetiva da boa-fé, em todas as fases da relação obrigacional.

Paralelamente ao sentido objetivo, decorrente da influência germânica (*Treu und Glauben*), subsiste a importância da boa-fé subjetiva no contrato de seguro. Na disciplina do tipo no Código Civil, inclusive, o papel da boa-fé subjetiva é destacado. É estrutural. Porque permeia todo o processo obrigacional como estado anímico, antinômico à má-fé e ao dolo, gerador de consequências jurídicas.[117] Nesse sistema legal, sob influência da lei de seguros francesa, o legislador brasileiro abonando o modelo da invalidade ("tudo ou nada", previsto no Código anterior, porém, na prática, já relativizado pela doutrina e jurisprudência), passando a prever diferentes consequências jurídicas, em caso descumprimento dos deveres relativos ao risco, conforme o grau de censurabilidade da conduta do segurado, ou seja, conforme tenha atuado de má-fé ou de boa-fé (art. 766, par. único, e 769), intencionalmente (com dolo) ou simplesmente com culpa (de boa-fé).[118] Nesse sistema, a ausência de boa-fé do segurado é sancionada com a perda do direito à garantia. Da mesma forma, a má-fé do segurador é objeto de sanções específicas (e.g. pagamento em dobro do prêmio estipulado, conforme art. 773).

3.1.2 Proteção da confiança e a função da *uberrima fides* no seguro

A proteção da confiança é princípio inerente a todo o ramo do direito.[119] No direito privado, sua importância se destaca em um sistema que valoriza o dina-

---

117. Nesse sentido: TZIRULNIK, Ernesto; CAVALCANTI, Flávio; PIMENTEL, Ayrton. *O Contrato de Seguro*. 3. ed. São Paulo: Roncarati, 2016. p. 114 e ss.; 127 e ss. PASQUALOTTO, Adalberto. *Contratos Nominados III*. Seguro, constituição de renda, jogo e aposta, fiança, transação e compromisso. São Paulo: Ed. RT, 2008. p. 111 e ss.; p. 116 e ss. GOLDBERG, Ilan. Reflexões a respeito do contrato de seguro. In: CARVALHOSA, Modesto (Coord.). *Tratado de direito empresarial. Contratos mercantis*. 2. ed. São Paulo: Ed. RT, 2018. t. IV. p. 326-328.
118. Conforme notas explicativas de Comparato ao Substitutivo ao capítulo referente ao contrato de seguro no anteprojeto do Código Civil: "seguindo o modelo da lei francesa de 13.7.1930, procuramos aperfeiçoar a regra do art. 720 do Projeto de 1965, prevendo soluções diferentes, conforme se trate de declarações iniciais do segurado intencionalmente falsas (art. VIII, caput) ou simplesmente inexatas (art. VIII, parágrafo único) (....) Analogamente ao disposto quanto às declarações iniciais do segurado, os arts. X e XI regulam as agravações de risco no curso do contrato em duas disposições diferentes, conforme tais agravações tenham sido intencionais ou não" (Substitutivo ao capítulo referente ao contrato de seguro no anteprojeto do Código Civil. *Revista de Direito Mercantil, Industrial, Econômico e Financeiro*, São Paulo, ano XI, n. 5, p. 143-152, 1972. p. 148).
119. MIRAGEM, Bruno. *Direito das Obrigações*. Rio de Janeiro: Forense, 2021. p. 61.

mismo no aproveitamento e na circulação de bens.[120] Nesse sentido, apresenta particular relevância no direito obrigacional, que "disciplina a circulação de riquezas e o atendimento das necessidades sociais de cooperação entre as pessoas", e se destaca, entre os demais ramos do direito civil, "por seu caráter dinâmico, e pela exigência, com maior ênfase, dada a agilidade e precisão do mundo negocial, da utilidade e segurança de suas fórmulas".[121]

A confiança é mecanismo de redução da complexidade social.[122] É uma das "bases de coesão social, a partir das quais os membros de uma comunidade estabelecem certos padrões para a convivência social".[123] Nas palavras de Claudia Lima Marques, "efetivamente, se confiarmos no parceiro contratual, atuamos de forma mais simples e direta. Neste caso, muitas coisas podem ser não ditas, ficam pressupostas, compartilhadas pela nossa cultura e base social comum, em silêncio". E prossegue a autora: "se não confiarmos, temos de tudo evitar e tudo prever, em resumo, o conflito... move-nos a desconfiança".[124]

3.1.2.1 Conteúdo do princípio da proteção da confiança

A noção de confiança não apresenta sentido unívoco.[125] Caracteriza-se pela vagueza e pela indeterminação semântica.[126] Confiança significa "confiar", "estar certo", "esperar", "acreditar", "ser fiel", "e está na fonte das expressões *bona fides* e *Treu und Glauben*".[127] Conforme Carneiro Frada, confia tanto "aquele que crê firmemente em uma certa realidade, como quem espera por uma convicção mais moderna, como ainda o que chega a adoptar um determinado comportamento apesar de uma contingência que não domina, decidido a assumir o correspondente risco na expectativa de que ele não se concretize".[128]

De acordo com Menezes Cordeiro, a confiança "exprime a situação em que uma pessoa adere, em termo de actividade ou de crença, a certas representações,

---

120. MENEZES CORDEIRO, António. *Tratado de direito civil*. Coimbra: Almedina, 2012. v. I. p. 969.
121. MIRAGEM, Bruno. *Direito das Obrigações*. Rio de Janeiro: Forense, 2021. p. IX.
122. LUHMANN, Niklas. *Confianza*. Trad. Amada Flores. México: Anthropos, 1996. p. 39-51.
123. MIRAGEM, Bruno. *Direito das Obrigações*. Rio de Janeiro: Forense, 2021. p. 61.
124. MARQUES, Claudia Lima. *Contratos no Código de Defesa do Consumidor*: o novo regime das relações contratuais. 6. ed. São Paulo: Ed. RT, 2011. p. 182-183.
125. Já tivemos oportunidade de tratar do tema em: PETERSEN, Luiza. Expectativas legítimas tuteladas pela boa-fé: critérios para qualificação. *Revista de Direito Privado*. São Paulo, v. 105, p. 119-142, 2020.
126. CARNEIRO DA FRADA, Manuel António de Castro Portugal. *Teoria da Confiança e responsabilidade civil*. Lisboa: Almedina, 2001. p. 17.
127. MARQUES, Claudia Lima. *Contratos no Código de Defesa do Consumidor*: o novo regime das relações contratuais. 6. ed. São Paulo: Ed. RT, 2011. p. 192-193.
128. CARNEIRO DA FRADA, Manuel António de Castro Portugal. *Teoria da Confiança e responsabilidade civil*. Lisboa: Almedina, 2001. p. 17-18.

passadas presentes ou futuras, que tenha por efectivas".[129] Para Bruno Miragem, corresponde à "expectativa que surge dentro da comunidade, de um comportamento honesto, normal e cooperativo, a partir das normas estabelecidas por esta mesma comunidade".[130] Ademais, no direito obrigacional, "revela-se como condição ou influência decisiva do comportamento dos sujeitos da relação", os quais "apenas porque, ou confiam na reciprocidade da conduta do outro na relação, ou porque confiam na tutela do direito que torna exigível certo comportamento e sanciona a violação do dever, vão comportar-se de determinado modo".[131]

Nesses termos, confiança e expectativa são conceitos correlatos. A rigor, o princípio da confiança tem por função justamente a tutela das expectativas legítimas.[132] Confiança "significa, em uma sociedade como a atual, reforçar a tutela das expectativas legítimas dos indivíduos em relação ao comportamento alheio".[133] Em outras palavras, o princípio da confiança é mandamento de proteção das expectativas legítimas,[134] que impõe "sobre todos o dever de não se comportar de forma lesiva aos interesses e expectativas legítimas despertadas no outro".[135] Nesse sentido, enquanto crença legítima, digna da tutela, é no contexto da proteção da confiança que o conceito de expectativa legítima se destaca. Em certa medida, inclusive, encontra paralelismo com a própria noção de confiança legítima.[136]

No direito contemporâneo, a proteção da confiança é compreendida como fonte autônoma de responsabilidade.[137] Outrossim, apresenta eficácias positiva e negativa, podendo levar tanto à tutela positiva da expectativa legítima, com a preservação da posição jurídica fundada na confiança, quanto à tutela negativa da expectativa legítima, implicando o dever de indenizar a sua violação.[138] No primeiro caso, "a ordem jurídica preserva ou realiza a posição do confiante", seja

---

129. MENEZES CORDEIRO, António; ROCHA, António Manuel da. *Da Boa-fé no Direito Civil*. Coimbra: Almedina, 2013. p. 1234.
130. MIRAGEM, Bruno. *Direito das Obrigações*. Rio de Janeiro: Forense, 2021. p. 61.
131. MIRAGEM, Bruno. *Direito das Obrigações*. Rio de Janeiro: Forense, 2021. p. 61.
132. CARNEIRO DA FRADA, Manuel António de Castro Portugal. *Teoria da Confiança e responsabilidade civil*. Lisboa: Almedina, 2001. p. 345 e ss.
133. MIRAGEM, Bruno. *Direito das Obrigações*. Rio de Janeiro: Forense, 2021. p. 61.
134. MIRAGEM, Bruno. *Direito Administrativo aplicado*: a nova administração pública e o direito administrativo. 3. ed. São Paulo: Ed. RT, 2016. p. 229.
135. SCHREIBER, Anderson. *A proibição de comportamento contraditório*: tutela da confiança e "venire contra factum proprium". 2. ed. Rio de Janeiro: Renovar, 2007. p. 62.
136. MIRAGEM, Bruno. *Direito das Obrigações*. Rio de Janeiro: Forense, 2021. p. 61-62.
137. CANARIS, Claus-Wlhelm. *Die Vertauenshaftung im deutschen Privatrecht*. Munique: Beck, 1971. Excurso sobre as consequências jurídicas da "responsabilidade pela confiança" pode ser encontrado em: PINTO, Mota Paulo. *Interesse contratual negativo e interesse contratual positivo*. Lisboa: Coimbra Editora, 2008. v. 1. p. 19-41.
138. MENEZES CORDEIRO, António. *Da Boa-fé no Direito Civil*. Coimbra: Almedina, 2013. p. 1249. CARNEIRO DA FRADA, Manuel António de Castro Portugal. *Teoria da Confiança e responsabilidade civil*. Lisboa: Almedina, 2001. p. 41-44.

"atribuindo à situação de confiança ocorrida os efeitos jurídicos equivalentes ao objeto da representação, como se ele tivesse realmente ocorrido", ou, mesmo, obrigando "alguém a corresponder à situação de confiança de outrem, conformando sua conduta por forma a realizar ou não defraudar as expectativas alheias", assim, impondo um dever de conduta voltado à satisfação das expectativas legítimas alheias.[139] No segundo caso, visa "ressarcir o sujeito do dano ocasionado pela frustração das expectativas que acalentou, concedendo-lhe portanto (apenas) uma pretensão dirigida à reparação do prejuízo que ele não teria sofrido se não tivesse confiado".[140]

3.1.2.1.1 Pressupostos da proteção da confiança

Não é toda a expectativa que merece proteção de acordo com o princípio da confiança, mas apenas a legítima.[141] Conforme Martins-Costa, "a confiança ora referida é uma *fides* adjetivada, dita legítima porque legitimada por uma situação de confiança (derivada da lei, do negócio, dos usos ou do comportamento alheio)". Da mesma forma, "essa situação de confiança deve ter força suficiente para suscitar um investimento de confiança e deve ser racionalmente apreensível, não restando encapsulada no que a mente humana pode produzir ou desejar".[142]

De acordo com a sistematização proposta por Menezes Cordeiro, são quatro os pressupostos da proteção da confiança: a boa-fé subjetiva; o fator de justificação; o investimento de confiança; e a imputabilidade da situação de confiança.[143] Em conjunto, esses pressupostos formam um "sistema móvel",[144] em que não guardam posição de hierarquia e a falta de algum deles pode ser compensada pela maior intensidade dos outros.

O primeiro pressuposto é subjetivo. Exige-se, para a proteção da confiança, a boa-fé, ou seja, "uma situação de confiança conforme com o sistema e traduzida

---

139. CARNEIRO DA FRADA, Manuel António de Castro Portugal. *Teoria da Confiança e responsabilidade civil*. Lisboa: Almedina, 2001. p. 41-43.
140. CARNEIRO DA FRADA, Manuel António de Castro Portugal. *Teoria da Confiança e responsabilidade civil*. Lisboa: Almedina, 2001. p. 42. Conforme Menezes Cordeiro, a indenização, neste caso, deve atender a todos os danos suportados, não devendo, assim, ser limitada ao interesse negativo (MENEZES CORDEIRO, António. *Da Boa-fé no Direito Civil*. Coimbra: Almedina, 2013. p. 1249. p. 1250). Distingue-se o interesse negativo (dano suportado em razão da confiança criada) do interesse positivo (prejuízo suportado em razão do inadimplemento), conforme: PINTO, Mota Paulo. *Interesse contratual negativo e interesse contratual positivo*. Lisboa: Coimbra Editora, 2008. v. 2, p. 871-883.
141. Já tivemos oportunidade de tratar do tema em: PETERSEN, Luiza. Expectativas legítimas tuteladas pela boa-fé: critérios para qualificação. *Revista de Direito Privado*. São Paulo, v. 105, p. 119-142, 2020.
142. MARTINS-COSTA, Judith. *A boa-fé no direito privado*: critérios para a sua aplicação. São Paulo: Marcial Pons, 2015. p. 235.
143. MENEZES CORDEIRO, António. *Tratado de direito civil*. Coimbra: Almedina, 2012. v. I. p. 971.
144. MENEZES CORDEIRO, António. *Tratado de direito civil*. Coimbra: Almedina, 2012. v. I. p. 973.

na boa-fé subjetiva e ética, própria da pessoa que, sem violar os deveres de cuidado que ao caso caibam, ignore estar a lesar posições alheias".[145] A expectativa, portanto, merece proteção apenas se o sujeito estiver de boa-fé; se agir de má-fé, não há situação jurídica digna de tutela.

Importante questão, neste particular, envolve a delimitação do conceito de boa-fé subjetiva. Mais precisamente, consiste em saber se a boa-fé subjetiva apresenta um sentido puramente psicológico, como mero desconhecimento de determinado fato ou ausência de intenção de prejudicar o outro; ou, ao contrário, apresenta, também, um sentido ético, como ausência de conhecimento não culposo (escusável), impondo-se, ao sujeito, a observância de deveres de cuidado.[146]

Parcela da doutrina portuguesa que se debruça sobre o tema sustenta que a boa-fé exigida é a ética.[147] No direito brasileiro, esta corrente também encontra adesão.[148] Em estudo sobre o tema, Ruy Rosado de Aguiar Júnior observa, porém, que a questão deve ser analisada segundo o teor das normas do Código Civil brasileiro, ou seja, conforme a exigência de ignorância escusável esteja ou não prevista no sistema legal. Nesses termos, destaca que o legislador brasileiro, em grande medida, "se satisfez com a simples ignorância para fazer incidir os preceitos da boa-fé subjetiva". Nas palavras do autor, "na maioria das vezes, as normas apenas referem a boa-fé, sem adjetivá-la e sem impor algum requisito para o seu reconhecimento e produção do efeito que lhe é próprio" (a exemplo dos arts. 167, § 2º,[149] 1.201[150] e 1.217[151] do CC).[152] Excepcionalmente, porém, observa que "a nossa lei exige que o erro ou a ignorância da parte tenha decorrido de negligência

---

145. MENEZES CORDEIRO, António. *Tratado de direito civil*. Coimbra: Almedina, 2012. v. I. p. 971.
146. MENEZES CORDEIRO, António. *Tratado de direito civil*. Coimbra: Almedina, 2012. v. I. p. 964-966.
147. De acordo com Carneiro Frada: "é justificada ou razoável aquela crença em que o sujeito incorreu sem que lhe possa assinalar nenhuma ligeireza ou negligência na averiguação ou julgamento da realidade a que se reporta a sua representação; só merece em princípio ser considerada a confiança que se apresente como consistente para o sujeito que agiu com a diligência devida" (*Teoria da Confiança e responsabilidade civil*. Lisboa: Almedina, 2001. p. 592). No mesmo sentido: MENEZES CORDEIRO, António. *Tratado de direito civil*. Coimbra: Almedina, 2012. v. I. p. 971 e 966.
148. Nesse sentido: NORONHA, Fernando. *O direito dos contratos e seus princípios fundamentais: autonomia privada, boa-fé, justiça contratual*. São Paulo: Saraiva, 1994. p. 133 e ss.
149. Art. 167, § 2º. "Ressalvam-se os direitos de terceiros de boa-fé em face dos contraentes do negócio jurídico simulado".
150. Art. 1.201. "É de boa-fé a posse, se o possuidor ignora o vício, ou o obstáculo que impede a aquisição da coisa".
151. Art. 1.217. "O possuidor de boa-fé não responde pela perda ou deterioração da coisa, a que não der causa".
152. AGUIAR JÚNIOR, Ruy Rosado de Aguiar. *Proteção da boa-fé subjetiva*. Disponível em: http://www.ruyrosado.com.br/upload/site_producaointelectual/154.pdf. Acesso em: mar. 2021. p. 194-196.

escusável" (conforme demonstram os arts. 1.268[153] e 989[154] do CC). Desse modo, conclui: "de modo geral, porém, a lei nada refere, o que nos leva a admitir a teoria psicológica como sendo a aplicável à maioria das situações referidas à boa-fé subjetiva: basta que haja ignorância. Quem ignora está de boa-fé".[155]

O segundo pressuposto da proteção da confiança é o fator de justificação. É necessário "uma justificação para essa confiança, expressa na presença de elementos objetivos capazes de, em abstrato, provocarem uma crença plausível".[156] Nesses termos, é no fator de justificação que se identifica determinado padrão de razoabilidade da expectativa, permitindo que se distinga a expectativa legítima daquela expectativa subjetiva ou infundada, que corresponde à crença do sujeito, mas não encontra fundamento em um dado objetivo. A expectativa, assim, constitui uma crença objetivada.

O fator de justificação se manifesta em uma multiplicidade de situações. Pode encontrar fundamento no comportamento alheio, assim, por exemplo, na conduta inicial[157] ou pré-conduta[158] do outro.[159] Especialmente nas relações comerciais, pode resultar dos usos do tráfico, os quais evidenciam o padrão de comportamento observado no mercado, e, portanto, o que pode ser legitimamente esperado pelos contratantes.[160] Da mesma forma, o fator de justificação pode derivar dos bons costumes[161] ou, mesmo, do próprio contrato celebrado, particularmente da sua causa, a revelar o interesse útil dos contratantes e aquilo que legitimamente podem esperar do outro.[162] Também da situação de aparência, de um ato ou de uma relação jurídica, pode derivar o fator de justificação.[163]

---

153. Art. 1.268. "Feita por quem não seja proprietário, a tradição não aliena a propriedade, exceto se a coisa, oferecida ao público, em leilão ou estabelecimento comercial, for transferida em circunstâncias tais que, ao adquirente de boa-fé, como a qualquer pessoa, o alienante se afigurar dono".
154. Art. 989. "Os bens sociais respondem pelos atos de gestão praticados por qualquer dos sócios, salvo pacto expresso limitativo de poderes, que somente terá eficácia contra o terceiro que o conheça ou deva conhecer".
155. AGUIAR JÚNIOR, Ruy Rosado de Aguiar. *Proteção da boa-fé subjetiva*. Disponível em: http://www.ruyrosado.com.br/upload/site_producaointelectual/154.pdf. Acesso em: ma. 2021. p. 195-196.
156. MENEZES CORDEIRO, António. *Tratado de direito civil*. Coimbra: Almedina, 2012. v. I. p. 971.
157. SCHREIBER, Anderson. *A proibição de comportamento contraditório*: tutela da confiança e "venire contra factum proprium". 2. ed. Rio de Janeiro: Renovar, 2007. p. 87.
158. JOBIM, Marcio Felix. *Confiança e contradição*: a proibição do comportamento contraditório no direito privado. Porto Alegre: Livraria do Advogado, 2015. p. 195.
159. Nesse contexto se colocam as situações de *venire contra factum proprium, suppressio* e *tu quoque*. Veja-se: SCHREIBER, Anderson. *A proibição de comportamento contraditório*: tutela da confiança e "venire contra factum proprium". 2. ed. Rio de Janeiro: Renovar, 2007. p. 122 e 125.
160. MARTINS-COSTA, Judith. *A boa-fé no direito privado*: critérios para a sua aplicação. São Paulo: Marcial Pons, 2015. p. 288-289.
161. MIRAGEM, Bruno. Direito Civil: *Direito das Obrigações*. São Paulo: Saraiva, 2017. p. 155.
162. MIRAGEM, Bruno. Direito Civil: *Direito das Obrigações*. São Paulo: Saraiva, 2017. p. 88-95.
163. JAQUES, Daniela. A proteção da confiança no direito do consumidor. *Revista de Direito do Consumidor*. v. 45-3. p. 100-138. jan./mar. 2003. p. 3-4.

O terceiro pressuposto da proteção da confiança é o investimento de confiança. Exige-se, por parte do sujeito a ser tutelado, "um assentar efetivo de atividades jurídicas sobre a crença consubstanciada".[164] Vale dizer: que tenha "desenvolvido toda uma atuação baseada na própria confiança, atuação essa que não possa ser desfeita sem prejuízos inadmissíveis", de modo que "uma confiança puramente interior, que não desse lugar a comportamentos, não requer proteção".[165] O investimento de confiança, portanto, pressupõe uma atuação do sujeito comprometida com a situação de confiança.[166] Da mesma forma, exige-se que essa mesma atuação não possa ser desfeita sem causar danos.[167]

O quarto, e último, pressuposto da proteção da confiança é a imputabilidade da situação de confiança ao outro sujeito da relação jurídica, o qual seja o responsável pela expectativa criada.[168] Conforme Menezes Cordeiro, é necessário "a imputação da situação de confiança criada à pessoa que vai ser atingida pela proteção dada ao confiante: tal pessoa, por ação ou omissão, terá dado lugar à entrega do confiante em causa ou ao fator objetivo que a tanto conduziu".[169] Nesse sentido, a imputação da situação de confiança "implica a existência de um autor a quem se deva a entrega confiante do tutelado. Ao proteger-se a confiança de uma pessoa vai-se, em regra, onerar a outra".[170]

---

164. MENEZES CORDEIRO, António. *Tratado de direito civil*. Coimbra: Almedina, 2012. v. I. p. 971.
165. MENEZES CORDEIRO, António. *Tratado de direito civil*. Coimbra: Almedina, 2012. v. I. p. 972. "A exigência de um 'investimento' de confiança como pressuposto da proteção das expectativas radica na consideração de que se alguém acalentou certa representação, mas não desenvolveu com base naquela qualquer actividade, também não haverá nenhuma posição a salvaguardar e, assim qualquer dano a ressarcir. Permitir a um sujeito defender a sua convicção, apesar de ela se não ter em nenhuma actuação ou disposição concreta da sua parte, traria a tão inevitável como inaceitável consequência de se precipitar o Direito na tutela da pura subjectividade. O requisito do investimento contribui para o impedir" (CARNEIRO DA FRADA, Manuel António de Castro Portugal. *Teoria da Confiança e responsabilidade civil*. Lisboa: Almedina, 2001. p. 596).
166. JOBIM, Marcio Felix. *Confiança e contradição*: a proibição do comportamento contraditório no direito privado. Porto Alegre: Livraria do Advogado, 2015. p. 203.
167. JOBIM, Marcio Felix. *Confiança e contradição*: a proibição do comportamento contraditório no direito privado. Porto Alegre: Livraria do Advogado, 2015. p. 201.
168. CARNEIRO DA FRADA, Manuel António de Castro Portugal. *Teoria da Confiança e responsabilidade civil*. Lisboa: Almedina, 2001. p. 655 e ss. De acordo com o autor, "não basta compreensivelmente a verificação de uma situação de confiança. É necessária uma conexão entre esta e a conduta de outrem capaz de justificar a imposição a este último de uma obrigação de indenizar" (...) "O sujeito a responsabilizar é quem concitou (ou aceitou) a confiança (competindo-lhe por isso assegurá-la)". Idem, p. 655.
169. MENEZES CORDEIRO, António. *Tratado de direito civil*. Coimbra: Almedina, 2012. v. I. p. 971.
170. MENEZES CORDEIRO, António. *Tratado de direito civil*. Coimbra: Almedina, 2012. v. I. p. 972. Nesse sentido, questão importante diz respeito ao critério de imputabilidade (nexo de imputação) a ser empregado para a imputação da situação de confiança. Em regra, se admite a responsabilidade pela confiança com base na culpa ou no risco (CANARIS, Claus-Wlhelm. *Die Vertauenshaftung im deutschen Privatrecht*. Munique: Beck, 1971. p. 517. Apud. JOBIM, Marcio Felix. *Confiança e contradição*: a proibição do comportamento contraditório no direito privado. Porto Alegre: Livraria

3.1.2.1.2 Tipologia da proteção da confiança

A proteção da confiança no direito privado opera por diferentes vias: por meio de disposições legais específicas e por meio de institutos gerais.[171] No primeiro caso, trata-se de disposições legais expressas que visam a tutela de situações típicas de confiança, nas quais "uma pessoa que, legitimamente, acredite em certo estado de coisas – ou o desconheça – receba uma vantagem".[172] É nesse contexto que se colocam muitas das disposições relativas à boa-fé subjetiva do Código Civil brasileiro.[173] Essas disposições específicas podem tanto empregar expressamente a boa-fé (subjetiva), assim para designar a situação de crença objeto de tutela, como não fazer referência expressa ao conceito.[174] Da mesma forma, podem operar mediante o reconhecimento expresso de determinado dever jurídico, ao outro sujeito da relação, voltado à preservação da situação de confiança. Exemplificam a hipótese, no direito brasileiro, o art. 1268 do Código Civil, que protege o terceiro de boa-fé em caso de venda a *non domino*,[175] e o art. 30 do CDC, que obriga o fornecedor por toda a informação ou publicidade, suficientemente precisa, tutelando a confiança do consumidor na informação divulgada em relação ao produto ou serviço prestado.[176]

A proteção da confiança também ocorre por intermédio de institutos gerais.[177] Observa-se, neste aspecto, que o princípio da confiança caracteriza-se pela "indispensabilidade de uma instância sindicante", que "faculte a sua aproximação ao sistema",[178] ou seja, de institutos jurídicos, para além das disposições legais específicas, que promovam a proteção da confiança e, assim, emprestem alcance material ao princípio. No privado direito brasileiro, esses institutos gerais resultam

---

do Advogado, 2015. p. 211). O emprego da culpa como critério de imputação, contudo, é objeto de críticas por parte da doutrina. Para Carneiro Frada, "se provocar a confiança de outrem não é em si contrário ao Direito e, se, como dissemos, também o defraudar da confiança escapa, em princípio, à ilicitude, não faz *summo rigore* sentido aplicar à imputação o pensamento da culpa: a censurabilidade predica-se necessariamente de condutas ilícitas, pois o Direito só reprova quem comete estas" (*Teoria da Confiança e responsabilidade civil*. Lisboa: Almedina, 2001. p. 656-657).

171. MENEZES CORDEIRO, António. *Tratado de direito civil*. Coimbra: Almedina, 2012. v. I. p. 970. MIRAGEM, Bruno. Direito Civil: *Direito das Obrigações*. São Paulo: Saraiva, 2017. p. 126.
172. MENEZES CORDEIRO, António. *Tratado de direito civil*. Coimbra: Almedina, 2012. v. I. p. 970.
173. AGUIAR JÚNIOR, Ruy Rosado de Aguiar. Proteção da boa-fé subjetiva. Disponível em: http://www.ruyrosado.com.br/upload/site_producaointelectual/154.pdf. Acesso março 2021. p. 200 e ss.
174. MENEZES CORDEIRO, António. *Da Boa-fé no Direito Civil*. Coimbra: Almedina, 2013. p. 1244.
175. Art. 1268. "Feita por quem não seja o proprietário, a tradição não aliena a propriedade, exceto se a coisa, oferecida ao público, em leilão ou estabelecimento comercial, for transferida em circunstâncias tais que, ao adquirente de boa-fé, como a qualquer pessoa, o alienante se afigurar o dono".
176. Art. 30. "Toda informação ou publicidade suficientemente precisa, veiculada por qualquer forma ou meio de comunicação com relação a produtos e serviços oferecidos ou apresentados, obriga o fornecedor que a fizer veicular ou dela se utilizar e integra o contrato que vier a ser celebrado".
177. MENEZES CORDEIRO, António. *Tratado de direito civil*. Coimbra: Almedina, 2012. v. I. p. 970.
178. MENEZES CORDEIRO, António. *Da Boa-fé no Direito Civil*. Coimbra: Almedina, 2013. p. 1239.

de cláusulas gerais e conceitos indeterminados, como a boa-fé objetiva (art. 422, 187 e 113 do Código Civil) e os bons costumes (art. 122 e 187 do Código Civil), os quais remetem aos valores fundamentais do sistema jurídico.[179]

Diferencia-se, contudo, a confiança tutelada conforme o instituto em caso. Sob a perspectiva funcional, a confiança tutelada pela boa-fé é diversa da tutelada pelos bons costumes. No âmbito da boa-fé, tutela-se a confiança despertada em uma determinada relação jurídica, protegem-se as expectativas dos sujeitos de uma determinada relação obrigacional (a confiança tutelada é relacional).[180] Os bons costumes, por sua vez, embora também possam proteger interesses dos sujeitos de uma relação jurídica, tutelam a confiança para além dessa relação (a confiança tutelada é geral, de toda a comunidade). Conforme Bruno Miragem, os bons costumes, como "cláusula de proteção do interesse social dominante", "de valores integrantes de uma moralidade social", tutelam a confiança e as expectativas de toda a comunidade. Apresentam, assim, eficácia geral, em relação a todos.[181] O art. 13 do Código Civil, por exemplo, ao vedar ato de disposição do próprio corpo contrário aos bons costumes, não protege a confiança do sujeito de uma relação, mas o interesse geral, as expectativas sociais da comunidade. Da mesma forma, o art. 122 do Código Civil, ao reconhecer a licitude das condições do negócio jurídico que não sejam contrárias à ordem pública e aos bons costumes.

3.1.2.1.3 Relações entre a boa-fé e a confiança

Boa-fé e confiança são conceitos que se aproximam. Primeiro em razão da origem etimológica comum, a partir da noção de *fides*.[182] Segundo porque são conceitos que articulam-se entre si, tanto nas suas dimensões normativas, ou principiológicas, como fáticas. Enquanto estado de crença, a confiança se aproxima do estado psicológico que caracteriza a boa-fé subjetiva. De outro lado,

---

179. MIRAGEM, Bruno. Direito Civil: *Direito das Obrigações*. São Paulo: Saraiva, 2017. p. 126
180. MIRAGEM, Bruno. *Abuso do Direito*. 2. ed. São Paulo: Ed. RT, 2013. p. 160-161.
181. Nas palavras do autor, "os bons costumes, assim, distinguem-se da boa-fé, mais em razão de um critério funcional do que de conteúdo. Ambos são conceitos que expressam limites externos ao exercício de direitos subjetivos, bem como expressam valores ético-sociais dominantes. Ocorre que apenas a boa-fé está afeta a uma eficácia interna da relação jurídica (...) assumindo o que ora se propõe denominar como espécie de eficácia relacional. Já os bons costumes, ao contrário, dizem respeito a um limite geral, que embora possa também proteger o interesse dos sujeitos de uma dada relação, projeta-se para além da relação jurídica (...) Daí que se pode identificar nos bons costumes uma eficácia que ultrapassa os limites dos interesses dos sujeitos da relação jurídica, senão de toda a comunidade e no interesse dos valores fundamentos do próprio sistema jurídico, o que se pode identificar, portanto, como uma eficácia geral, porque em relação a todos". MIRAGEM, Bruno. *Abuso do Direito*. 2. ed. São Paulo: Ed. RT, 2013. p. 160-161.
182. MARTINS-COSTA, Judith. *A boa-fé no direito privado*: critérios para a sua aplicação. São Paulo: Marcial Pons, 2015. p. 233.

este mesmo estado de crença, da situação de confiança, é tutelado pelo princípio da boa-fé (boa-fé objetiva), na sua "eficácia criadora de deveres e padrões de conduta esperados".[183] Conforme Menezes Cordeiro, a confiança "constitui, por excelência, uma ponte entre as boa fés objectiva e subjectiva, devendo assentar em ambas". A boa-fé está ligada à confiança nas manifestações subjetiva e objetiva: "a primeira, dá, a esta, o momento essencial; a segunda confere-lhe a base juspositiva necessária quando, para tanto, falte uma disposição legal específica. Ambas, por fim, carreiam as razões sistemáticas que se realizam na confiança e justificam, explicando, a sua dignidade jurídica".[184]

Daí porque a doutrina vai reconhecer a existência de zonas de sobreposição entre os princípios da boa-fé e da confiança. De acordo com Martins-Costa, o "exercício jurídico contraditório, que implica em, deslealmente, voltar sobre os próprios passos (*venire contra factum proprium*) atinge, concomitantemente, a relação de confiança que os próprios atos suscitam quanto à lealdade que os parceiros contratuais hão de ter entre si". Em outros termos, a sobreposição, neste particular, se justifica no fato de que de ambos os princípios decorre um dever de coerência, "consistente em manter-se a palavra dada ou o comportamento manifestado, agindo segundo os fins do contrato e a corresponder às expectativas legítimas criadas pelos próprios atos, assim impedindo surpresas desleais".[185]

Os princípios da confiança e da boa-fé, entretanto, distinguem-se sob a perspectiva funcional. A confiança é mandamento de proteção das expectativas legítimas,[186] cuja função imediata é assegurar expetativas legítimas. A boa-fé (objetiva) direciona condutas no tráfego negocial,[187] e apenas por via reflexa é que desempenha a função (mediata) de tutela das expectativas legítimas. De acordo com Carneiro Frada, "a tutela das expectativas legitimadas mediante a regra da boa-fé é apenas reflexa. Releva somente no quadro das exigências de probidade e equilíbrio de conduta que aquele veicula. São estas que conferem o fundamento da proteção concedida".[188]

---

183. MIRAGEM, Bruno. *Abuso do Direito*. 2. ed. São Paulo: Ed. RT, 2013. p. 169.
184. MENEZES CORDEIRO, António. *Da Boa-fé no Direito Civil*. Coimbra: Almedina, 2013. p. 1238 e 1250.
185. MARTINS-COSTA, Judith. *A boa-fé no direito privado*: critérios para a sua aplicação. São Paulo: Marcial Pons, 2015. p. 234.
186. MIRAGEM, Bruno. *Direito Administrativo aplicado*: a nova administração pública e o direito administrativo. 3. ed. São Paulo: Ed. RT, 2016. p. 229.
187. MARTINS-COSTA, Judith. *A boa-fé no direito privado*: critérios para a sua aplicação. São Paulo: Marcial Pons, 2015. p. 236.
188. CARNEIRO DA FRADA, Manuel António. *Teoria da Confiança e responsabilidade civil*. Lisboa: Almedina, 2001. p. 454.

Sob outra ótica, o princípio da proteção da confiança é mais amplo, em comparação à boa-fé, considerando o seu campo de atuação no direito privado. Neste particular, não apresenta apenas eficácia relacional, como a boa-fé, de forma a tutelar a posição de confiança em uma relação jurídica, mas também é direcionado às expectativas legítimas e objetivos comuns da sociedade como um todo, o que pode ser verificado no modo de sua promoção pelo abuso do direito (art. 187 do CC), mais especificamente, pelos limites impostos pelos bons costumes.[189] Como leciona Bruno Miragem, "a proteção da confiança no direito, assim, não aparece apenas na proteção da confiança do outro sujeito, individualmente tomado, que participe de uma relação jurídica, e que eventualmente tenha sua expectativa legítima frustrada. Protege-se também a comunidade e o sentido que esta tem de justiça e correção. É neste sentido que a cláusula geral do abuso do direito revela-se como cláusula de proteção da confiança".[190]

3.1.2.2 Proteção da confiança no contrato de seguro

A natureza *uberrima fides* do contrato de seguro encontra fundamento na sua causa, qual seja: a garantia de interesse legítimo contra riscos predeterminados. Dela resulta uma pluralidade de situações típicas de confiança entre o segurado e o segurador cuja tutela opera por meio da *uberrima fides* (art. 765 do Código Civil).

3.1.2.2.1 Situações típicas de confiança derivada da causa do seguro

Por causa contratual compreende-se a função econômico-social do tipo, ou seja, o que o justifica do ponto de vista social e jurídico.[191] Em perspectiva objetiva, a causa não diz respeito ao motivo determinante do contrato, correspondendo, mais precisamente, ao fim econômico e social a ele atribuído pelo ordenamento jurídico.[192] No direito contemporâneo, a causa do contrato de

---

189. MIRAGEM, Bruno. *Abuso do Direito*. 2. ed. São Paulo: Ed. RT, 2013. p. 170.
190. MIRAGEM, Bruno. *Abuso do Direito*. 2. ed. São Paulo: Ed. RT, 2013. p. 170.
191. BETTI, Emílio. *Teoria Geral do Negócio Jurídico*. Trad. Ricardo Rodrigues Gama. Campinas: LZN, 2003. p. 247.
192. FERREIRA DA SILVA, Luis Renato. *Revisão dos Contratos*: do Código Civil ao Código do Consumidor. Rio de Janeiro: Forense, 1999. p. 20. Conforme Bruno Miragem: "O exame da causa do negócio jurídico pode ser realizado sob duas perspectivas principais: a primeira, vinculada diretamente ao plano da validade, orientando-se no exame da ilicitude da causa; a segunda, pelo reconhecimento, no conceito de causa, da utilidade do contrato para as partes contratantes, ou, ainda, o reconhecimento, pela causa, da função social do contrato. A construção histórica da noção de causa compreende a sucessão de concepções subjetivas e objetivas sobre sua definição. A concepção subjetiva identifica seu significado a partir do interesse específico dos sujeitos contratantes, e sua conformidade com o ordenamento jurídico; a concepção objetiva, ao promover a distinção entre a causa e o motivo do ato, separa o que seriam interesses próprios dos contratantes (motivo) e sua conformação com a

seguro é explicada a partir de uma multiplicidade de teorias:[193] pela teoria indenitária (que compreende o seguro a partir da função de ressarcimento);[194] pela teoria da necessidade eventual (segundo a qual a causa do seguro consistiria na satisfação de uma necessidade eventual); pela teoria dualista (que desmembra o seguro a partir das funções de ressarcimento e assistencial);[195] e pelas teorias do risco, que apresentam três principais formulações (a primeira, que compreende a causa do seguro a partir da transferência do risco;[196] a segunda, que sustenta ser a causa do seguro a pré-eliminação da álea;[197] e a terceira, que compreende

---

ordem jurídica, que reconheceria ao contrato, especialmente quando regulado por lei (*e.g.* contratos típicos), dado interesse ou utilidade a serem promovidos (...) Distinguem-se entre as explicações que historicamente se vinculam à causa a teoria subjetiva, cuja matriz se apoia na vontade como elemento de ligação entre móvel (motivo quanto ao passado que leva a celebrar o contrato) e finalidade, indicando elementos teleológicos quanto ao futuro (objetivos pretendidos pelo declarante); e a teoria objetiva, que identifica a causa como finalidade do negócio jurídico, reconhecida como razão de sua tutela (...) Na moderna doutrina italiana, percebe-se claramente a afirmação da teoria objetiva, indicando-se a causa como a razão prática do contrato, ou seja, o interesse que a operação contratual destina-se a satisfazer. A rigor, identifica-se a causa com a função econômico-social do contrato, que se converte em critério de controle de mérito dos atos expressivos da autonomia privada, onde igualmente se sustenta a necessidade de identificação de causa concreta de certo contrato em questão, especialmente para fins de interpretação das suas disposições e da conduta das partes. No direito francês, Jacques Ghestin sustenta a necessidade de distinção entre o objeto e a causa. Observa, então, que causa é a justificação do compromisso de cada uma das partes, enquanto o objeto é único e resultado de sua vontade comum. O direito brasileiro contemporâneo claramente orienta-se ao prestígio da teoria objetiva da causa, em vista da função econômico-social do contrato. O exame da causa é relevante aos negócios jurídicos em geral, mas tem especial utilidade em relação aos contratos. Assim, nos negócios jurídicos contratuais comutativos, em que o objeto contempla uma troca de prestações, o que distingue a causa é a consideração dos termos do contrato tomado globalmente, em que se permita identificar a existência do compromisso correspectivo das partes em relação ao comportamento do outro, justificando-se a conduta a ser adotada pela expectativa em relação ao comportamento da outra parte. Essa compreensão aproxima as distintas concepções sobre causa, especialmente nos contratos sinalagmáticos, associadas à vantagem atribuída aos sujeitos, em decorrência das prestações estabelecidas e da sua execução. Inclusive para fundamentar a intervenção excepcional da lei sobre o contrato, depois de constituído, visando a sua conservação". *Teoria Geral do Direito Civil*. Rio de Janeiro: Editora Forense, 2021. p. 385-387. Conforme Junqueira de Azevedo, "a inexistência da causa, em regra, acarretará, quando a hipótese for de causa pressuposta, a nulidade por falta de causa (portanto, a existência da causa é requisito de validade) e, quando a hipótese for de causa final, a ineficácia superveniente (portanto, a existência da causa é, aí, fator de permanência da eficácia). AZEVEDO, Antônio Junqueira de. *Negócio Jurídico*: existência, validade e eficácia. 4. ed. São Paulo: Saraiva, 2002. p. 152.

193. MIRAGEM, Bruno; PETERSEN, Luiza. *Direito dos Seguros*. Rio de Janeiro: Forense, 2022. p. 125-129.
194. DONATI, Antigono. *Trattato del Diritto delle Assicurazioni Private*. Milano: Giuffrè, 1952. v. I, II, III. p. 18-22.
195. LAMBERT-FAIVRE, Yvonne. *Droit des Assurances*. 11. ed. Paris: Dalloz, 2001. p. 51 e ss.
196. ALMEIDA, J. C. Moitinho. *O Contrato de Seguro no Direito Português e Comparado*. Lisboa: Sá da Costa, 1971. p. 18.
197. PONTES DE MIRANDA, Francisco Cavalcanti. *Tratado de direito privado*. Atual. Bruno Miragem. São Paulo: Ed. RT, 2012, t. XLV, p. 414-415.

o seguro a partir da função de garantia,[198] isto é, de preservação de um interesse em face dos riscos que o ameaçam).

O Direito dos Seguros brasileiro, por expressa previsão legal, adota a teoria da garantia. Dispõe o art. 757 do Código Civil: "Pelo contrato de seguro, o segurador se obriga, mediante o pagamento do prêmio, a garantir interesse legítimo do segurado, relativo a pessoa ou a coisa, contra riscos predeterminados". Esta concepção foi introduzida na legislação por influência de Fábio Comparato, autor do substitutivo do capítulo do contrato de seguro do anteprojeto do Código Civil.[199] No Código Civil de 1916, adotava-se a teoria de indenização (art. 1.432).[200] Da mesma forma, no Código Comercial (art. 666, ainda em vigor).[201]

A compreensão do seguro a partir da noção de garantia significa que sua função é a prestação de uma segurança, é a "suportação do risco".[202] Nas palavras de Fábio Comparato, sua função é "eliminar um risco" que pesa sobre o patrimônio do segurado.[203] Por outro lado, o conceito de garantia pressupõe as noções de interesse e de risco. Conforme Adalberto Pasqualotto, na base do conceito de garantia está a "proteção de um interesse exposto ao risco".[204] No contrato de

---

198. COMPARATO, Fábio Konder. *O Seguro de Crédito*. São Paulo: Ed. RT, 1968. p. 136. PASQUALOTTO, Adalberto. *Contratos Nominados III. Seguro, constituição de renda, jogo e aposta, fiança, transação e compromisso*. São Paulo: Ed. RT, 2008. p. 76. PASQUALOTTO, Adalberto. *Garantias no Direito das Obrigações*: um ensaio de sistematização. Tese (Doutorado em Direito) Faculdade de Direito, Universidade Federal do Rio Grande do Sul (UFRGS). Porto Alegre, 2005. p. 200-201.
199. COMPARATO, Fábio Konder. Substitutivo ao capítulo referente ao Contrato de Seguro no anteprojeto do Código Civil. *Revista de Direito Mercantil, Industrial, Econômico e Financeiro*, São Paulo, ano XI, n. 5, p. 143-152, 1972.
200. Art. 1.432: "Considera-se contrato de seguro aquele pelo qual uma das partes se obriga para com a outra, mediante o pagamento de um prêmio, a indenizar-lhe o prejuízo resultante de riscos futuros, previstos no contrato". Esta conceituação do seguro, a partir da noção de indenização, já seria, na época, objeto de críticas. Conforme Pontes de Miranda: "a definição é evidente falha e insuficiente, porque só se refere ao seguro indenizatório, a despeito de se tratar, no Código Civil, do seguro de vida, e deixa de atender, explicitamente, aos diferentes seguros de responsabilidade" (...) "contrato de seguro, segundo a definição corrente, é o contrato pelo qual o segurador se vincula, mediante pagamento de prêmio, a ressarcir ao segurado, dentro do limite que se convencionou, os danos produzidos por sinistro, ou a prestar capital ou renda quando ocorra determinado fato, concernente à vida humana, ou ao patrimônio. Aí, a falta de unidade na definição resulta de se ter em vista a distinção entre os seguros" (*Tratado de direito privado*. Atual. Bruno Miragem. São Paulo: Ed. RT, 2012, t. XLV, p. 412).
201. Art. 666. "O Contrato de Seguro marítimo, pelo qual o segurador, tomando sobre si a fortuna e riscos do mar, se obriga a indenizar o segurado da perda ou dano".
202. No direito alemão: BRUCK, Ernst. *Das Privatversicherungsrecht*. Manheim: J. Bensheimer, 1930. p. 364 e ss. No direito português: ALMEIDA, J. C. Moitinho. *O Contrato de Seguro no Direito Português e Comparado*. Lisboa: Sá da Costa, 1971. p. 18, 24-29. MENEZES CORDEIRO, António. *Direito dos Seguros*. Coimbra: Almedina, 2016. p. 576-577.
203. COMPARATO, Fábio Konder. *Ensaios e pareceres de direito empresarial*. Rio de Janeiro: Forense, 1978. p. 537.
204. PASQUALOTTO, Adalberto. *Garantias no Direito das Obrigações*: um ensaio de sistematização. Tese (Doutorado em Direito) Faculdade de Direito, Universidade Federal do Rio Grande do Sul (UFRGS). Porto Alegre, 2005. p. 9 e ss.

seguro, a garantia recai sobre "interesse legítimo do segurado, relativo à coisa ou a pessoa, contra riscos predeterminados" (art. 757). Este é seu objeto. Nesses termos, garantia é a proteção que recai sobre determinada posição jurídica do segurado reconhecida pelo direito (interesse legítimo), que, por sua vez, se encontre ameaçada pela possibilidade de um evento desfavorável previsto no contrato (risco predeterminado).[205]

Por interesse legítimo compreende-se, mais especificamente, a relação econômica que se estabelece entre o segurado e um bem e, enquanto tal, seja "juridicamente relevante",[206] isto é, reconhecida ou tutelada pela ordem jurídica. Diz-se que há interesse quando o segurado tenha o intento de preservação da coisa ou da pessoa objeto do seguro, de modo que a ocorrência do sinistro lhe acarrete um prejuízo. Ademais, este interesse será legítimo quando passível de seguro de acordo com a ordem jurídica.[207] O risco, por sua vez, é o elemento que justifica a existência do seguro,[208] devendo ser compreendido como a possibilidade de sinistro, ou seja, de um evento desfavorável ao interesse legítimo do segurado, não decorrente de ato intencional deste, e predeterminado no contrato.[209]

Nesse sentido, da causa do contrato de seguro (garantia de interesse legítimo contra riscos predeterminados) decorre uma especial relação de confiança entre o segurado e o segurador, a justificar a natureza *uberrima fides* do tipo.[210]

---

205. Já tivemos oportunidade de tratar do tema em: MIRAGEM, Bruno; PETERSEN, Luiza. *Direito dos Seguros*. Rio de Janeiro: Forense, 2022. p. 117 e ss.
206. TZIRULNIK, Ernesto; CAVALCANTI, Flávio; PIMENTEL, Ayrton. *O Contrato de Seguro*. 3. ed. São Paulo: Roncarati, 2016. p. 47-57.
207. Conforme já tivemos oportunidade de expor: "No direito alemão, deve-se destacar o protagonismo da formulação de Victor Ehrenberg [EHRENBERG, Victor. *Das "Interesse" im Versicherungsrecht*. München: Duncker & Humblot, 1915, p. 27, 35 e 38], que identificará o interesse como relação pela qual alguém, em razão de um fato previsto no Contrato de Seguro, pode sofrer um prejuízo patrimonial. O interesse tanto pode estar vinculado à perda de um bem – um interesse de substância ou "Substanz (=Bertwertungs=) Interesse" – quanto ao impedimento de seu proveito – "Nutzungsinteresse". E, ainda, o interesse pode resultar do comprometimento patrimonial que decorra de eventual responsabilidade perante terceiros (interesse de responsabilidade ou "Haftpflichtinteresse"). Esta dimensão relacional se dá entre a vantagem patrimonial decorrente do objeto cuja preservação integra o interesse e a situação de desvantagem patrimonial que resulte do dano ou perda deste mesmo objeto. O interesse segurável, neste caso, compreende o valor econômico do bem da vida a ser afetado pelo evento que realiza o risco, e suas repercussões, também econômicas, para o segurado ou beneficiário" (MIRAGEM, Bruno; PETERSEN, Luiza. *Direito dos Seguros*. Rio de Janeiro: Forense, 2022, p. 151).
208. MENEZES CORDEIRO, António. *Direito dos Seguros*. Coimbra: Almedina, 2013. p. 484.
209. PETERSEN, Luiza. *O risco no Contrato de Seguro*. São Paulo: Roncarati, 2018. REGO, Margarida Lima. *Contrato de seguro e terceiros*: estudos de direito civil. Coimbra: Coimbra Editora, 2010. p. 67 e ss.
210. Nas palavras do autor: " é protagonista, no contato de seguro, o princípio da boa-fé das partes. Aliás diz-se da boa-fé, trata-se de princípio fundamental do Contrato de Seguro. A rigor, não influencia apenas na interpretação das suas cláusulas – no que é preceito geral para todos os contratos – mas, igualmente, informa e delimita aspectos da estrutura do Contrato de Seguro, pois é do comportamento de boa-fé das partes que se expressa a adequação entre os termos do contrato e sua causa, o que a toda evidência acaba também por influenciar na sua eficácia". MIRAGEM, Bruno. O Direito dos Seguros

As características particulares do tipo, a envolver a garantia de interesse alheio contra riscos, colocam os contratantes, segurado e segurador, em uma especial posição de confiança – ou dependência – em relação ao comportamento honesto e esperado do outro no tocante ao risco e ao interesse garantido.[211] Essa relação de confiança é recíproca: envolve as partes em posição de interdependência; é estrutural: revela-se essencial à correta formação e execução do contrato de seguro, em atendimento à sua causa, à sua função econômico-social; e recai sobre as expectativas legítimas das partes no tocante ao conhecimento e à gestão do objeto da garantia.

Nesse sentido, se particulariza em duplo sentido. Em primeiro lugar, essa confiança diz respeito ao conhecimento do risco e do interesse garantido, tanto das suas circunstâncias iniciais quanto das causas supervenientes que possam modificá-lo, e dela resultam expectativas legítimas dos contratantes em relação à veracidade, adequação e tempestividade da informação prestada pelo outro. Em segundo lugar, essa confiança diz respeito à própria gestão do risco e do interesse legítimo garantido ao longo da relação contratual, antes ou após a ocorrência do sinistro, e dela resultam expectativas legítimas das partes em relação ao modo adequado de gerenciamento, prevenção e controle do risco pelo outro.[212]

Essa relação de confiança – ou interdependência – é inerente à própria posição contratual ocupada pelo segurado e pelo segurador: o primeiro, como titular do interesse garantido e gestor do risco em concreto; o segundo, como

---

no Sistema Jurídico Brasileiro: uma introdução. In: MIRAGEM, Bruno; CARLINI, Angélica (Org.). *Direito dos Seguros*: fundamentos de direito civil, direito empresarial e direito do consumidor. São Paulo: Ed. RT, 2015. p. 30.

211. Reconhecem essa especial posição de confiança – ou dependência – recíproca no Contrato de Seguro, vinculada à natureza *uberrima fides*, no direito alemão: PRÖLSS; ARMBRÜSTER. Vorbemerkung zur Anwendung des Versicherungsrechts. In: PRÖLSS; MARTIN (Hrsg.). *Versicherungsvertragsgesetz*. Band 14. 28. ed. Müchen: Verlag C.H. Beck, 2010. p. 47-48; BURNS, Alexander. *Privatversischerungsrecht*. München: C.H.Beck, 2015. p. 51-52; BECKMANN. Generaleinführung. In: BRUCK/MÖLLER (Coord.). *Versicherungsvertragsgesetz*. Erster Band. §§1-32. Berlin: De Gruyter Recht: 2008. p. 55-56. Em sentido contrário, reconhecendo especial posição de confiança – ou dependência – do segurador perante o segurado, a partir da natureza *bona fides* do seguro, no direito francês: PICARD; BESSON. *Les Assurances Terrestres*, 4. ed. Paris: LGDJ, 1975. t. I. p. 71. BIGOT, Jean (Dir.). *Le contrat d'assurance*. Paris: LGDJ, 2002. t. 3. Cap. I. Notions génerales par Jean Bigot. p. 60-61. No direito português: MARTINS, Maria Inês de Oliveira. *Contrato de seguro e Conduta dos Sujeitos Ligados ao Risco*. Coimbra: Almedina, 2018. p. 172. No direito brasileiro, a especial conotação da boa-fé no seguro é empregada, por alguns autores, a propósito de uma confiança reciproca (TZIRULNIK, Ernesto; CAVALCANTI, Flávio; PIMENTEL, Ayrton. *O Contrato de Seguro*. 3. ed. São Paulo: Roncarati, 2016. p. 110 e ss.; MARTINS-COSTA, Judith. *A boa-fé no direito privado*: critérios para a sua aplicação. São Paulo: Marcial Pons, 2015. p. 327-328, 340-350). Por outros, com enfoque na confiança do segurador perante o segurado (CARVALHO SANTOS, J. M. *Código Civil Brasileiro Interpretado*. 10. ed. Rio de Janeiro: Freitas Bastos, 1981. v. XIX. p. 291).

212. À condutas de controle e prevenção do risco e, em caso de dano, de sua mitigação ou, mesmo, adequada regulação e salvamento.

especialista na atividade securitária (e, portanto, como gestor do risco em abstrato) e obrigado à prestação de garantia. Dessas posições jurídicas do segurado e do segurador resulta uma interdependência, ou seja, a circunstância de que o interesse de um está particularmente exposto à interferência e às atuações do outro. Nas palavras de Maria Inês de Oliveira Martins, "o contrato de seguro retrata situações de exposição particularmente intensa de interesses de uma das partes à interferência da outra". De um lado, tem-se "o grau, particularmente intenso, de exposição do segurador à atuação do segurado". De outro, o poder que é conferido ao segurador "na verificação dos pressupostos do seu próprio dever de prestar".[213] Essa assimetria de posições jurídicas, em parte, é informacional, em parte, diz respeito à gestão do risco. Diz-se fática quando for desfavorável ao segurador e técnica quando desfavorável ao segurado.

Tradicionalmente, o segurado, enquanto titular do interesse legítimo exposto ao risco, tem conhecimento privilegiado das circunstâncias fáticas e concretas que particularizam o risco e o interesse garantido (e.g. valor do bem, localização, estado de conservação, nos seguros de danos; e.g. sexo, idade, estado de saúde, nos seguros de pessoas). Da mesma forma, o segurado figura como o gestor do risco em concreto. Em grande medida, é a sua conduta, ou a do terceiro ao qual confie a gestão do bem segurado, que determina o grau de exposição do interesse ao risco. Vale dizer: é o seu comportamento em concreto que tem aptidão para influenciar na probabilidade ou na intensidade do sinistro. Dessa posição jurídica típica do segurado decorre uma situação de dependência do segurador,[214] o qual, de um lado, confia nas informações prestadas por aquele, das quais necessita para adequada mensuração do risco e cálculo do prêmio, para a subscrição e seleção

---

213. MARTINS, Maria Inês de Oliveira. *Contrato de seguro e Conduta dos Sujeitos Ligados ao Risco*. Coimbra: Almedina, 2018. p. 182-183.
214. Conforme Maria Inês de Oliveira Martins: "Esta assimetria favorece, em parte, o segurado. Este tem uma maior proximidade face aos bens reais ou pessoais seguros, encontrando-se, na sua relação com estes, fora da vigilância do segurador. Por outro lado, tal assimetria informativa leva a que seja o sujeito ligado ao risco e não o sujeito que fixa o preço da cobertura – não o segurador, portanto – a conhecer melhor as características de tal risco que são determinantes para a fixação deste preço" (*Contrato de seguro e Conduta dos Sujeitos Ligados ao Risco*. Coimbra: Almedina, 2018. p. 169-170). De acordo com Luís Poças, essa situação de dependência do segurador perante as informações prestadas pelo segurado decorre de uma impossibilidade de acesso à informação por parte do segurador, a qual pode ser material, legal ou econômica. A primeira diz respeito à impossibilidade de acesso às "circunstâncias que são, pela sua própria natureza, da esfera do conhecimento reservado ou exclusivo do proponente [segurado] porque este é o *dominus* e o gestor do risco". A segunda diz respeito à impossibilidade de acesso a informações que "caem no âmbito da reserva da intimidade da vida privada" do segurado. "Mesmo quando a informação tem suporte documental ou material, ela nem sempre é juridicamente passível de ser consultada pelo segurador". A terceira diz respeito à informação que é "material e legalmente acessível", porém, a um custo muito elevado (POÇAS, Luís. *O dever de declaração inicial do risco no Contrato de Seguro*. Coimbra: Almedina, 2013. p. 116-118).

do risco,[215] assim como para o próprio adimplemento da garantia em caso de sinistro. De outro lado, também confia no comportamento adequado do segurado no tocante à gestão do risco em concreto, de modo que se desenvolva segundo os termos da estipulação e sem dolo ou fraude, o que revela-se essencial à manutenção da base econômica do contrato e ao regular atendimento da sua causa.

O segurador, por sua vez, como especialista na atividade securitária, detém conhecimento especializado do risco e das técnicas voltadas ao seu gerenciamento: tanto direcionadas à sua mensuração e subscrição quanto à sua prevenção e controle (nesses termos, diz-se que o segurador opera a gestão do risco em abstrato). Da mesma forma, como expert na atividade securitária, domina o processo de análise técnica do sinistro, assim como delimita o próprio conteúdo da garantia, selecionando previamente os riscos e interesses cobertos, o que se dá mediante oferta padronizada e uniforme, conforme clausulado padrão previamente aprovado pelo órgão regulador.[216] Esse domínio técnico da operação de seguros coloca o segurado em posição de dependência perante o segurador. Em geral o segurado depende do suporte (orientação) do segurador para tomar conhecimento das circunstâncias relevantes do estado de risco e do interesse que deve informar por meio da declaração inicial, da comunicação de agravamento, do aviso do sinistro ou, mesmo, do aviso de expectativa de sinistro. Da mesma forma, depende da informação do segurador para promover a adequada prevenção e controle do risco em concreto, assim como para a própria compreensão do âmbito de abrangência da garantia e seus limites.

---

215. "Ainda que tenha condições, mediante o emprego da probabilidade, de identificar o risco médio do grupo mutual (risco em abstrato), o segurador não tem acesso a informações a respeito do risco individual de cada segurado (risco em concreto), ao conjunto de fatos e condições que influenciam na dimensão desse risco, quer aumentando, quer diminuindo a probabilidade de sinistro ou extensão dos danos. Essas circunstâncias, que podem decorrer tanto de características específicas do bem objeto do seguro (e.g. valor, localização, destinação), da pessoa segurada (e.g. idade, sexo, profissão, doença grave) ou do seu próprio comportamento (e.g. consumo de cigarro, prática de esportes radicais), escapam, a priori, do conhecimento e acesso do segurador. Encontram-se na esfera patrimonial ou existencial do segurado, sendo muitas delas gerenciadas e controladas por ele" (MIRAGEM, Bruno; PETERSEN, Luiza. *Direito dos Seguros*. Rio de Janeiro: Forense, 2022. p. 205). Nesse sentido, veja-se: VAUGHAN, Emmett J.; VAUGHAN, Therese M. *Fundamentals of risk and insurance*. 7. ed. New York: John Wiley & Sons, 1996, p. 7. POÇAS, Luís. *O dever de declaração inicial do risco no Contrato de Seguro*. Coimbra: Almedina, 2013, p. 110 e 116.

216. Conforme Maria Inês de Oliveira Martins: "A assimetria existe também aqui, e pronunciada, agora avantajando o segurador – este não só beneficia, em termos informativos, de uma capacidade técnica e análise do sinistro de que o comum dos segurados não beneficiará, como tem, de resto, a supremacia informativa também em relação ao enquadramento relativo das situações concretas. Com efeito, é ele a predispor o clausulado e a dispor de um corpo jurídico especializado que lhe permite um maior controlo sobre o modus da interpretação-aplicação desse mesmo clausulado, sobre o pano de fundo das normas legais aplicáveis" (*Contrato de seguro e Conduta dos Sujeitos Ligados ao Risco*. Coimbra: Almedina, 2018. p. 170-171).

Observa-se que no modelo securitário disruptivo,[217] próprio da nova realidade tecnológica, essa confiança (dependência) do segurado em relação ao segurador se intensifica. Primeiro porque multiplicam-se os meios disponíveis ao segurador de coleta e processamento da informação relativa ao risco e ao interesse garantido, o que, em certa medida, relativiza a assimetria informacional que tradicionalmente onerava o segurador. Segundo porque, por meio da inteligência artificial e da internet das coisas, assiste-se ao desenvolvimento de técnicas disruptivas de monitoramento constante e em tempo real do grau de exposição do interesse segurado ao risco, o que potencializa o controle do risco em concreto também pelo segurador e a própria função preventiva da garantia.[218] Neste particular, relativiza-se a assimetria relativa à gestão do risco em concreto que tradicionalmente onerava o segurador, permitindo, então, que oriente o segurado, por meio de comandos digitais, sobre a conduta adequada à prevenção e controle do risco, e que o segurado, uma vez alertado pelo segurador, tome as devidas providências de gerenciamento do risco. Naturalmente, entretanto, conforme já tivemos oportunidade de observar, "esse fenômeno apresenta-se de forma gradual, devendo ser interpretado conforme a realidade tecnológica de cada contrato, não podendo ser generalizado, ao menos sem que haja fundamento material/fático que justifique".[219]

3.1.2.2.2 Função estrutural da uberrima fides no seguro

A *uberrima fides* desempenha função estrutural no contrato de seguro. Conforme Bruno Miragem, a boa-fé "é protagonista no contrato de seguro". A rigor, "não influencia apenas na interpretação de suas cláusulas – no que é preceito geral para todos os contratos", mas, especialmente, "informa e delimita aspectos da estrutura do contrato de seguro". E isso porque "é do comportamento

---

217. JUNQUEIRA, Thiago. *Tratamento de Dados Pessoais e Discriminação Algorítmica nos Seguros*. São Paulo: Ed. RT, 2020, p. 142 e ss. TZIRULNIK, Ernesto; BOAVENTURA, Vítor. Uma indústria em transformação: o seguro e a inteligência artificial. In: FRAZÃO, Ana; MULHOLLAND, Caitlin (Org.). *Inteligência Artificial e Direito. Ética, regulação e responsabilidade*. São Paulo: Ed. RT, 2019. p. 523 e ss. McGURK, Brendan. *Data profiling and insurance law*. Oxford: Hart Publishing, 2019. VEIGA COPO, Abel. Seguro y tecnología. *El impacto de la digitalización en el contrato de seguro*. Navarra: Thomson Reuters, Civitas, 2020.
218. Nesse sentido: McGURK, Brendan. *Data profiling and insurance law*. Oxford: Hart Publishing, 2019. p. 35. TZIRULNIK, Ernesto; BOAVENTURA, Vítor. Uma indústria em transformação: o seguro e a inteligência artificial. In: FRAZÃO, Ana; MULHOLLAND, Caitlin (Org.). *Inteligência Artificial e Direito. Ética, regulação e responsabilidade*. São Paulo: Ed. RT, 2019. p. 527-528. Também sobre a função preventiva do seguro: MARTINS, Maria Inês de Oliveira. Seguro e Responsabilidade Civil. In: ROSENVALD; RUZYK (Coord.). *Novas Fronteiras da Responsabilidade Civil*. Direito Comparado. São Paulo: Editora Foco, 2020. p. 327 e ss. Item 8 e 9.
219. MIRAGEM, Bruno. PETERSEN, Luiza. *Direito dos Seguros*. Rio de Janeiro: Forense. 2022, p. 206.

de boa-fé das partes que se expressa a adequação entre os termos do contrato e a sua causa".[220]

A exigência de uma atuação de boa-fé das partes, segurado e segurador, com lealdade e consideração ao interesse do outro é uma característica intrínseca ao seguro, que decorre da sua causa, da particular relação de confiança dela derivada. Nesse sentido, o seguro se aproxima da figura da relação fiduciária, caracterizado pela incidência de uma boa-fé mais intensa (*uberrima fides*).

Os contratos fiduciários, ou relações fiduciárias, particularizam-se por envolver uma relação de confiança mais intensa entre as partes, a exigir o atendimento de estritos deveres de cooperação e lealdade e um tratamento diferenciado por parte da ordem jurídica. Nesses termos, distinguem-se do ordinário nas relações contratuais por reclamarem, das partes envolvidas, um comportamento de boa-fé qualificado, e, da ordem jurídica, uma tutela mais enérgica da posição de confiança. A categoria abarca uma multiplicidade de espécies em que a *fides* é elemento inerente ao tipo; diz-se elemento estrutural. Tradicionalmente são denominados contratos *uberrima fides* (de máxima boa-fé), *fiduciary relationships* ou, mesmo, *relationships of trust and confidence.*[221]

A doutrina identifica a existência de um dever mais intenso de boa-fé nos contratos de confiança a partir de duas circunstâncias fundamentais. Em primeiro lugar, por exigirem um amplo dever de informação e revelação das circunstâncias que digam respeito à relação jurídica e que sejam suscetíveis de interessar a outra parte (titular da posição de confiança). Em segundo lugar, por reclamarem, por ocasião da execução do contrato, um comportamento de "máxima correcção", segundo a diligência e lealdade exigida pelo tipo, de modo a "não defraudar a outra parte" (titular da posição de confiança), ou, mesmo, frustrar suas expectativas legítimas. "O padrão de conduta exigível é pois mais estrito do que aquele que vigora para os contratos em geral".[222]

Por outro lado, a dificuldade na delimitação de um conceito unitário e preciso a respeito dos negócios fiduciários é destacada pela doutrina.[223] Nas palavras de Carneiro Frada, "o contínuo e crescente processo de afirmação do pensamento

---

220. MIRAGEM, Bruno. O Direito dos Seguros no Sistema Jurídico Brasileiro: uma introdução. In: MIRAGEM, Bruno; CARLINI, Angélica (Org.). *Direito dos Seguros*: fundamentos de direito civil, direito empresarial e direito do consumidor. São Paulo: Ed. RT, 2015. p. 30.
221. FRADA, Manuel António de Castro Portugal Carneiro da. *Teoria da Confiança e responsabilidade civil*. Coimbra: Almedina, 2004. p. 544 e ss.
222. FRADA, Manuel António de Castro Portugal Carneiro da. *Teoria da Confiança e responsabilidade civil*. Coimbra: Almedina, 2004. p. 550-551.
223. VASCONCELOS, Pedro Pais de. *Em tema de negócio fiduciário*. 1985. p. 5 e ss. Disponível em: https://pedro-vasconcelos-p2j3.squarespace.com. Acesso maio 2022. EGGERS, Peter; PICKEN, Simon. *Good Faith and Insurance Contracts*. 4. ed. Abingdon: Informa Law from Routledge, 2018. p. 23 e ss.

fiduciário torna difícil a ordenação das diferentes espécies". Em razão disso, "a descrição concreta das relações fiduciárias parece constituir um campo propício para a frutificação de uma sistemática móvel, que combine dinamicamente as suas características diferenciadoras". Daí porque, segundo o autor, as relações fiduciárias não devem ser compreendidas a partir de um "conceito rígido e fechado", mas como "um tipo a que corresponde uma estrutura elástica de características, de intensidade variável, articuladas por uma forma de realizar uma imagem global".[224]

Partindo dessa premissa, o autor distingue as relações fiduciárias *stricto sensu* das relações fiduciárias *lato sensu*. As primeiras, que encontram expressão na figura do *trust* anglo-saxônico,[225] são caracterizadas por envolver "uma transmissão de bens ou direitos, mas em que o adquirente se obriga a só exercitar o seu direito em vista de certo intuito". Em tais casos, a transferência de bens ou direitos se dá "para um fim mais restrito, cujo relevo se reflecte apenas no plano de uma relação obrigacional".[226]

As segundas, por sua vez, por ausência de consenso na doutrina, não podem ser reconduzidas a um conceito unitário. Porém, segundo o autor, dizem respeito a um "status determinado". Mais precisamente, caracterizam-se pela "posição de poder conferido por uma das partes à outra, a reclamar desta o exercício desse poder de acordo com os interesses próprios da primeira", ou, mesmo, pela "exposição particularmente intensa desses interesses à interferência de outrem, sendo-lhe eles confiados para que este os promova ou acautele". Este é o caso dos negócios de representação (procuração), daqueles em que uma das partes "se vincula a desenvolver uma actividade no interesse (também) da outra (mandato, contratos de administração do patrimônio)" ou, mesmo, daqueles negócios em que há uma "coordenação de interesses entre as partes". Todos eles, segundo o autor, superam a compreensão do negócio "como mero produto" "de interesses antagónicos".[227]

Semelhante classificação é desenvolvida pela doutrina brasileira para justificar as diferentes intensidades da boa-fé conforme o grau de fidúcia exigido

---

224. FRADA, Manuel António de Castro Portugal Carneiro da. *Teoria da Confiança e responsabilidade civil*. Coimbra: Almedina, 2004. p. 544-548.
225. CHALUB, Melhim. *Alienação Fiduciária – Negócio Fiduciário*. 7. ed. Rio de Janeiro: Forense, 2021. p. 17 e ss. FOERSTER, Gerd. *O trust do direito anglo-americano e os negócios fiduciários no Brasil: perspectiva de direito comparado*. Porto Alegre: Sergio Antonio Fabris, 2013. p. 36 e ss.
226. Como prossegue o autor, "a confiança (a fides) representa no fundo a forma de superação do desnível que uma situação jurídica representa devido à incongruência entre o meio jurídico empregue e o fim que se almeja alcançar". FRADA, Manuel António de Castro Portugal Carneiro da. *Teoria da Confiança e responsabilidade civil*. Coimbra: Almedina, 2004. p. 544-545.
227. FRADA, Manuel António de Castro Portugal Carneiro da. *Teoria da Confiança e responsabilidade civil*. Coimbra: Almedina, 2004. p. 544-548.

pelo tipo contratual. Na classificação de Clóvis do Couto e Silva,[228] distingue-se, segundo o "interesse estruturante de cada relação obrigacional como mandamento gerado pela boa-fé":[229] as relações *mea res agitur* (caracterizadas por um agir no interesse próprio), nas quais o interesse reconhecido a cada parte "encontra sua fronteira nos interesses do outro" e "o princípio da boa-fé opera" "como mandamento de consideração"; as relações *tua res agitur* (caracterizadas pelo dever de agir no interesse de outrem), nas quais o "vínculo se dirige a uma atividade em proveito de terceiro" e "o dever de levar em conta o interesse da outra parte é conteúdo do dever do gestor ou do fiduciário"; e as relações *nostra res agitur* (caracterizadas pelo dever de agir no interesse comum), nas quais a "cooperação se manifesta em sua plenitude, como nas de sociedade", em que há "algo mais do que a mera consideração, pois existe dever de aplicação à tarefa suprapessoal, e exige-se disposição ao trabalho conjunto e sacrifícios relacionados com o fim comum".[230]

Como explica Martins-Costa, no primeiro grupo (*mea res agitur*), "tendo em vista os mútuos interesses serem contrapostos, a consideração ao interesse da contraparte marca o limite da conduta segundo a boa-fé" (e.g. contrato de compra e venda). No segundo (*tua res agitur*), "o dever jurídico de agir no interesse alheio é o dever jurídico estruturante da espécie, muito embora possam ser diversas as causas e manifestações de tal dever" (e.g. mandato). No terceiro (*nostra res agitur*), "há, para os figurantes, o dever de agir no sentido de proteger interesses que são comuns" (e.g. contrato de sociedade). Aqui, há comunhão de escopo e a boa-fé atinge a sua intensidade máxima.[231]

O contrato de seguro pode ser compreendido como espécie de relação fiduciária. Exige das partes, segurado e segurador, a observância de estritos deveres de boa-fé e lealdade. Caracteriza-se pela incidência de uma boa-fé mais intensa;[232] qualificada. Daí a sua tradicional designação: contrato *uberrima fides*, de máxima boa-fé. No direito brasileiro, esta característica é reconhecida expressamente na legislação (no art. 757 do Código Civil, o qual exige dos contratantes, na conclusão e na execução do contrato de seguro, a "mais estrita boa-fé e veracidade"). Em

---
228. COUTO E SILVA, Clóvis V. do. *A obrigação como processo*. Rio de Janeiro: FGV Editora, 2007. p. 34.
229. MARTINS-COSTA, Judith. *A boa-fé no direito privado*: critérios para a sua aplicação. São Paulo: Marcial Pons, 2015. p. 322.
230. COUTO E SILVA, Clóvis V. do. *A obrigação como processo*. Rio de Janeiro: FGV Editora, 2007. p. 34.
231. MARTINS-COSTA, Judith. *A boa-fé no direito privado*: critérios para a sua aplicação. São Paulo: Marcial Pons, 2015. p. 325, 328, 350-351.
232. Conforme Margarida Lima Rego: "É, pois, no domínio dos seguros que a vertente objetiva do princípio da boa-fé atinge a sua máxima intensidade" (A boa-fé na contratação de seguros: deveres das partes nas fases de celebração e execução do contrato. In: TZIRULNIK; BLANCO; CAVALCANTI; XAVIER. *Direito do Seguro Contemporâneo* (Org.). V.1. São Paulo: Contracorrente/Roncarati, 2021. p. 495).

outros sistemas jurídicos, a natureza fiduciária, não prevista em lei, resulta do desenvolvimento doutrinário e jurisprudencial.

O seguro será compreendido como relação fiduciária *lato sensu*.[233] Não se confunde, assim, com as relações fiduciárias *stricto sensu* (que encontram expressão na figura do *trust*).[234] Caracteriza-se por exigir das partes, tanto do segurado como do segurador, um amplo dever de informação e uma atuação de mais estrita lealdade e cooperação quando da sua execução, particularmente no tocante ao conhecimento e à gestão do risco e do interesse garantidos. E isso se justifica pela especial relação de confiança que deriva da causa do seguro (garantia de interesse do segurado contra riscos predeterminados), a colocar os contratantes em posição de interdependência em relação ao comportamento leal e honesto do outro no tocante ao objeto da garantia. Essa situação de confiança é estrutural, é da essência do tipo, é inerente à posição contratual ocupada pelo segurado e pelo segurador (o primeiro, como titular do interesse garantido e gestor do risco em concreto; o segundo, como especialista na atividade securitária e obrigado à garantia). Dessa estrutura da relação jurídica de seguro decorre que a satisfação dos interesses das partes, tanto do segurado como do segurador, é particularmente dependente da atuação e exposta à interferência do outro.[235] A *uberrima fides*, nesses termos, é elemento intrínseco do seguro. É estrutural do tipo.[236] Nesse âmbito, conforme Maria Inês de Oliveira Martins, "a confiança é a forma de superação desse nível de possibilidades de afectação das posições jurídicas da contraparte".[237] E a *uberrima fides* é o veículo para tanto.

Não há consenso na doutrina, porém, quanto aos fundamentos da natureza fiduciária do contrato de seguro. De acordo com uma primeira corrente, fortemente desenvolvida no direito inglês, essa natureza encontraria justificativa no amplo dever de informação (*full disclosure*) que tradicionalmente se reconhece ao segurado (ou ao segurado e ao segurador) quando da formação do contrato.[238]

---

233. MARTINS, Maria Inês de Oliveira. *Contrato de seguro e Conduta dos Sujeitos Ligados ao Risco*. Coimbra: Almedina, 2018. p. 181-182.
234. Veja-se, a propósito, a distinção traçada por Carneiro da Frada entre as relações fiduciárias *stricto sensu* das relações fiduciárias *lato sensu*: *Teoria da Confiança e responsabilidade civil*. Coimbra: Almedina, 2004. p. 544-548.
235. MARTINS, Maria Inês de Oliveira. *Contrato de seguro e Conduta dos Sujeitos Ligados ao Risco*. Coimbra: Almedina, 2018. p. 182-183.
236. MIRAGEM, Bruno. O Direito dos Seguros no Sistema Jurídico Brasileiro: uma introdução. In: MIRAGEM, Bruno; CARLINI, Angélica (Org.). *Direito dos Seguros*: fundamentos de direito civil, direito empresarial e direito do consumidor. São Paulo: Ed. RT, 2015. p. 30.
237. MARTINS, Maria Inês de Oliveira. *Contrato de seguro e Conduta dos Sujeitos Ligados ao Risco*. Coimbra: Almedina, 2018. p. 183.
238. PARK, Semin. *The duty of disclosure in insurance contract law*. England: Dartmouth, 1996. 18-19. Veja-se, também, SCHNEIDER, Nicole. *Uberrima fides*. Treu und Glauben und vorvertragliche Aufklärungspflichten im englischen recht. Berlin: Duncker & Humblot, 2003. p. 224 e ss.

Trata-se de visão que explica o fenômeno apenas em parte e, especialmente no direito brasileiro, não se mostra adequada, seja pela reciprocidade do dever de *uberrima fides* ou pela extensão dos seus efeitos para além da formação do contrato (conforme art. 765 do CC).

Uma segunda corrente, que encontra adeptos sobretudo no direito alemão, justifica a natureza *uberrima fides* do seguro na sua estrutura comunitária, a criar entre a comunidade de segurados (mutualidade) e o segurador uma "relação estreita e duradoura", que só é "viável e sustentável se a comunidade se basear em uma boa-fé contínua ou – como se costuma dizer – na máxima boa-fé".[239] De acordo com esta corrente, que encontra algumas variações na doutrina, o seguro estaria orientado à comunhão de interesses,[240] seria caracterizado por uma "comunidade objetiva no carregar do risco".[241] A compreensão do seguro como relação comunitária, porém, é bastante controversa e suscita muitos questionamentos.[242] Entre eles destaca-se a dificuldade em concretizar as consequências dessa característica no plano material, por exemplo, com o reconhecimento de direitos e de pretensões recíprocas, aos membros dessa comunidade, especialmente em caso de descumprimento dos deveres decorrentes do vínculo.[243] Neste particular, compreende-se o seguro como um contrato bilateral, a vincular segurado e segurador, que se estrutura a partir de um sistema contratual (mutualidade gerenciada pelo segurador),[244] ou de uma rede de contratos,[245] porém, não propriamente como uma relação comunitária.

---

239. MÖLLER, Von Hans. Versicherung und Treu und Glauben. *Kernfragen der Versicherungs-Rechtsprechung*, Berlin: E.S Mittler & Sohn, 1938. p. 38. Tradução nossa.
240. ABRAHAM, Hans Jürgen. *Das Recht der Seeversicherung*. 1. Band. Hamburg: Cram, de Gruyter & Co., 1967. p. 271-272.
241. BLUNTSCHLI, Johann Caspar. *Privatrechtliches Gesetzbuch für den Kanton Zürich*. Das zürcherische Obligationenrecht. 3 Band. Zürich: Schulthess, 1855. p. 577.
242. No direito brasileiro, foi, em alguma medida, defendido por: SILVA, Ovídio A. Baptista da. *O seguro e as sociedades cooperativas*. Relações jurídicas comunitárias. Porto Alegre: Livraria do Advogado, 2008. p. 7 e ss.; p. 43 e ss.
243. Conforme Adalberto Pasqualotto, "a relação jurídica entre segurado e segurador é singular (não coletiva), individual (não transindividual) e bilateral. Os seguros não expressam vontade coletiva, cada um tem direito de crédito próprio contra a seguradora e não há nexo de ligação entre os direitos subjetivos dos segurados que permita caracterizá-los como transindividuais. Os interesses ou direitos verdadeiramente transindividuais (difusos ou coletivos em sentido estrito) transcendem a esfera de interesse de um único sujeito e são indivisíveis. Os segurados, ao contrário, são titulares de direito subjetivo a uma prestação. É verdade que constituem um grupo de pessoas ligadas por relação jurídica a uma mesma contraparte. Mas, nesse aspecto, não se põe em causa nenhum dos contratos individuais e sim o interesse comum dos segurados na solidez da seguradora" (*Contratos Nominados III. Seguro, constituição de renda, jogo e aposta, fiança, transação e compromisso*. São Paulo: Ed. RT, 2008. p. 63).
244. MIRAGEM, Bruno; PETERSEN, Luiza. *Direito dos Seguros*. Rio de Janeiro: Forense, 2022. p. 190.
245. LORENZETTI, Ricardo. Redes Contractuales: conceptualizaciòn jurídica, relaciones internas de colaboracion, efectos frente a terceiros. *Revista da Faculdade de Direito da UFRGS*, Porto Alegre, v. 16, p. 161-202, 1999. p. 165-166.

Por outro lado, também sob a perspectiva da relação estabelecida entre segurado e segurador, não há que se falar em comunhão de escopo ou que perseguem interesses comuns; para além, é claro, do interesse no próprio adimplemento do contrato, que polariza o vínculo obrigacional.[246] O segurador titulariza os interesses típicos do garantidor de interesse alheio contra riscos. O segurado, por sua vez, os interesses daquele que tem sua esfera patrimonial garantida por outrem. São interesses ordinariamente contrapostos. Outrossim, naquela esfera em que há alguma intersecção desses interesses contrapostos – notadamente no administrar do risco e no conhecimento do objeto da garantia – há, no máximo, uma ideia de "coordenação dos interesses" (nas palavras de Maria Inês de Oliveira Martins),[247] mas não interesses suprapessoais ou estritamente comuns, a exemplo do que ocorre nos contratos de sociedade.

Uma terceira corrente, por sua vez, justifica a natureza fiduciária do seguro na sua finalidade de garantia de interesse alheio, ou seja, a partir da compreensão do seguro como vínculo que se desenvolve "em proveito alheio", o que estaria "no núcleo finalístico de todos os contratos que contém a obrigação de garantia".[248] Para esta corrente, "o mandamento segundo o qual se deve agir em benefício de interesse alheio (*tua res agitur*) reúne extenso grupo articulado em torno das espécies contratuais marcadas pela fidúcia", como o mandato, o seguro e a investidura, caracterizados "por uma posição de poder conferida por uma das partes sobre o interesse de outrem", nos quais "o dever de agir em benefício alheio é o dever jurídico estruturante da espécie". Nessas relações, "o interesse está em que, nos termos do contrato, uma das partes haja em benefício da outra", "em vista do interesse alheio".[249]

Esta concepção tem o mérito de derivar da causa do contrato de seguro (garantia de interesse do segurado contra riscos predeterminados) a sua natureza fiduciária.[250] Ademais, se amolda ao conceito do tipo no direito brasileiro (art.

---

246. COUTO E SILVA, Clóvis V. do. *A obrigação como processo*. Rio de Janeiro: FGV Editora, 2007. p. 116, 168.
247. Nas palavras da autora: "sendo também certo que, uma vez que a afectação dos interesses do segurador se processa através de actuações sobre a esfera onde se encontra o risco, que é muitas vezes a do próprio actuante, encontramos também aqui uma certa coordenação dos interesses das partes". MARTINS, Maria Inês de Oliveira. *Contrato de seguro e Conduta dos Sujeitos Ligados ao Risco*. Coimbra: Almedina, 2018. p. 183.
248. MARTINS-COSTA, Judith. *A boa-fé no direito privado*: critérios para a sua aplicação. São Paulo: Marcial Pons, 2015. p. 340.
249. MARTINS-COSTA, Judith. *A boa-fé no direito privado*: critérios para a sua aplicação. São Paulo: Marcial Pons, 2015. P. 327-328, 340-350.
250. Em sentido semelhante: TZIRULNIK, Ernesto; CAVALCANTI, Flávio; PIMENTEL, Ayrton. *O Contrato de Seguro*. 3. ed. São Paulo: Roncarati, 2016. p. 111, os quais relacionam a exigência de mais estrita boa-fé ao "objeto do contrato" de seguro, ao "interesse legítimo" e ao "risco", assim como à sua utilidade social.

757 do Código Civil). Entretanto, não explica o fenômeno em sua completude. Isso porque, conforme já exposto, a causa do contrato de seguro não deve ser compreendida apenas para explicitar a particular posição de sujeição do interesse do segurado à interferência e atuação do segurador, mas também para explicar a particular posição de sujeição do interesse do segurador à interferência e atuação do segurado. Por outro lado, da causa do contrato de seguro, a rigor, não decorre propriamente um dever de agir em benefício alheio (*tua res agitur*). As partes, segurado e segurador, em regra, agem no próprio interesse. Há, no seguro, uma ideia de coordenação de interesses, cujo limite é a atuação de boa-fé, o que revela-se essencial à própria regularidade e subsistência do vínculo contratual, em atendimento à sua causa, à sua função econômico-social. Na precisa afirmação de Bruno Miragem: "é do comportamento de boa-fé das partes que se expressa a adequação entre os termos do contrato e a sua causa, o que a toda evidência acaba também por influenciar na sua eficácia".[251]

3.1.2.2.3. Tipologia da proteção da confiança pela uberrima fides

A *uberrima fides* "é instituto jurídico multifacetado, internamente complexo e que persegue, *in concreto*, os objectivos últimos do sistema".[252] Promove a proteção da confiança no contrato de seguro, ou seja, confere alcance material à confiança nas relações de seguro, concretizando os valores fundamentais do ordenamento jurídico no sistema interno do tipo.

Em alguns sistemas jurídicos, como o brasileiro, encontra previsão legal expressa, manifestando-se como princípio ou conceito indeterminado. No Código Civil brasileiro, encontra expressão na locução "mais estrita boa-fé e veracidade" prevista no art. 765 ("O segurado e o segurador são obrigados a guardar na conclusão e na execução do contrato, a mais estrita boa-fé e veracidade, tanto a respeito do objeto como das circunstâncias e declarações a ele concernentes"). Em outros sistemas jurídicos, a *uberrima fides* não encontra previsão legal expressa, mas se desenvolve como princípio ou instituto voltado à proteção da confiança no contrato de seguro.

No Direito dos Seguros brasileiro, a tutela da confiança por meio da *uberrima fides* se dá sob duas formas. Por meio de disposições legais específicas e por meio da interpretação e aplicação do art. 765 do Código Civil. No primeiro caso,

---
251. MIRAGEM, Bruno. O Direito dos Seguros no Sistema Jurídico Brasileiro: uma introdução. In: MIRAGEM, Bruno; CARLINI, Angélica (Org.). *Direito dos Seguros*: fundamentos de direito civil, direito empresarial e direito do consumidor. São Paulo: Ed. RT, 2015. p. 30.
252. Nesse sentido, recorre-se à afirmação de Menezes Cordeiro a propósito do Abuso do Direito, a qual toma-se por analogia (*Tratado de direito civil português*. Coimbra: Almedina, 2007, v. I, t. IV. p. 247. Apud. MIRAGEM, Bruno. *Abuso do Direito*. 2. ed. São Paulo: Ed. RT, 2013. p. 104).

trata-se de disposições que tutelam situações típicas de confiança, conforme uso consolidado ao longo dos anos, de modo a preservar determinada expectativa legítima do segurado ou do segurador previamente identificada e valorada. Essas disposições encontram fundamento axiológico na *uberrima fides*; esta é a sua *ratio*. Muitas delas estão previstas no Código Civil, no capítulo relativo ao seguro, outras tantas, esparsas na pluralidade de fontes que conformam o Direito dos Seguros brasileiro, a exemplo do Código Comercial (art. 666 e ss.), do Dec.-lei 73/66, ou, mesmo, das normas administrativas regulatórias.

Essa tutela da confiança por meio de disposições específicas apresenta quatro tipologias básicas. A primeira, atributiva, ao confiante, de uma vantagem que de outro modo não seria devida caso ele não fosse titular de uma expectativa legítima e, portanto, não estivesse de boa-fé (subjetiva). Nesta hipótese, a boa-fé (subjetiva) pode estar prevista expressamente no suporte fático da norma ou não (e.g. art. 766, par. único, CC).[253] A segunda, sancionatória do comportamento de má-fé (doloso ou fraudulento) que frustra a confiança do outro. Nesta hipótese, a má-fé, fraude ou dolo costumam constar expressamente do suporte fático da norma (e.g. art. 769, caput, e art. 766, par. único, CC),[254] mas, em hipóteses excepcionais, estão implícitos, o que se justifica pela interpretação histórica da norma a partir do fundamento de *uberrima fides* (e.g. art. 773, CC).[255] A terceira, atributiva de deveres de conduta voltados à preservação da posição de confiança do outro contratante (e.g. art. 766, caput, art. 768, art. 769, caput, art. 771, art. 782, CC).[256] A quarta, supressiva dos efeitos do contrato de seguro, ou do negócio jurídico dele decorrente, quando há violação da confiança comunitária ou da própria ordem pública (e.g. arts. 762 e 798 do CC).[257]

Por outro lado, a proteção da confiança no contrato de seguro também ocorre por meio da interpretação e aplicação do art. 765 do Código Civil.[258] A norma reconhece o dever recíproco, do segurado e do segurador, na formação e execução do contrato, de "mais estrita boa-fé e veracidade", "tanto a respeito do objeto como das circunstâncias e declarações a ele concernentes". Nesses termos, como expressão do princípio da *uberrima fides* no sistema jurídico brasileiro, orienta o intérprete na aplicação das diversas normas específicas que promovem a tutela da confiança no contrato de seguro, sendo também veículo pelo qual são

---

253. No PL 29/2017, exemplifica a hipótese, o § 2º do art. 47.
254. No PL 29/2017, destaca-se o § 3º do art. 14, o § 1º do art. 44, o § 1º do art. 66, o art. 69 e o art. 7.
255. No PL 29/2017, a norma encontra correspondência no par. único do art. 11.
256. No PL 29/2017, destacam-se os arts. 44, 13, 14, 66.
257. No PL 29/2017, destaca-se o par. único, I e II, do art. 10, e o art. 120.
258. No PL 29/2017, por meio do art. 56 ("O contrato de seguro deve ser interpretado e executado segundo a boa-fé"). "A respeito do artigo e dos fundamentos da *uberrima fides* no sistema jurídico brasileiro, segundo a reforma legislativa proposta, remete-se o leitor à nota de rodapé 103.

identificadas e tuteladas outras situações de confiança, não previstas em lei, em norma administrativa regulatória ou no próprio contrato.

A norma se vale de conceitos jurídicos indeterminados, exigindo, para a sua aplicação, alguma atividade de concreção. A esse respeito, a redação do art. 765 do Código Civil fornece alguns parâmetros a serem observados pelo intérprete. É possível, a partir deles, reconhecer que o dever de "mais estrita boa-fé e veracidade" diz respeito ao objeto do contrato de seguro, encontrando significado, portanto, na sua causa (garantia interesse contra riscos predeterminados). Esse dever também se refere às circunstâncias fáticas e jurídicas relacionadas à garantia, assim como às informações e comunicações necessárias para a execução do contrato. Por fim, o dever de veracidade, também constante do art. 765 do CC/02, deve, a *contrario sensu,* ser compreendido como o dever de não falsear.

Nesse âmbito, em que a proteção da confiança opera por meio do art. 765 do Código Civil, a identificação das expectativas legítimas do segurado e do segurador dignas de tutela deve pautar-se pelos pressupostos gerais de proteção da confiança, a saber: boa-fé subjetiva, fator de justificação, investimento de confiança e imputabilidade da situação de confiança, os quais conformam formam um sistema móvel.[259] Outrossim, deve atentar à racionalidade interna do sistema normativo do contrato de seguro, considerando as suas múltiplas modalidades, em atendimento, sobretudo, à sua causa, à sua função econômico-social.

Nesse contexto, operando por meio de disposições legais específicas ou do art. 765, a *uberrima fides* conforma, no Direito dos Seguros brasileiro, um verdadeiro sistema normativo de proteção da confiança. Este sistema tem como centro o Código Civil (art. 757 e ss.), mas deve ser compreendido de forma articulada com as demais fontes que disciplinam o tipo, buscando a aplicação "simultânea, coerente e coordenada" das fontes.[260] De outro lado, evidencia a função estrutural *uberrima fides* no contrato de seguro. Esta informa e delimita todo o processo obrigacional, vinculando as partes ao comportamento ético, de mais estrita lealdade e cooperação, desde a formação até a execução do contrato.

Nesse sistema, a *uberrima fides* apresenta eficácias positiva e negativa no contrato de seguro. Em sua eficácia positiva preserva a posição jurídica de confiança: de um lado, reconhecendo ou limitando direitos dos contratantes, de modo a atrair a incidência de um regime favorável ao confiante ou a afastar a incidência de um regime legal que lhe seria desfavorável; de outro lado, atribuindo ao segu-

---

259. MENEZES CORDEIRO, António. *Tratado de direito civil.* Coimbra: Almedina, 2012. v. I. p. 971-973.
260. MARQUES, Claudia Lima. *Contratos no Código de Defesa do Consumidor:* o novo regime das relações contratuais. 6. ed. São Paulo: Ed. RT, 2011. p. 65.

rado ou ao segurador deveres de conduta voltados à satisfação das expectativas legítimas do outro.[261]

Em sua eficácia negativa, a *uberrima fides* rejeita o comportamento violador da confiança, justificando uma pluralidade de sanções ou consequências jurídicas que variam conforme a situação material em causa. Vale dizer: conforme quem seja o sujeito violador da confiança (segurado ou segurador), a fase contratual em que há a violação (fase de formação ou de execução do contrato), assim como em atenção ao tipo de interesse sobre o qual recai a confiança (interesse na formação da base econômica do contrato, na manutenção dessa base econômica, na mitigação dos danos, na adequada gestão do risco ou do sinistro, no regular adimplemento da garantia etc.). Nesse sentido, a violação da *uberrima fides* pode levar desde a perda do direito à garantia e ao pagamento em dobro do prêmio estipulado, até à nulidade do contrato, à sua cessão antecipada ou, mesmo, ao ressarcimento do dano.

3.2 CONTEÚDO DA *UBERRIMA FIDES* NO CONTRATO DE SEGURO

A *uberrima fides* é conceito jurídico indeterminado. No contrato de seguro, seu conteúdo é amplo e multifacetado. Inerente ao tipo desde os primórdios, tem seu alcance delimitado conforme o contexto jus-cultural.

No direito brasileiro contemporâneo, a *uberrima fides* apresenta dupla dimensão. Assume conteúdo normativo, como princípio ou norma prescritiva de condutas, impondo aos contratantes a observância de um padrão ético de comportamento (deveres de conduta), ou, mesmo, limitando o exercício de posições jurídicas que se revelem contrárias à boa-fé, à moral e à ordem pública. Por outro lado, apresenta dimensão fática, como estado subjetivo dos contratantes, contraposto à má-fé, relevante ao preenchimento do suporte fático de certas normas jurídicas. Neste aspecto, produz importantes consequências jurídicas: tanto qualifica a conduta das partes merecedora de proteção quanto, *a contrario sensu*, a merecedora de sanção. Nesses termos, a *uberrima fides* perpassa todo o processo obrigacional, irradiando efeitos, quer na sua dimensão normativa quer na sua dimensão fática, desde a formação do contrato de seguro até sua execução e adimplemento.

---

261. AGUIAR JÚNIOR, Ruy Rosado de Aguiar. Proteção da boa-fé subjetiva. Disponível em: http://www.ruyrosado.com.br/upload/site_producaointelectual/154.pdf. Acesso em: março 2021. p. 197. CARNEIRO DA FRADA, Manuel António de Castro Portugal. *Teoria da Confiança e responsabilidade civil*. Lisboa: Almedina, 2001. p. 41-43. MENEZES CORDEIRO, Antonio. *Da Boa-fé no Direito Civil*. Coimbra: Almedina, 2013. p. 1249 e ss.

A *uberrima fides* tem como papel dogmatizar os princípios fundamentais do sistema jurídico no contrato de seguro. Ela carrega os valores fundamentais do ordenamento jurídico ao sistema interno do tipo. Polarizada pela proteção da confiança, é conceito que concretiza a boa-fé[262] (objetiva e subjetiva) no contrato de seguro, assim como os bons costumes e a ordem pública, segundo o sistema interno deste contrato, ou seja, conforme a sua causa e vetores estruturantes. Em outros termos, é instituto jurídico que medeia a proteção da confiança e os princípios da boa-fé, dos bons costumes e da ordem pública no seguro. A *uberrima fides*, assim, concretiza a aplicação desses princípios conforme a materialidade subjacente,[263] permitindo uma solução mais técnica, precisa ou adequada à relação de seguros.[264]

Na sua dimensão normativa, a *uberrima fides* promove a confiança relacional, entre as partes da relação jurídica de seguro, do que resulta a sua interseção com o princípio da boa-fé (boa-fé objetiva). Da mesma forma, promove a confiança comunitária e na ordem jurídica, no que se reconhece a sua interseção com os princípios dos bons costumes e da ordem pública.[265] Dela decorrem tanto regras de atuação como, a *contrario sensu*, regras de proibição.[266] Nessa dimensão normativa, a *uberrima fides* desempenha quatro funções típicas no contrato de seguro: (i) é fonte de deveres anexos à garantia (função jurígena); (ii) critério de interpretação e integração do contrato (função hermenêutica); (iii) fundamenta a sanção da má-fé, da fraude (função sancionatória); (iv) e veda a garantia de atos intencionais e interesses contrários à moral e à ordem pública (função limitativa).

Na sua dimensão fática, a *uberrima fides* permite a identificação das posições contratuais de confiança dignas de tutela, ou das violações às mesmas merecedoras de sanção, do que deriva a sua interseção com a boa-fé subjetiva.[267]

---

262. MENEZES CORDEIRO, António. *Tratado de direito civil*. Coimbra: Almedina, 2012. v. I. p. 966-969.
263. MENEZES CORDEIRO, António. *Tratado de direito civil*. Coimbra: Almedina, 2012. v. I. p. 975-977.
264. O lugar da *uberrima fides* no seguro, desse modo, se aproxima, em alguns aspectos, daquele reconhecido a outros institutos jurídicos compreendidos pela doutrina como "concretizações objetivas" ou "princípios mediantes" da boa-fé objetiva. Conforme Menezes Cordeiro: "a boa-fé objetiva concretiza-se, essencialmente, em cinco institutos de filiação germânica": "a *culpa in contrahendo*", "a integração dos negócios", "o abuso do direito", "a modificação dos contratos por alteração das circunstâncias", "a complexidade das obrigações" (....) nenhum deles deriva da boa-fé, em termos conceptuais". "Todos estes cinco institutos tiveram origens históricas diferentes, concretizando-se, por várias vias, antes de se acolherem à boa-fé. Apenas a reconstrução possibilitada pela terceira sistemática levou a uma certa aproximação dogmática entre eles" (*Tratado de direito civil*. Coimbra: Almedina, 2012. v. I. p. 967). "Em medidas diversas, em todos eles, afloram dois princípios que (...) atuam como fatores de mediação entre a boa-fé e o instituto considerado: o princípio da confiança e o princípio da primazia da materialidade subjacente". Idem. p. 969.
265. MIRAGEM, Bruno. *Abuso do Direito*. 2. ed. São Paulo: Ed. RT, 2013. p. 155-162.
266. MENEZES CORDEIRO, António. *Tratado de direito civil*. Coimbra: Almedina, 2012. v. I. p. 964.
267. AGUIAR JÚNIOR, Ruy Rosado de Aguiar. *Proteção da boa-fé subjetiva*. Disponível em: http://www.ruyrosado.com.br/upload/site_producaointelectual/154.pdf. Acesso em: mar. 2021. p. 188-199.

Nessa multiplicidade de sentidos e funções que assume é que se justifica o reconhecimento da autonomia conceitual da *uberrima fides* no contrato de seguro, a qual não pode ser simplesmente reconduzida ao princípio da boa-fé ou, ainda, reduzida ao conceito de boa-fé subjetiva, sem perder seu conteúdo substancial.

3.2.1 Relações entre o princípio da boa-fé e a *uberrima fides*

Entre o princípio da boa-fé (boa-fé objetiva) e a *uberrima fides* (máxima boa-fé) há estreita relação. Na história do seguro, boa-fé e *uberrima fides* são conceitos entrelaçados, intimamente conectados. Na origem comercial deste contrato, sua natureza *bona fides* (*uberrima fides*) surge fortemente atrelada à boa-fé como princípio das relações mercantis. O afloramento teórico da boa-fé objetiva, enquanto princípio geral das relações obrigacionais, porém, ocorreria apenas no direito alemão da primeira metade do século XX.[268] Antes disso medeia espaço de tempo em que a *uberrima fides* se estabilizou como conceito autônomo no Direito dos Seguros. A partir disso, por outro lado, a *uberrima fides* sofre os influxos do desenvolvimento teórico da boa-fé objetiva. Há, nesse sentido, simbiose conceitual.

Conforme o significado contemporâneo desses conceitos, a *uberrima fides* se particulariza frente ao princípio da boa-fé (boa-fé objetiva) em duplo aspecto. Qualitativamente, pois seu conteúdo não se esgota no princípio da boa-fé (boa-fé objetiva). Além de apresentar importante conotação como estado de fato (boa-fé subjetiva), apresenta sentido normativo, principiológico, que transcende a boa-fé, abarcando, também, os bons costumes e a ordem pública. Quantitativamente, pois envolve uma boa-fé mais intensa do que a exigida nos contratos em geral. A *uberrima fides*, assim, é uma boa-fé qualificada.

Em grande medida, entretanto, a *uberrima fides* é veículo de concretização do princípio da boa-fé no contrato de seguro. Neste particular, justificando o reconhecimento de um dever de probidade específico. É o que se passa a analisar no presente capítulo.

3.2.1.1 *Conteúdo do princípio da boa-fé*

A boa-fé (objetiva) é princípio do direito privado. No direito contratual, limita a autonomia privada das partes, impondo a observância de um padrão ético de comportamento, de um *standard* de conduta caracterizado por uma atuação

---

268. MENEZES CORDEIRO, António. *Tratado de direito civil*. Coimbra: Almedina, 2012. v. I. p. 961 e ss.

leal, de fidelidade, correção, cooperação e respeito às expectativas legítimas do outro.[269] Segundo Karl Larenz, "o princípio da boa-fé significa que cada um deve guardar fidelidade com a palavra dada e não frustrar a confiança ou abusar dela, já que esta forma a base indispensável de todas as relações humanas".[270] Conforme Claudia Lima Marques,[271] significa:

> Uma atuação refletida, pensando no outro, no parceiro contratual, respeitando-o, respeitando seus interesses legítimos, suas expectativas razoáveis, seus direitos, agindo com lealdade, sem abuso, sem obstrução, sem causar lesão ou desvantagem excessiva, cooperando para atingir o bom fim das obrigações: o cumprimento do objetivo contratual e a realização dos interesses das partes.

Distingue-se, na doutrina brasileira, o princípio da boa-fé (boa-fé objetiva) e a boa-fé subjetiva.[272] A boa-fé subjetiva não é princípio, mas estado de fato, anímico ou psicológico da pessoa, "caracterizado pela ausência de conhecimento de determinado fato, ou simplesmente a falta da intenção de prejudicar outem". Trata-se do estado subjetivo que se contrapõe à má-fé, o qual, com frequência, é pressuposto "para o preenchimento do suporte fático de certas normas jurídicas".[273] Conforme Ruy Rosado de Aguiar Júnior, "a boa-fé subjetiva é um fato (intelectivo ou volitivo)", "a boa-fé objetiva é um critério de comportamento, é elemento normativo". No primeiro caso, se diz "agir em boa-fé", no segundo, "agir segundo a boa-fé".[274]

---

269. MIRAGEM, Bruno. *Direito Civil*: Direito das Obrigações. São Paulo: Saraiva, 2017. p. 130.
270. LARENZ, Karl. *Derecho de obligaciones*. Trad. Jaime Santos Briz. Madrid: Revista de Derecho Privado, 1958. p. 142. Tradução livre. No original. "El principio de la 'buena fe' significa que cada uno debe guardar 'fidelidad' a la palavra dada y no defraudar la confianza o abusar de ella, ya que ésta forma la base indispensable de todas las relaciones humanas".
271. MARQUES, Claudia Lima. *Contratos no Código de Defesa do Consumidor*: o novo regime das relações contratuais. 6. ed. São Paulo: Ed. RT, 2011. p. 216.
272. NEGREIROS, Teresa. *Fundamentos para uma interpretação constitucional do princípio da boa-fé*. Rio de Janeiro: Renovar, 1998. p. 13.
273. MIRAGEM, Bruno. *Direito Civil: Direito das Obrigações*. São Paulo: Saraiva, 2017. p. 129-130.
274. AGUIAR JÚNIOR, Ruy Rosado de Aguiar. *Proteção da boa-fé subjetiva*. Disponível em: http://www.ruyrosado.com.br/upload/site_producaointelectual/154.pdf. Acesso março 2021. p. 191. No mesmo sentido, Martins-Costa: "a expressão boa-fé subjetiva indica um estado de fato, traduzindo a ideia naturalista da boa-fé, aquela que, por antinomia, é conotada à má-fé. "Diz-se subjetiva a boa-fé compreendida como estado psicológico, isto é, o estado de consciência caracterizado pela ignorância de se estar a lesar direitos ou interesses alheios"; "ou a convicção de estar agindo em bom direito". "Diferentemente, a expressão boa-fé objetiva designa não uma crença subjetiva, nem um estado de fato, mas aponta, concomitantemente, a um instituto ou modelo jurídico; a um *standard* ou modelo comportamental pelo qual os participantes do tráfico obrigacional devem ajustar o seu mútuo comportamento; e a um princípio jurídico" (*A boa-fé no direito privado*: critérios para a sua aplicação. São Paulo: Marcial Pons, 2015. p. 261 e 263). Veja-se, também: TOMASEVICIUS FILHO, Eduardo. *O Princípio Da Boa-fé no Direito Civil*. São Paulo: Almedina, 2020. p. 87 e ss.

3.2.1.2 Funções princípio da boa-fé

São três as funções essenciais reconhecidas ao princípio da boa-fé no direito contratual brasileiro. A função jurígena, como fonte autônoma de deveres jurídicos; a função limitativa, como limite ao exercício de direitos subjetivos; e a função hermenêutica, como critério de interpretação e integração do negócio jurídico.[275]

Na função jurígena, a boa-fé é fonte autônoma de deveres anexos ou laterais, não previstos necessariamente em lei ou no contrato, os quais não se referem diretamente à prestação principal, mas dizem respeito à satisfação de interesses globais das partes.[276] No Código Civil, esta função se encontra no art. 422: "os contratantes são obrigados a guardar, assim na conclusão do contrato, como em sua execução, os princípios de probidade e boa-fé". Esses deveres de conduta decorrentes da boa-fé encontram-se sistematizados pela doutrina em vários tipos.[277] Entre eles destacam-se os de cooperação ou lealdade, de informação, assim como de proteção e cuidado com a pessoa do outro.[278]

O dever de cooperação exige que as partes colaborem entre si durante a execução do contrato, o que significa "agir com lealdade e não obstruir ou impedir".[279] Em outros termos, exige que as partes mantenham-se fiéis à finalidade contratual e às expectativas legítimas do outro contratante,[280] de modo que se

---

275. Nesse sentido, por todos: MIRAGEM, Bruno. *Direito Civil: Direito das Obrigações*. São Paulo: Saraiva, 2017. p. 132 e ss.; MARQUES, Claudia Lima. *Contratos no Código de Defesa do Consumidor*: o novo regime das relações contratuais. 6. ed. São Paulo: Ed. RT, 2011. p. 214 e ss.; TEPEDINO, Gustavo; SCHREIBER, Anderson. A Boa-fé Objetiva no Código de Defesa do Consumidor e no Novo Código Civil (arts. 113, 187 e 422). In: TEPEDINO, Gustavo (Coord.). *Obrigações*: estudos na perspectiva civil-constitucional. Rio de Janeiro: Renovar, 2005. p. 35-36. Diferente abordagem é adotada por TOMASEVICIUS FILHO (*O Princípio Da Boa-fé no Direito Civil*. São Paulo: Almedina, 2020. p. 93 e ss.), o qual classifica as funções da boa-fé em típicas e atípicas. Conforme o autor, são funções típicas do princípio da boa-fé: "a proteção da crença e confiança legítimas, em consideração à pessoa da contraparte" e "a disciplina da boa formação e execução dos negócios jurídicos, por meio de deveres de coerência, informação e cooperação". "Já as funções atípicas do princípio da boa-fé seriam as seguintes": "imposição de deveres de proteção às partes em uma relação jurídica"; "vedação ao abuso do direito; "reequilíbrio das prestações contratuais".
276. MIRAGEM, Bruno. *Direito Civil: Direito das Obrigações*. São Paulo: Saraiva, 2017. p. 133. COSTA, Mário Júlio de Almeida. *Direito das obrigações*. 12. ed. Coimbra: Almedina, 2009. p. 77.
277. Conforme Mario Júlio Almeida Costa, tem-se os "deveres de cuidado, previdência e segurança, os deveres de aviso e de informação, os deveres de notificação, os deveres de cooperação, os deveres de proteção e cuidado relativos à pessoa e ao património da contraparte" (COSTA, Mário Júlio de Almeida. *Direito das obrigações*. 12. ed. Coimbra: Almedina, 2009. p. 77-78).
278. MARQUES, Claudia Lima. *Contratos no Código de Defesa do Consumidor*: o novo regime das relações contratuais. 6. ed. São Paulo: Ed. RT, 2011. p. 221 e ss.
279. MARQUES, Claudia Lima. *Contratos no Código de Defesa do Consumidor*: o novo regime das relações contratuais. 6. ed. São Paulo: Ed. RT, 2011. p. 230.
280. MARQUES, Claudia Lima. *Contratos no Código de Defesa do Consumidor*: o novo regime das relações contratuais. 6. ed. São Paulo: Ed. RT, 2011. p. 230-234.

alcance o adimplemento satisfatório e as partes obtenham as utilidades buscadas com o contrato.[281] O dever de informação constitui um dever de revelação, de declarar ou expor, ao outro, aquilo que se sabe e que seja pertinente ao objeto do contrato. Em sentido amplo, abarca o esclarecimento e o aconselhamento.[282] Em sentido estrito, compreende a informação em sentido próprio, a comunicação de fatos objetivos.[283] Trata-se de dever que intensifica-se na fase pré-contratual e que possui caráter instrumental. Em geral, informa-se para obter determinado resultado útil. Sua maior ou menor intensidade, porém, assim como ocorre em relação aos outros deveres oriundos da boa-fé, depende da natureza da relação em causa.[284] Os deveres de proteção, por sua vez, não se vinculam ao interesse dos contratantes na prestação, mas à "preservação e proteção da integridade de outros interesses que compõe o seu patrimônio jurídico". Visam a proteção da própria pessoa que integra a relação jurídica, ou de seus bens, assim "compreendendo um dever de evitar causar danos à contraparte (dever negativo)" e "um dever de colaborar para que estes danos não se produzam (dever positivo)".[285]

Na sua função limitativa, a boa-fé atua como limite ao exercício de direitos subjetivos e outras posições jurídicas. Nesse sentido, é critério para a identificação do abuso do direito, conforme previsto no art. 187 do Código Civil[286] ("Também comete ato ilícito, o titular de um direito que, ao exercê-lo, excede manifestamente os limites impostos pelo seu fim econômico ou social, pela boa-fé ou pelos bons costumes"). Nesse contexto, a boa-fé atua no campo da liberdade contratual, em uma pluralidade de situações: limitando o direito de recusa da proposta quando tenha caráter discriminatório; justificando a nulidade da cláusula contratual que comprometa o interesse útil do contrato; limitando o direito de resolução em caso de adimplemento substancial; ou, mesmo, limitando o direito de resilição no contrato de longa duração.

---

281. MARTINS-COSTA, Judith. *A boa-fé no direito privado*: critérios para a sua aplicação. São Paulo: Marcial Pons, 2015. p. 523.
282. MARQUES, Claudia Lima. *Contratos no Código de Defesa do Consumidor*: o novo regime das relações contratuais. 6. ed. São Paulo: Ed. RT, 2011. p. 226. Conforme a autora, "o dever de esclarecimento obriga o fornecedor do serviço, como, por exemplo, o de seguro-saúde e de assistência médica a informar sobre os riscos do serviço de atendimento ou não em caso de emergência, de exclusões da responsabilidade contratual, de modificações contratualmente possíveis etc. (....) Já o dever de aconselhamento é um dever mais forte e só existe nas relações entre um profissional, especialista, e um não especialista". Idem. p. 226-227.
283. MARTINS-COSTA, Judith. *A boa-fé no direito privado*: critérios para a sua aplicação. São Paulo: Marcial Pons, 2015. p. 527.
284. MARTINS-COSTA, Judith. *A boa-fé no direito privado*: critérios para a sua aplicação. São Paulo: Marcial Pons, 2015. p. 526-535.
285. MIRAGEM, Bruno. *Direito Civil*: Direito das Obrigações. São Paulo: Saraiva, 2017. p. 291-292.
286. MIRAGEM, Bruno. *Direito Civil*: Direito das Obrigações. São Paulo: Saraiva, 2017. p. 134. MIRAGEM, Bruno. *Abuso do Direito*. 2. ed. São Paulo: Ed. RT, 2013. p. 151 e ss.

Na sua função hermenêutica, a boa-fé é critério de interpretação e integração do negócio jurídico. Em caso de ambiguidade ou contradição ou, mesmo, de eventual lacuna no contrato (em relação ao seu texto ou à conduta das partes), o princípio da boa-fé implica a interpretação ou integração do seu conteúdo conforme "as pautas de cooperação, lealdade e respeito às expectativas legítimas da outra parte", "em vista do equilíbrio de interesses de credor e devedor".[287] Dispõe o art. 113, *caput*, do Código Civil: "Os negócios jurídicos devem ser interpretados conforme a boa-fé e os usos do lugar de sua celebração".

Essa atividade hermenêutica, conforme o princípio da boa-fé, opera conjuntamente, em diálogo e harmonia, com os demais cânones hermenêuticos dos contratos, "atentando-se às especificidades dos tipos ou modelos contratuais em caso" e ao ambiente normativo que o regula.[288] Nesse sentido, por expressa previsão legal no sistema brasileiro, verifica-se íntima relação entre a intepretação segundo a boa-fé e os usos (art. 113, *caput*). Da mesma forma, a "intepretação do negócio jurídico deve lhe atribuir o sentido que: I – for confirmado pelo comportamento das partes posterior à celebração do negócio; II – corresponder aos usos, costumes e práticas do mercado relativas ao tipo de negócio; III – corresponder à boa-fé; IV – for mais benéfico à parte que não redigiu o dispositivo, se identificável; e V – corresponder a qual seria a razoável negociação das partes sobre a questão discutida, inferida das demais disposições do negócio e da racionalidade econômica das partes, consideradas as informações disponíveis no momento de sua celebração" (art. 113, § 1º, CC).

Para além dessas diretrizes, também podem ser destacadas as seguintes pautas hermenêuticas: "nas declarações de vontade se atenderá mais à intenção nelas consubstanciada do que ao sentido literal da linguagem" (art. 112, CC); "quando houver no contrato de adesão cláusulas ambíguas ou contraditórias, dever-se-á adotar a interpretação mais favorável ao aderente" (art. 423, CC); "as cláusulas contratuais serão interpretadas de maneira mais favorável ao consumidor" (art. 47 do CDC). Outrossim, destacam-se outras tantas consagradas ao longo do tempo na doutrina e que podem ter utilidade na medida em que em conformidade com a boa-fé: "aprovar parece, quem não contradiz"; "declarar por palavras, ou por fatos, importa o mesmo"; "fato presume-se o do costume do autor"; fatos tem mais potência que as palavras"; ou, ainda, "vontade, mais pelo fato, que pelas palavras".[289]

---

287. MIRAGEM, Bruno. *Direito Civil: Direito das Obrigações*. São Paulo: Saraiva, 2017. p. 136.
288. MARTINS-COSTA, Judith. *A boa-fé no direito privado*: critérios para a sua aplicação. São Paulo: Marcial Pons, 2015. p. 507, p. 448 e ss.
289. TEIXEIRA DE FREITAS, Augusto. *Regras de Direito. Selecção Classica, em Quatro Partes, renovada para o Império do Brazil, até hoje*. Rio de Janeiro: Garnier, 1882. p. 23, 69, 111, 239. Apud. MARTINS--COSTA, Judith. *A boa-fé no direito privado*: critérios para a sua aplicação. São Paulo: Marcial Pons, 2015. p. 234-235.

Por outro lado, da incidência do princípio da boa-fé, podem ser identificadas determinadas situações típicas, compreendidas como hipóteses de "exercício inadmissível de posições jurídicas",[290] cuja utilidade reside na "definição de modelos de aplicação do princípio, em orientação do intérprete e do aplicador do direito".[291] Entre elas, destacam-se: a *exceptio doli*, o *venire contra factum proprium*, a *suppressio*, a *surrectio* e o *tu quoque*. A *exceptio doli* constitui a "faculdade potestativa" que se reconhece às partes de paralisar o comportamento do outro em caso de dolo.[292] Trata-se de figura historicamente relacionada com a proteção geral outorgada contra o exercício de posições jurídicas de má-fé. Neste particular, como uma "medida de defesa do demandado, frente à ação exercida dolosamente, que permite paralisá-la justamente em razão da contravenção à boa-fé que ela produz".[293]

O *venire contra factum proprium* envolve a proibição do comportamento contraditório. Diz respeito ao "exercício de uma posição jurídica em contradição com o comportamento assumido anteriormente pelo exercente";[294] mais especificadamente, à situação em que o sujeito que tenha se comportado de um determinado modo, dando causa a uma expectativa legítima à outra parte, venha a frustrar esta expectativa, comportando-se de forma diversa e inesperada.[295] Sua caraterização pressupõe, pelo menos, dois comportamentos de uma mesma pessoa, diferidos no tempo, sendo o primeiro contraditado pelo segundo; porém, a isso não se limita.[296]

A *suppressio* configura a situação do "direito que, não tendo sido, em certas circunstâncias, exercido durante determinado lapso de tempo, não possa mais sê-lo".[297] Isso porque, o seu exercício, após o decurso do tempo, contraria a boa-fé, frustrando as expectativas legítimas geradas no outro. Por outro lado, a *surrectio* trata da situação em que há o surgimento de uma posição jurídica digna de tutela, ou seja, de um "direito não existente antes, juridicamente, mas que, na

---

290. MENEZES CORDEIRO, António. *Da Boa-fé no Direito Civil*. Coimbra: Almedina, 2013. p. 661 e ss.
291. MIRAGEM, Bruno. *Direito Civil*: Direito das Obrigações. São Paulo: Saraiva, 2017. p. 137.
292. MENEZES CORDEIRO, António. *Da Boa-fé no Direito Civil*. Coimbra: Almedina, 2013. p. 740.
293. WIEACKER, Franz. *El principio general de la buena fe*. Trad. Jose Lus Carro. Madrid: Civistas, 1977. p. 20.
294. MENEZES CORDEIRO, António. *Da Boa-fé no Direito Civil*. Coimbra: Almedina, 2013. p. 742.
295. MIRAGEM, Bruno. *Direito Civil*: Direito das Obrigações. São Paulo: Saraiva, 2017. p. 134.
296. Conforme obra de Marcio Felix Jobim, são pressupostos de objetivos de aplicação do *venire*: "a pré--conduta de uma das partes, a confiança da outra parte, a disposição de confiança" (ou investimento de confiança) "e o nexo de causalidade entre a confiança e a disposição". São pressupostos subjetivos do *venire*: "o merecimento de proteção da confiança" (boa-fé subjetiva) e "a imputabilidade". *Confiança e contradição*: do Código Civil ao Código do Consumidor. Porto Alegre: Livraria do Advogado, 2015. p. 238. p. 195-216.
297. MENEZES CORDEIRO, António. *Da Boa-fé no Direito Civil*. Coimbra: Almedina, 2013. p. 797.

efectividade social, era tido como presente".[298] O *tu quoque*, por sua vez, veda que se exija do outro conduta que o próprio sujeito violou.[299] Em síntese, segundo este tipo, "a pessoa que viole uma norma jurídica não poderia, sem abuso" (sem que caracterize abuso) "exercer a situação jurídica que essa mesma norma lhe tivesse atribuído".[300]

3.2.2   *Uberrima fides* como dever de probidade específico do seguro

Conforme assentado na doutrina, o princípio da boa-fé requer uma "aplicação contextualmente situada". O padrão ético de comportamento que impõe "há de ser concretizado relacional ou situacionalmente".[301] Isso significa que a aplicação da boa-fé objetiva é sistematicamente orientada em duplo aspecto. Em primeiro lugar, pelo campo de incidência. Neste particular, seu significado, suas funções e efeitos variam conforme a natureza da relação obrigacional em causa, ou seja, conforme as regras, princípios e institutos específicos da relação obrigacional (e.g. relações empresariais, de consumo, civis). No tocante às relações contratuais, diz-se que a aplicação da boa-fé é matizada pelo conjunto normativo e pelo sistema interno do tipo.[302]

Por outro lado, a aplicação da boa-fé é orientada pela materialidade da relação jurídica subjacente ("primazia da materialidade subjacente"), a exigir que os exercícios e posições jurídicas "sejam avaliados em termos materiais, de acordo com as efetivas consequências que acarretem".[303] Em outras palavras, a atuação de boa-fé deve ser valorada "em vista do contrato e de suas circunstâncias (jurídicas, econômicas, sociais, estratégicas), considerando-se, também, as eficácias que produz".[304] Sob esta ótica, os deveres decorrentes da boa-fé encontram diferentes manifestações, apresentando, inclusive, diferentes graus de intensidade e consequências jurídicas em caso de violação. Conforme o tipo do dever e o modo de

---

298. MENEZES CORDEIRO, António. *Da Boa-fé no Direito Civil*. Coimbra: Almedina, 2013. p. 816.
299. MARTINS-COSTA, Judith. *A boa-fé no direito privado*: critérios para a sua aplicação. São Paulo: Marcial Pons, 2015. p. 234.
300. MENEZES CORDEIRO, António. *Da Boa-fé no Direito Civil*. Coimbra: Almedina, 2013. p. 837.
301. MARTINS-COSTA, Judith. *A boa-fé no direito privado*: critérios para a sua aplicação. São Paulo: Marcial Pons, 2015. p. 272.
302. MARTINS-COSTA, Judith. *A boa-fé no direito privado*: critérios para a sua aplicação. São Paulo: Marcial Pons, 2015. p. 270-272.
303. MENEZES CORDEIRO, António. *Tratado de direito civil*. Coimbra: Almedina, 2012. v. I. p. 975. Conforme Menezes Cordeiro, a primazia da materialidade subjacente, "no fundo", "conduz a uma melhor articulação do sistema com a periferia, permitindo uma interpretação e uma aplicação melhoradas das mais diversas mensagens normativas". Idem, p. 976.
304. MARTINS-COSTA, Judith. *A boa-fé no direito privado*: critérios para a sua aplicação. São Paulo: Marcial Pons, 2015. p. 322.

sua violação, pode ter por efeito o ressarcimento, a indenização, a caducidade, a invalidade ou, mesmo, a resolução do contrato, entre outros.[305]

Nesse contexto, a *uberrima fides* atua como veículo de concretização do princípio da boa-fé[306] no seguro, em atenção à natureza da relação jurídica e à sua materialidade subjacente. Moldada pelo sistema interno do tipo, a *uberrima fides* permite a aplicação adequada da boa-fé à relação de seguros. Nesse sentido, é fator de segurança na aplicação da boa-fé e conceito revelador de um dever de probidade específico a ser observado no contrato de seguro.

A *uberrima fides* traduz um especial dever de lealdade e cooperação do segurado e do segurador em relação à garantia. Trata-se de um dever de atuar com a mais estrita boa-fé e veracidade em relação ao risco e ao interesse garantidos. Este dever de máxima boa-fé, porém, não é um fim em si mesmo. É instrumental. Tendo por finalidade assegurar a regular formação e execução do contrato de seguro, em atendimento à sua causa, persegue os valores estruturantes do sistema interno do tipo. Tem seu conteúdo e efeitos moldados pelas regras e princípios que conformam a disciplina normativa do seguro.

Nesses termos, o dever de *uberrima fides* está orientado à prevenção e à repressão da fraude (ou risco moral);[307] à seleção e à subscrição do risco; à conformação e preservação da relação de correspondência entre prêmio (puro) e risco garantido (base econômica do contrato); assim como ao próprio adimplemento da garantia. Da mesma forma, sua aplicação é orientada pelos conceitos de risco e interesse legítimo, essenciais do tipo; pelo princípio indenitário, aplicável aos seguros de danos; assim como pelos princípios da audácia e do absenteísmo; entre outros tantos aspectos que conformam a disciplina do seguro.

---

305. MARTINS-COSTA, Judith. *A boa-fé no direito privado*: critérios para a sua aplicação. São Paulo: Marcial Pons, 2015. p. 322-323.
306. MENEZES CORDEIRO, António. *Tratado de direito civil*. Coimbra: Almedina, 2012. v. I. p. 967.
307. O risco moral diz respeito ao comportamento "do titular do interesse garantido capazes de influenciar na dimensão do risco. Quando o aumento do risco decorre de atuações desonestas ou fraudulentas, diz-se *moral hazard*; quando relacionada à perda de incentivos à prevenção ou atenuação do sinistro, justamente em razão da contratação do seguro, diz-se *morale hazard*. O conceito de risco moral compreende, assim, tanto a possibilidade do titular do interesse adotar, ao longo da relação contratual, justamente por estar garantido pelo seguro, uma postura negligente, diminuindo o seu grau de vigilância, de modo a facilitar a ocorrência do sinistro (comportamento culposo), como, até mesmo, uma conduta oportunista, visando o recebimento da indenização securitária ou do capital segurado (comportamento doloso). Na operação de seguros, há uma série de técnicas voltadas à prevenção do risco moral (*e.g.* franquia ou participação obrigatória do segurado, cláusula de exclusão de riscos, entre outras)" (MIRAGEM, Bruno; PETERSEN, Luiza. *Direito dos seguros*. Rio de Janeiro: Forense, 2022. p. 47). Veja-se, também: VAUGHAN, Emmett J; VAUGHAN, Therese M. *Fundamentals of risk and insurance*. 7. ed. New York: John Wiley & Sons Inc, 1996, p. 7. MACKAAY, Ejan; ROUSSEAU, Stéphane. *Análise econômica do direito*. 2. ed. Trad. Rachel Sztajn. São Paulo: Atlas, 2015. p. 138-139.

A exigência de *uberrima fides*, desse modo, se justifica na medida em que assegure a observância dessas regras e princípios estruturantes do contrato de seguro, voltadas à satisfação dos interesses e expectativas legítimas das partes e ao regular funcionamento do contrato.

Naturalmente, entretanto, a *uberrima fides* não esgota o âmbito de concreção do princípio da boa-fé no seguro. A *uberrima fides* não tutela todas as expectativas legítimas que surgem na relação jurídica de seguros, mas tem seu objeto circunscrito às expectativas legítimas particularmente relacionadas à causa do contrato, ou seja, à garantia de interesse do segurado contra riscos predeterminados. Para além dessas situações, há uma pluralidade de expectativas legítimas possíveis na relação de seguros cuja tutela opera mediante a incidência do princípio da boa-fé, ou de normas específicas que a concretizem, porém sem qualquer relação com a *uberrima fides*.

O desenvolvimento histórico da *uberrima fides* e da boa-fé objetiva justificam essa distinção entre os seus campos operativos. A primeira surge e se estabiliza polarizada pela causa do contrato de seguro e com função estrutural, do que resultam seus efeitos em todas as etapas do vínculo. A segunda, como princípio geral dos contratos, com conteúdo aberto e abrangente da tutela das múltiplas e variadas expectativas legítimas que possam surgir, concretamente, em uma determinada relação obrigacional. A história dos conceitos evidencia uma série de situações no contrato de seguro cuja tutela encontra fundamento na *uberrima fides* (como conceito concretizador da boa-fé), e outras tantas que derivam simplesmente do princípio da boa-fé (sem a mediação da *uberrima fides*). A história dos conceitos, portanto, marca o limite da distinção.

Encontram fundamento na *uberrima fides*, por exemplo, os deveres de declaração inicial do risco, de mitigação e atenuação dos danos decorrentes do sinistro e outros tantos de gestão ética do risco. Por outro lado, decorrem do princípio da boa-fé uma série de posições jurídicas não relacionadas diretamente à garantia (ao objeto do contrato de seguro). Este é o caso, por exemplo, da limitação do direito do segurador de resolução do contrato em caso de adimplemento substancial do prêmio pelo segurado; da nulidade de cláusula contratual que, em contratos de seguro de consumo, estabeleçam, ao desfavor do segurado, obrigações incompatíveis com a boa-fé, porém que não tenham relação direta com o conteúdo ou objeto da garantia (art. 51, IV, CDC). Também é o caso da obrigação do segurador fornecedor, perante o segurado consumidor, por toda "informação ou publicidade, suficientemente precisa, veiculada por qualquer forma ou meio de comunicação com relação a produtos e serviços oferecidos ou apresentados" (art. 30, CDC).

3.2.2.1 Uberrima fides *como fonte de deveres anexos à garantia*

Na sua função jurígena, a *uberrima fides* é fonte de deveres anexos de conduta do segurado e do segurador em relação à garantia, relativos ao seu objeto e adimplemento. Constituem deveres recíprocos de cooperação e lealdade em relação ao conhecimento do risco e do interesse garantidos e ao modo de sua gestão (exige-se a gestão ética do risco), os quais privilegiam a adoção de certo comportamento, tido como correto ou esperado pelo outro contratante, que seja necessário à regular formação e execução do contrato, muitas vezes essencial à própria manutenção do vínculo ou ao adimplemento da garantia.

Esses deveres de conduta, que permeiam toda a relação de seguros, desde a fase de formação até a fase de execução do contrato, podem resultar de disposição legal expressa, de norma administrativa regulamentar, de cláusula do contrato (condições gerais) ou diretamente da incidência da *uberrima fides* (art. 765 do Código Civil).[308] Em qualquer caso, seu fundamento axiológico é a *uberrima fides*.

Decorrem da incidência direta da *uberrima fides*, por exemplo, muitos dos deveres inerentes à regulação do sinistro, assim como o dever do segurador de informar ao segurado as circunstâncias que diminuam o risco ou que agravem o estado de risco naqueles casos em que a garantia envolve técnicas disruptivas de gerenciamento do risco, especialmente controladas pelo segurador. Também podem advir da incidência direta da *uberrima fides* as exigências de notificação da expectativa de sinistro e de adiantamento da indenização securitária.

Esses deveres de conduta podem ser agrupados em duas categorias essenciais: (i) os deveres de informação em relação ao objeto da garantia; (ii) e os deveres de gestão ética do objeto da garantia e do sinistro.

3.2.2.1.1 *Deveres de informação em relação ao objeto da garantia*

Os deveres de informação em relação ao objeto da garantia subdividem-se em duas espécies. De um lado, compreendem os deveres de informação relativos ao estado do risco e ao interesse garantidos, que visam colocar o outro contratante, geralmente o segurador, mas nem sempre, a par das circunstâncias concretas do risco e do interesse garantido, seja na fase de formação do contrato (e.g. dever de declaração inicial do risco, conforme art. 766 do CC), ou na fase de execução do

---

308. No PL 29/2017, do art. 56 ("O contrato de seguro deve ser interpretado e executado segundo a boa-fé"). A respeito do artigo e dos fundamentos da *uberrima fides* no sistema jurídico brasileiro, segundo a reforma legislativa proposta, remete-se o leitor à nota de rodapé 103.

contrato (e.g. dever de comunicar o agravamento, conforme art. 769 do CC; de notificar o sinistro, conforme art. 771 do CC, ou, mesmo, a sua expectativa).[309]

De outro lado, compreendem o dever de informação, a cargo do segurador, que tem como objetivo prover, ao segurado, o conhecimento técnico-jurídico de que necessita para formar seu consentimento (para decidir sobre a contratação) e para que cumpra com as exigências de conduta que lhe são exigidas no contrato. Nesses termos, envolve tanto o dever do segurador de informar o segurado sobre o conteúdo da garantia (e.g. âmbito de riscos cobertos, alcance e limites da cobertura, entre outras informações básicas que sejam do conhecimento técnico-especializado do segurador), assim como o dever do segurador de informar, ao segurado, quais sejam as circunstâncias fáticas relevantes do risco e do interesse que ele deve prestar (por exemplo, quando da declaração inicial do risco ou do agravamento).[310]

Esses deveres informativos assumem diferentes intensidades conforme a natureza da relação jurídica de seguros, por exemplo, conforme se trate de relação de consumo, civil ou empresarial. O que se dá, especialmente, tendo em vista as condições subjetivas do segurado, destinatário da informação, tais como: sua capacidade de acesso à informação; sua capacidade de compreensão

---

309. No PL 29/2017, o dever de declaração do risco encontra previsão no art. 44, com a adoção do regime do questionário ("Art. 44. O potencial segurado ou estipulante é obrigado a fornecer as informações necessárias à aceitação da proposta e à fixação da taxa para cálculo do valor do prêmio, de acordo com o questionário que lhe submeta a seguradora"), o qual é complementado pelo art. 45 ("Art. 45. As partes e os terceiros intervenientes no contrato, ao responderem ao questionário, devem informar tudo de relevante que souberem ou que deveriam saber a respeito do interesse e do risco a serem garantidos, de acordo com as regras ordinárias de conhecimento"). O dever de comunicar o agravamento do risco, encontra previsão no art. 14 ("Art. 14. O segurado deve comunicar à seguradora relevante agravamento do risco, tão logo dele tome conhecimento"). E o dever de notificar o sinistro, no art. 66, II ("Art. 66. Ao tomar ciência do sinistro ou da iminência de seu acontecimento, com o objetivo de evitar prejuízos à seguradora, o segurado é obrigado a: II – avisar prontamente a seguradora, por qualquer meio idôneo (...)".
310. A respeito desses deveres de informação do segurador no PL 29/2017, destaca-se o art. 46 ("Art. 46. A seguradora deverá alertar o potencial segurado ou estipulante sobre quais são as informações relevantes a serem prestadas na formação do contrato de seguro e esclarecer, em suas comunicações e questionários, as consequências do descumprimento do dever de informar"). Da mesma forma, o art. 48 ("Art. 48. O proponente deverá ser cientificado com antecedência sobre o conteúdo do contrato, obrigatoriamente redigido em língua portuguesa e inscrito em suporte duradouro, nos termos do § 1º do art. 42. § 1º As regras sobre perda de direitos, exclusão de interesses, prejuízos e riscos, imposição de obrigações e restrições de direitos serão redigidas de forma clara, compreensível e colocadas em destaque, sob pena de nulidade. §2º O contrato celebrado sem atender ao previsto no caput, naquilo que não contrariar a proposta, será regido pelas condições contratuais previstas nos modelos que vierem a ser tempestivamente depositados pela seguradora no órgão fiscalizador de seguros, para o ramo e a modalidade de garantia constantes da proposta, prevalecendo, quando mencionado na proposta o número do processo administrativo, o clausulado correspondente cuja vigência abranja a época da contratação do seguro, ou o mais favorável ao segurado, caso haja diversos clausulados depositados para o mesmo ramo e modalidade de seguro e não exista menção específica a nenhum deles na proposta").

da informação; seu conhecimento técnico-jurídico; entre outros fatores que revelam a existência de uma vulnerabilidade informacional[311] ou assimetria informacional[312] a ser corrigida.

Da mesma forma, esses deveres assumem diferentes dimensões conforme seu propósito material. Podem envolver o simples aviso ou notificação de fatos à contraparte, a exemplo do aviso do sinistro; o esclarecimento sobre fatos ou circunstâncias técnico-jurídicas pertinentes ao objeto da garantia; ou, mesmo, o aconselhamento e a orientação sobre a conduta adequada ou a decisão a tomar. Observa-se, neste particular, que o segurado, para além do aviso do sinistro, deve prestar esclarecimentos, ao segurador e ao regulador do sinistro, a respeito das circunstâncias fáticas que envolveram o sinistro.[313] Da mesma forma, exige-se que o segurador esclareça, ao segurado, as circunstâncias relevantes do risco e do interesse que este deve comunicar. Igualmente, o dever de informação pode assumir a forma de aconselhamento ou orientação. Assim, por exemplo, quando o segurador, no exercício da função preventiva da garantia, oriente o segurado sobre a conduta adequada a tomar quanto à gestão do risco em concreto.

3.2.2.1.2 Deveres de gestão ética do objeto da garantia e do sinistro

A segunda categoria de deveres de conduta decorrentes da *uberrima fides* envolve os deveres de gestão ética do objeto da garantia e do sinistro. A espécie compreende uma pluralidade de comportamentos de gestão do risco e do interesse garantido, que visam colocar os contratantes, segurado ou segurador, em uma certa posição de controle sobre o grau de exposição do interesse ao risco, de modo que seja possível o seu controle, a prevenção do sinistro ou atenuação das suas consequências.

Em geral, a partir da constatação de que o segurado é o gestor do risco em concreto, são deveres de condutas dele exigidos. Este é o caso dos deveres de não agravar intencionalmente o risco (art. 768 do CC)[314] e de adotar as medidas

---

311. MARQUES, Claudia Lima. *Contratos no Código de Defesa do Consumidor*: o novo regime das relações contratuais. 6. ed. São Paulo: Ed. RT, 2011. p. 321 e ss.
312. MARTINS-COSTA, Judith. *A boa-fé no direito privado*: critérios para a sua aplicação. São Paulo: Marcial Pons, 2015. p. 535.
313. No PL 29/2017, esse dever do segurado encontra previsão expressa ("Art. 66. Ao tomar ciência do sinistro ou da iminência de seu acontecimento, com o objetivo de evitar prejuízos à seguradora, o segurado é obrigado a: (...) III – prestar todas as informações de que disponha sobre o sinistro, suas causas e consequências, sempre que questionado a respeito pela seguradora").
314. No PL 29/2017, o dever de não agravar intencionalmente o risco encontra previsão no art. 13 ("Art. 13. Sob pena de perder a garantia, o segurado não deve agravar intencionalmente e de forma relevante o risco objeto do contrato de seguro").

imediatas de salvamento e contenção dos danos (art. 771 do CC).[315] Da mesma forma, a exigência de preservação do local do sinistro e de seus elementos característicos, visando a assegurar a adequada verificação dos fatos e apuração dos danos.[316]

Subjacente a esses deveres do segurado, muitos dos quais encontram previsão legal, está a ponderação entre dois princípios fundamentais do contrato de seguro: o princípio da audácia e o princípio do absenteísmo. O primeiro compreende o que Fábio Comparato definiu como função estimulante do seguro, segundo a qual o segurado, uma vez aliviado dos riscos, lança-se com mais liberdade às suas atividades ordinárias.[317] Sob esta ótica, o seguro teria por função deixar o segurado mais livre para agir, ou seja, mais livre para correr riscos e tomar decisões arriscadas. É o que vem sendo denominado, pela doutrina, de princípio da audácia ou "função desenvolvimentista do seguro".[318] O princípio do absenteísmo, por sua vez, resulta da compreensão de que o segurado deve se abster de tudo aquilo que possa aumentar o risco garantido, em dimensão e intensidade.[319] Igualmente, são deveres preordenados à prevenção do risco moral, ou seja, a evitar que o segurado, por ter contratado o seguro, adote uma postura negligente, diminuindo o seu grau de vigilância sobre o interesse garantido, de modo a facilitar a ocorrência do sinistro, ou, mesmo, a adotar uma conduta oportunista, visando o recebimento da indenização securitária.[320]

Como já tivemos a oportunidade de afirmar, no Código Civil anterior, de 1916, o "dever de abstenção era amplo: exigia-se do segurado a abstenção 'de tudo quanto pudesse aumentar os riscos' ou fosse 'contrário aos termos do estipulado', sob pena de perda do direito ao seguro",[321] conforme art. 1454.[322] E isso se justificava, segundo a doutrina, "pelo fato de ter sido o próprio in-

---

315. No PL 29/2017, a exigência resulta do art. 66, I e II ("Art. 66. Ao tomar ciência do sinistro ou da iminência de seu acontecimento, com o objetivo de evitar prejuízos à seguradora, o segurado é obrigado a: I – tomar as providências necessárias e úteis para evitar ou minorar seus efeitos; II – avisar prontamente a seguradora, por qualquer meio idôneo, e seguir suas instruções para a contenção ou salvamento").
316. Nos termos do art. 68 do PL 29/2017: "É vedado ao segurado e ao beneficiário promover modificações no local do sinistro, bem como destruir ou alterar elementos relacionados ao sinistro".
317. COMPARATO, Fábio Konder. *O Seguro de Crédito*. São Paulo: Ed. RT, 1968. p. 13.
318. TZIRULNIK, Ernesto. *Seguro de Riscos de Engenharia*: instrumento do desenvolvimento. São Paulo: Roncarati, 2015. p. 108.
319. Conforme conceito que tem sido aplicado pela jurisprudência: REsp 1485717/SP, Rel. Min. Ricardo Villas Bôas Cueva, 3ª Turma, j. 22.11.2016, DJe 14.12.2016.
320. MACKAAY, Ejan; ROUSSEAU, Stéphane. *Análise econômica do direito*. 2. ed. Trad. Rachel Sztajn. São Paulo: Atlas, 2015. p. 138-139.
321. MIRAGEM, Bruno; PETERSEN, Luiza. *Direito dos Seguros*. Rio de Janeiro: Forense, 2022, p. 232.
322. Art. 1454. "Embora vigorar o contrato, o segurado abster-se-á de tudo quanto possa aumentar os riscos, ou seja, contrário aos termos do estipulado, sob pena de perder o direito do seguro".

teressado quem transforma *in pejus* a situação de fato".³²³ Nesse sentido, não apenas o dolo, mas também a culpa, eram sancionados com a perda do direito à garantia, o que representava significativa limitação da liberdade do segurado para agir. No Código Civil de 2002, contudo, "esse dever abarca apenas o agravamento intencional", "e não todo e qualquer agravamento do risco" derivado do comportamento do segurado.³²⁴ É nesse contexto que o requisito da intencionalidade, no caso do agravamento do risco, deve ser compreendido: como uma "opção do legislador" em que há "clara valorização da liberdade do segurador para agir".³²⁵

Esses deveres de gestão ética do objeto da garantia e do sinistro, por outro lado, também podem vincular o próprio segurador. Este é o caso da exigência de que adote medidas de salvamento, destinadas a atenuar as consequências do sinistro ou a evitar a ocorrência do sinistro, quando o seguro desempenhe função preventiva. Da mesma forma, os deveres do segurador voltados à adequada e tempestiva regulação do sinistro e apuração dos danos, os quais, em última análise, asseguram o regular adimplemento da garantia. Entre eles, destaca-se o dever do segurador de realizar adiantamentos da indenização securitária quando essa providência revele-se necessária à preservação do interesse útil do segurado na prestação do segurador e haja prévia convicção sobre o cabimento da indenização.³²⁶ Igualmente, o dever do segurador de conduzir a regulação do sinistro segundo procedimentos técnicos acreditados, que permitam a adequada apuração dos fatos e do *quantum* a indenizar.³²⁷

---

323. PONTES DE MIRANDA, Francisco. *Tratado de Direito Privado*. Atual. Bruno Miragem. São Paulo: Ed. RT, 2012. t. XLV e XLVI. p. 487.
324. MIRAGEM, Bruno; PETERSEN, Luiza. *Direito dos Seguros*. Rio de Janeiro: Forense, 2022, p. 232.
325. MIRAGEM, Bruno; PETERSEN, Luiza. *Direito dos Seguros*. Rio de Janeiro: Forense, 2022, p. 232.
326. Observa-se que o adiantamento da indenização securitária constitui prática usual em determinados ramos de seguro. Encontra previsão na legislação estrangeira. Assim, por exemplo, na lei de seguros da Argentina (art. 51, Ley de Seguros 17.418, de 1967). Da mesma forma, no Código Comercial brasileiro, conforme dispõe o art. 721: "Nos casos de naufrágio ou varação, presa ou arresto de inimigo, o segurado é obrigado a empregar toda a diligência possível para salvar ou reclamar os objetos seguros, sem que para tais atos se faça necessária a procuração do segurador, do qual pode o segurado exigir o adiantamento do dinheiro preciso para a reclamação intentada ou que se possa intentar, sem que o mau sucesso desta prejudique ao embolso do segurado pelas despesas ocorridas". Igualmente, encontra previsão no PL 29/2017 (art. 77, par. único. "Apurando a existência de sinistro e de quantias parciais a pagar, a seguradora deverá adequar suas provisões e efetuar, em favor do segurado ou beneficiário, em no máximo 30 (trinta) dias, adiantamentos por conta do pagamento final").
327. Neste particular, "exige-se que seja observada a técnica securitária, conforme clausulado, usos, definições do órgão regulador, entre outros aspectos, assim como a técnica adequada à apuração dos danos segundo a natureza do interesse coberto, inclusive com a contratação de regulador de sinistro ou de serviços de perícia quando necessário. A violação destes deveres importa no inadimplemento, mesmo que cumprida formalmente a obrigação de regulação do sinistro pelo segurador". MIRAGEM, Bruno; PETERSEN, Luiza. *Direito dos Seguros*. Rio de Janeiro: Forense, 2022, p. 258.

3.2.2.1.3 Efeitos da inobservância dos deveres anexos à garantia

A inobservância desses deveres de conduta anexos à garantia produz efeitos jurídicos variados. Pode justificar, conforme o caso, efeitos caducificantes, resolutórios, revisionais, indenizatórios ou, mesmo, restritivos de direitos.

Quando são inobservados pelo segurado, as consequências jurídicas variam conforme o grau de censurabilidade da sua conduta. Como regra, em caso de má-fé ou dolo, o comportamento do segurado é sancionado com a perda do direito à garantia. Em caso de boa-fé ou de mera culpa, por outro lado, o descumprimento gera consequências jurídicas menos gravosas ao segurado, as quais variam conforme o escopo do dever violado e tutelam a confiança do segurador. Nesse sentido, pode justificar a revisão do prêmio, a resolução do contrato ou, eventualmente, indenização por perdas e danos.[328]

A hipótese é exemplificada pela disciplina do dever de declaração inicial do risco, conforme previsto no art. 766, caput e par. único, do Código Civil.[329] Neste caso, se a omissão de circunstâncias ou a inveracidade das declarações resultar de má-fé do segurado, este perde o direito à garantia, permanecendo obrigado ao prêmio vencido. Do contrário, se o descumprimento não resultar de má-fé, surgem duas alternativas: antes da ocorrência do sinistro, o segurador tem o direito a resolver o contrato ou a cobrar a diferença entre o prêmio pago e o prêmio devido conforme o estado real do risco; após a ocorrência do sinistro, o segurador tem o direito de cobrar a diferença entre o prêmio pago e o prêmio devido, subsistindo o direito do segurado à garantia.[330]

---

328. Essa sistemática, que preside a disciplina do tipo no Código Civil, em linhas gerais, subsiste no PL 29/2017, o que se percebe no art. 14, §§ 1º-4º (dever de comunicação do agravamento do risco), no art. 44 §§ 1º-3º (dever de declaração inicial do risco), no art. 47, §§ 1º e 2º (dever de averbação do risco), no art. 66 §§ 1º-2º e no art. 68 §§ 1º-2º (deveres em caso de sinistro), os quais atribuem diferentes consequências jurídicas em caso de inobservância do dever pelo segurado conforme o grau de censurabilidade da sua conduta, ou seja, conforme haja com dolo ou culpa. Em comparação ao tratamento endereçado pelo Código Civil, o PL inova em alguns aspectos, por exemplo, prevendo a obrigação do segurado de ressarcimento das perdas efetuadas pelo segurador (em caso de dolo) e a redução proporcional da garantia (em caso de culpa). Da mesma forma, ao utilizar, em regra, os termos dolo e culpa no suporte fático das referidas normas.

329. Art. 766. "Se o segurado, por si ou por seu representante, fizer declarações inexatas ou omitir circunstâncias que possam influir na aceitação da proposta ou na taxa do prêmio, perderá o direito à garantia, além de ficar obrigado ao prêmio vencido. Parágrafo único. Se a inexatidão ou omissão nas declarações não resultar de má-fé do segurado, o segurador terá direito a resolver o contrato, ou a cobrar, mesmo após o sinistro, a diferença do prêmio".

330. TZIRULNIK, Ernesto; CAVALCANTI, Flávio; PIMENTEL, Ayrton. *O Contrato de Seguro*. 3. ed. São Paulo: Roncarati, 2016. p. 114-118. No PL 29/2017, o dever de declaração inicial do risco é disciplinado pelo art. 44 ("Art. 44. O potencial segurado ou estipulante é obrigado a fornecer as informações necessárias à aceitação da proposta e à fixação da taxa para cálculo do valor do prêmio, de acordo com o questionário que lhe submeta a seguradora"), cujos §§ 1º a 3º estabelecem diferentes consequências jurídicas em caso de inobservância do dever pelo segurado ou pelo tomador do seguro conforme o

O descumprimento dos deveres de conduta pelo segurador, por outro lado, pode levar ao ressarcimento por perdas e danos, à ineficácia de cláusulas contratuais, ou, até mesmo, impossibilitar o exercício de determinada posição jurídica pelo segurador, entre outras consequências. Assim, por exemplo, quando o segurador não esclareça, ao segurado, quais são as circunstâncias relevantes do risco que este deve declarar quando da formação do contrato, não pode, posteriormente, alegar o descumprimento do dever de declaração inicial do risco pelo segurado com fundamento na omissão de circunstância relevante; com exceção, naturalmente, daqueles casos em que o segurado não se encontra em uma posição de assimetria informacional. Da mesma forma, quando o segurador não informa adequadamente, ao segurado-consumidor, sobre determinada cláusula de exclusão de riscos, não pode, posteriormente, valer-se dessa mesma cláusula para negar o pagamento da indenização em caso de sinistro, a qual é ineficaz conforme art. 46 do CDC.[331]

Tradicionalmente, no Direito dos Seguros, muitos desses deveres de conduta exigidos do segurado são compreendidos pela doutrina como ônus jurídicos (*Obliengenhaiten*).[332] Sua distinção, dos deveres jurídicos propriamente ditos, se justifica na medida em que não são objeto de exigibilidade jurídica pelo outro contratante, de modo que do seu cumprimento depende apenas a produção de determinado efeito favorável àquele que deve realizá-lo.[333] Também distinguem-se

---

grau de censurabilidade da sua conduta. Nos termos do § 1º, "o descumprimento doloso do dever de informar previsto no caput importará em perda da garantia, sem prejuízo da dívida de prêmio e da obrigação de ressarcir as despesas efetuadas pela seguradora". Por outro lado, nos termos do § 2º, "o descumprimento culposo do dever de informar previsto no *caput* implicará a redução da garantia proporcionalmente à diferença entre o prêmio pago e o que seria devido caso prestadas as informações posteriormente reveladas". Por fim, o § 3º estabelece que, "se, diante dos fatos não revelados, a garantia for tecnicamente impossível, ou se tais fatos correspondem a um tipo de interesse ou risco que não seja normalmente subscrito pela seguradora, o contrato será extinto, sem prejuízo da obrigação de ressarcir as despesas efetuadas pela seguradora".

331. MIRAGEM, Bruno. *Curso de Direito do Consumidor*. 8. ed. São Paulo: Ed. RT, 2019. p. 288-289.
332. A discussão tem origem no direito alemão no séc. XX, a partir do desenvolvimento doutrinário do conceito de *Obliegenheiten* (WOLF; NEUNER. *Allgemeiner Teil des Bürgerlichen Rechts*. 10 Auflege. München: Verlag C.H Beck. p. 210). Posteriormente, foi recepcionada no direito italiano (no direito dos seguros: DONATI, Antigono. *Trattato del Diritto delle Assicurazioni Private*. Milano: Giuffrè, 1952. v. II. p. 383 e ss.) e em outros sistemas jurídicos (HALPERIN, Isaac. *El contrato de seguro (seguros terrestres)*. Buenos Aires: Tipografica Editora Argentina, 1946, p. 157-159). No direito dos seguros brasileiro: TZIRULNIK, Ernesto. CAVALCANTI, Flávio; PIMENTEL, Ayrton. *O Contrato de Seguro*. 3. ed. São Paulo: Roncarati, 2016. p. 128.
333. "O encargo prefigura uma conduta de uma das partes, prevista no contrato ou em regras aplicáveis. Tal conduta é necessária, para a produção de um determinado efeito. Todavia, se for inobservada, a contraparte não tem nem o direito de pedir a sua execução judicial, nem de exigir uma indenização. As consequências da inobservância de encargo exaurem-se na não obtenção do efeito de cuja produção se trate ou na sua não obtenção por inteiro". MENEZES CORDEIRO, António. *Direito dos seguros*. Coimbra: Almedina, 2016, p. 587. No mesmo sentido: MIRAGEM, Bruno. *Direito das obrigações*. 3. ed. Rio de Janeiro: Forense, 2021, p. 6.

dos deveres jurídicos propriamente ditos porque, em regra, sua inobservância não dá causa à indenização, mas a outras consequências jurídicas, a exemplo da caducidade (perda do direito à garantia). A rigor, porém, da *uberrima fides*, podem resultar, no seguro, tanto ônus jurídicos (deveres anexos à garantia *lato sensu*), como deveres anexos propriamente ditos (deveres anexos à garantia *stricto sensu*).[334]

3.2.2.2 Uberrima fides *como critério de interpretação do contrato*

A *uberrima fides* também concretiza o princípio da boa-fé como critério de interpretação e integração do contrato de seguro (função hermenêutica): tanto em relação ao alcance e à extensão da garantia quanto em relação aos comportamentos exigidos das partes. Em caso de ambiguidade ou contradição ou, mesmo, de eventual lacuna contratual, a *uberrima fides* implica a interpretação ou integração do conteúdo do contrato conforme a exigência de mais estrita boa-fé e veracidade, em vista às expectativas legítimas das partes no tocante ao objeto da garantia.[335]

A importância hermenêutica da *uberrima fides* é destacada em caso de ambiguidade ou contradição do texto das cláusulas contratuais, notadamente daquelas de exclusão de riscos. Nesses casos, será determinante na definição do que sejam as expectativas legítimas do segurado na garantia digna de tutela, o que se dá a partir dos pressupostos de proteção da confiança, concretizados na relação de seguros (boa-fé subjetiva, fator de justificação, investimento de confiança e imputação da confiança).[336] Essa atividade hermenêutica das cláusulas contra-

---

334. Como explica Menezes Cordeiro, "a precisa natureza dos encargos levantou dúvidas". Surgem diversas teorias: "Segundo a teoria da pressuposição, o cumprimento de um encargo seria simplesmente pressuposto objetivo para a obtenção dos direitos do tomador. O interesse no cumprimento residiria aqui não na esfera do credor (do segurador), como seria crucial, mas na do próprio devedor. A teoria da vinculação toma o encargo como uma obrigação comum ou como um dever que cumpre executar. A teoria do dever mitigado sustenta antes que o encargo traduz uma adstrição jurídica de força reduzida. A teoria do dever acessório tem sido propugnada por alguma doutrina mais recente, que aproveita os avanços jurídico-científicos recentes do Direito das obrigações. Os deveres acessórios, ao contrário dos deveres de prestar, principal e secundários, não dão sempre azo a pretensões de cumprimento ou de indenização. Podem ter consequências variadas. Com esta amplitude, eles poderiam absorver as *Obgliengenheiten*. A teoria do encargo descobre, nesta figura, algo dotado de natureza própria, que só perde se for reconduzido a conceitos preexistentes [...] Ficamo-nos, pois, pela teoria do encargo: uma figura passiva, de exercício facultativo, posta pelo Direito como modo de prosseguir um certo resultado" (MENEZES CORDEIRO, António. *Direito dos seguros*. Coimbra: Almedina, 2016, p. 589).
335. No PL 29/2017, o papel da boa-fé na interpretação do contrato de seguro é reconhecido no art. 56 ("O contrato de seguro deve ser interpretado e executado segundo a boa-fé").
336. Neste particular, um dos critérios para a delimitação da situação de confiança no contrato de seguro está na própria distinção entre riscos ordinários e extraordinários. Na lição de Pedro Alvim, os primeiros "apresentam um comportamento estatístico regular, com uma variação escalonada dentro de limites que permitem calcular os coeficientes matemáticos necessários à organização técnica dos planos de seguro". Os segundos, "carecem dessa regularidade", exigindo "um tratamento especial do

tuais, conforme a *uberrima fides*, opera em harmonia com os demais cânones interpretativos que particularizam o contrato de seguro. Sendo este um contrato de adesão, firmado por meio de cláusulas gerais, valem duas regras básicas. Em primeiro lugar, a interpretação mais favorável ao aderente em caso de ambiguidade ou contradição (art. 423 do CC). Em segundo lugar, a regra, segundo a qual, em caso de dúvida ou contradição, as disposições especiais (cláusulas especiais) prevalecem sobre as gerais (cláusulas gerais).[337]

De outro lado, a *uberrima fides* tem sua importância hermenêutica destacada na definição do modo adequado de cumprimento das condutas exigidas das partes em caso de dúvida, contradição ou de eventual lacuna contratual. Será determinante, nesse sentido, para a definição do que seja o prazo razoável de que dispõe o segurado para o aviso do sinistro ao segurador ou para a comunicação do agravamento do risco. Observa-se, neste particular, que estas são condutas impostas ao segurado pelos art. 771[338] e 769[339] do Código Civil, sob pena de consequências gravosas (perda do direito à indenização, no primeiro caso, e perda do direito à garantia, no segundo). Sua previsão, porém, ocorre sem a definição de um prazo certo para o cumprimento da exigência, com o emprego de expressão vaga ("logo que saiba"), cuja concretização se dá pelo intérprete no caso concreto. O mesmo se diga em relação ao aviso da expectativa de sinistro quando o prazo para seu exercício não conste do contrato.[340]

---

segurador para sua cobertura, através do estabelecimento de padrões técnicos que possam compensar sua instabilidade" (ALVIM, Pedro. *O contrato de seguro*. 3. ed. Rio de Janeiro: Forense, 1999, p. 253). "A distinção, além de orientar o segurador na atividade de gerenciamento e subscrição do risco, guia o intérprete na identificação dos riscos que podem ser recusados ou excluídos da garantia, por serem extraordinários, e dos riscos em relação aos quais há uma expectativa legítima de garantia, por serem ordinários". MIRAGEM, Bruno; PETERSEN, Luiza. *Direito dos seguros*. Rio de Janeiro: Forense, 2022. p. 143.

337. O PL 29/2017 prevê expressamente os seguintes cânones interpretativos ao contrato de seguro: Art. 57. "Se da interpretação de quaisquer documentos elaborados pela seguradora, tais como peças publicitárias, impressos, instrumentos contratuais ou pré-contratuais, resultarem dúvidas, contradições, obscuridades ou equivocidades, elas serão resolvidas no sentido mais favorável ao segurado, ao beneficiário ou ao terceiro prejudicado". Art. 58. "As condições particulares do seguro prevalecem sobre as especiais, e estas, sobre as gerais". Art. 59. "As cláusulas referentes a exclusão de riscos e prejuízos ou que impliquem limitação ou perda de direitos e garantias são de interpretação restritiva quanto à sua incidência e abrangência, cabendo à seguradora a prova do seu suporte fático".

338. Art. 771. "Sob pena de perder o direito à indenização, o segurado participará o sinistro ao segurador, logo que o saiba, e tomará as providências imediatas para minorar-lhe as consequências".

339. Art. 769. "O segurado é obrigado a comunicar ao segurador, logo que saiba, todo incidente suscetível de agravar consideravelmente o risco coberto, sob pena de perder o direito à garantia, se provar que silenciou de má-fé".

340. No PL 29/2017, os referidos artigos, que tratam, respectivamente, do aviso do sinistro e da comunicação de agravamento do risco, encontram correspondência nos artigos 66 e 14. Art. 66. "Ao tomar ciência do sinistro ou da iminência de seu acontecimento, com o objetivo de evitar prejuízos à seguradora, o segurado é obrigado a: I – tomar as providências necessárias e úteis para evitar ou minorar seus efeitos; II – avisar prontamente a seguradora, por qualquer meio idôneo, e seguir suas instruções para a con-

3.2.2.3 Uberrima fides *como fundamento à sanção da má-fé (fraude)*

Na sua função sancionatória, a *uberrima fides* fundamenta a sanção à má-fé, à fraude,[341] no contrato de seguro. Desta função resulta a previsão legal de um conjunto de normas que sancionam determinados comportamentos fraudulentos típicos do segurado ou do segurador, ou, simplesmente, naquelas situações não previstas em lei, a coibição ao comportamento doloso mediante o exercício da *exceptio doli*, compreendida como a faculdade protestativa de paralisar o comportamento do outro contratante em caso de dolo.[342]

O dolo sancionado, aqui, é a conduta fraudulenta, praticada de má-fé, seja pelo segurado, com a intenção de enganar e obter vantagem indevida do segurador, seja pelo segurador, com a intenção de enganar o segurado e dele obter vantagem indevida.[343] Em outros termos, o dolo sancionado é o que passamos a denominar "dolo específico", praticado de má-fé, com a intenção de fraude, em contraposição ao "dolo genérico", ou seja, ao ato voluntário ou deliberado do segurado, causador, por exemplo, do sinistro ou do agravamento do risco, praticado sem a intenção de fraude, sem má-fé, por motivos alheios ao seguro.[344]

São comportamentos fraudulentos típicos no contrato de seguro a simulação ou a causação dolosa do sinistro com a finalidade de receber a indenização securitária; a omissão dolosa de circunstâncias relevantes do risco para o pagamento de prêmio a menor que o devido; a não comunicação de agravamento do risco com a intenção de não pagar um prêmio maior em razão da alteração das circunstâncias; a contratação de seguro de dano com garantia superior ao que valha o bem

---

tenção ou salvamento; III – prestar todas as informações de que disponha sobre o sinistro, suas causas e consequências, sempre que questionado a respeito pela seguradora. § 1º O descumprimento doloso dos deveres previstos neste artigo implica a perda do direito à indenização ou ao capital pactuado, sem prejuízo da dívida de prêmio e da obrigação de ressarcir as despesas efetuadas pela seguradora". Art. 14. "O segurado deve comunicar à seguradora relevante agravamento do risco, tão logo dele tome conhecimento (...) § 3º O segurado que dolosamente descumprir o dever previsto no *caput* perde a garantia, sem prejuízo da dívida de prêmio e da obrigação de ressarcir as despesas incorridas pela seguradora".

341. LIMA, Alvino. *A fraude no direito civil*. São Paulo: Saraiva, 1965. p. 10-12.
342. MIRAGEM, Bruno. *Direito das obrigações*. 3. ed. Rio de Janeiro: Forense, 2021. p. 68. WIEACKER, Franz. *El principio general de la buena fe*. Trad. Jose Lus Carro. Madrid: Civistas, 1977. p. 20-21.
343. Toma-se, assim, a noção de dolo em sentido amplo (*lato sensu*), como "intenção de prejudicar", "de obter vantagem para si ou para outrem", não se restringindo ao seu sentido estrito (*stricto sensu*), como "a comunicação de informação errônea, a prática de manobra ardilosa ou a omissão de informações que provoquem o engano em outrem por ocasião da celebração de um negócio jurídico". BENETTI, Giovana. *Dolo no direito civil*. Uma análise da omissão de informações. São Paulo: Editora Quartier Latin do Brasil, 2019. p. 30-31.
344. Classificação que encontra significado, no Direito dos Seguros brasileiro, na interpretação dos arts. 762 e 768 do Código Civil. MIRAGEM; PETERSEN. *Direito dos seguros*. Rio de Janeiro: Forense, 2022, p. 138.

com a intenção de obter lucro no caso de sinistro; entre outras tantas condutas do segurado ou do segurador relacionadas ao risco e ao interesse garantido.

Quando configurada, a fraude é objeto de sanção e gera consequências jurídicas específicas. A fraude do segurador costuma ser sancionada com a obrigação de pagamento em dobro do prêmio ao segurado (art. 773 do Código Civil). A fraude do segurado, com a perda do direito à garantia e a obrigação de pagamento do prêmio vencido (arts. 766, 778 e 769 do Código Civil) ou em dobro (art. 679, Código Comercial).[345] Essa mesma fraude produz efeitos no plano da validade quando caracterizar ausência inicial de elemento essencial ao contrato de seguro (e.g. de risco ou interesse legítimo), justificando a sua nulidade.[346] Por outro lado, opera no plano da eficácia, autorizando a resolução do contrato, quando caracterizar ausência superveniente de elemento essencial do contrato. Tratando-se de seguro marítimo, "sempre que se provar fraude ou falsidade por alguma das partes", a consequência será a nulidade do contrato (art. 677 do Código Comercial).

3.2.3 Relações entre ordem pública, bons costumes e *uberrima fides*

A *uberrima fides* também concretiza os princípios da ordem pública e dos bons costumes no contrato de seguro. Nesse sentido, promove a proteção da confiança comunitária e na ordem jurídica. Desta relação deriva a vedação à garantia de comportamentos ou interesses considerados imorais ou contrários à ordem pública (função limitativa da *uberrima fides*). A eficácia da *uberrima fides*, aqui, é geral, ultrapassando os interesses internos das partes da relação jurídica de seguros.[347]

3.2.3.1 Conteúdo dos princípios da ordem pública e dos bons costumes

A autonomia privada é limitada pelos princípios da ordem pública e dos bons costumes. No direito privado brasileiro, tanto rejeita-se a validade dos negócios

---

345. O PL 29/2017 segue essa sistemática, prevendo, em caso de fraude do segurado (comportamento doloso, de má-fé), a perda do direito à garantia (ou à indenização securitária em caso de sinistro) e obrigando o segurado ao pagamento do prêmio vencido e ao ressarcimento das despesas incorridas pelo segurador (cfr. art. 14, § 3º, que trata da não comunicação dolosa do agravamento do risco; art. 44, § 1º, que trata do descumprimento doloso da declaração inicial do risco; art. 66, § 1º, que trata do descumprimento doloso dos deveres em caso de sinistro; e art. 69, que trata da provocação dolosa do sinistro). Por outro lado, a sanção de pagamento em dobro do prêmio é imputada tanto ao segurado quanto ao segurador quando a parte "tiver conhecimento da impossibilidade ou da prévia realização do risco e, não obstante, celebrar o contrato" (par. único, art. 11).
346. No PL 29/2017, o art. 11 dispõe: "O contrato é nulo quando qualquer das partes souber, no momento de sua conclusão, que o risco é impossível ou já se realizou". O art. 7º, por sua vez, estabelece: "Quando o contrato de seguro for nulo ou ineficaz, o segurado ou tomador terá direito à devolução do prêmio, deduzidas as despesas realizadas, salvo se provado que o vício decorreu de sua má-fé.
347. MIRAGEM, Bruno. *Abuso do Direito*. 2. ed. São Paulo: Ed. RT, 2013. p. 155-162.

jurídicos contrários à ordem pública (art. 2.035, para. único, do Código Civil: "Nenhuma convenção prevalecerá se contrariar preceitos de ordem pública, tais como os estabelecidos por este Código para assegurar a função social da propriedade e dos contratos"), assim como caracteriza abuso do direito (ilicitude objetiva) o exercício de direitos ou prerrogativas jurídicas que se revele contrário aos bons costumes (art. 187 do Código Civil: "Também comete ato ilícito o titular de um direito que, ao exercê-lo, excede manifestamente os limites impostos pelo seu fim econômico ou social, pela boa-fé ou pelos bons costumes").

A distinção entre os conceitos de ordem pública e bons costumes é de difícil delimitação. Usualmente são empregados conjuntamente. A rigor, porém, apresentam conteúdos distintos. Por ordem pública, compreende-se o "conjunto dos princípios fundamentais, subjacentes ao sistema jurídico, que o Estado e a sociedade estão substancialmente interessados que prevaleçam e que têm uma acuidade tão forte que devem prevalecer sobre as convenções privadas".[348] Os bons costumes, por sua vez, são as "regras morais da sociedade", "que formam a mentalidade de um povo",[349] os "valores morais indispensáveis ao convívio social".[350] O primeiro tem a sua definição centrada no sistema jurídico (diz-se contrariedade à ordem pública). O segundo, na "ética comunitária", "nos valores sociais dominantes" (diz-se contrariedade à moral pública).[351] Ambos tem seu significado variado no tempo, conforme o contexto jus-cultural em que empregados.[352]

3.2.3.2 Concretizações da ordem pública e dos bons costumes pela uberrima fides

Função típica da *uberrima fides* no contrato de seguro é a vedação à garantia de interesse do segurado contra riscos predeterminados que se revele contrária à moral ou à ordem pública (função limitativa).[353] Esta vedação, que é limitativa da autonomia privada, apresenta duplo sentido: compreende tanto, em sentido amplo, a proibição da garantia de interesses considerados imorais ou contrários

---

348. PINTO, Carlos Alberto Mota. *Teoria geral do direito civil*. 4. ed. Coimbra: Almedina, 2005. p. 557-558. No direito brasileiro, Francisco Amaral conceitua a ordem pública como o "conjunto de normas que regulam e protegem os interesses fundamentais da sociedade e do estado" (AMARAL, Francisco. *Direito Civil*. Introdução. 8. ed. Rio de Janeiro: Renovar, 2014. p. 89).
349. AMARAL, Francisco. *Direito Civil*. Introdução. 8. ed. Rio de Janeiro: Renovar, 2014. p. 90.
350. COUTO E SILVA, Clóvis V. do. *A obrigação como processo*. Rio de Janeiro: FGV Editora, 2007. p. 35.
351. MIRAGEM, Bruno. *Direito Civil: Direito das Obrigações*. São Paulo: Saraiva, 2017. p. 155.
352. PINTO, Carlos Alberto Mota. *Teoria geral do direito civil*. 4. ed. Coimbra: Almedina, 2005. p. 557-559.
353. As relações, no contrato de seguro, entre as exigências de conduta ligadas ao risco e a ordem pública e os bons costumes são destacadas: MARTINS, Maria Inês de Oliveira. *Contrato de seguro e Conduta dos Sujeitos Ligados ao Risco*. Coimbra: Almedina, 2018. p. 198 e ss.

à ordem pública (interseção entre *uberrima fides* e o conceito de interesse legítimo) quanto, em sentido estrito, a proibição da garantia de atos intencionais do segurado (interseção entre *uberrima fides* e risco).

Quando a contrariedade da garantia é originária (ausência de causa genética),[354] opera no plano da invalidade, justificando a nulidade do contrato ou da cláusula específica que contenha a violação. Quando a contrariedade se dá ao longo do vínculo contratual (ausência de causa superveniente),[355] opera no plano da eficácia, justificando a cessação dos efeitos da garantia.

3.2.3.2.1 Vedação à garantia de ato intencional do segurado

A vedação à garantia de ato intencional do segurado caracteriza o seguro desde as suas origens.[356] É preceito fundamental do tipo, que encontra previsão legal nos mais diversos ordenamento jurídicos,[357] e que repercute no próprio conceito de risco como elemento do contrato. Parcela significativa da doutrina, inclusive, afirma que o dolo do segurado importaria na própria negação do risco, fazendo desaparecer a álea ou incerteza que o caracteriza.[358] Daí a compreensão do risco, no seguro, como a possibilidade de um evento não decorrente de ato intencional do segurado.[359]

No Direito dos Seguros contemporâneo, o âmbito de riscos passíveis de garantia é amplo. Admite-se a cobertura de eventos de natureza fortuita ou de força maior, categoria que abarca todos aqueles acontecimentos que sejam, ao segurado, imprevisíveis, inevitáveis e inimputáveis. São eventos alheios ao segurado, decorrentes de fato da natureza (*e.g.* vendaval, chuva) ou, mesmo, de ato de terceiro (*e.g.* furto e roubo). Por outro lado, também admite-se a garantia de eventos causados por determinados atos ilícitos e/ou culposos do segurado.

---

354. AZEVEDO, Antonio Junqueira de. *Negócio Jurídico*. Existência, validade e eficácia. São Paulo: Saraiva, 2014. p. 125.
355. AZEVEDO, Antonio Junqueira de. *Negócio Jurídico*. Existência, validade e eficácia. São Paulo: Saraiva, 2014. p. 152.
356. DONATI, Antigono. *Trattato del Diritto delle Assicurazioni Private*. Milano: Dott. A. Giuffrè, 1952, v. 2. p. 204.
357. ALMEIDA, J. C. Moitinho. *O Contrato de Seguro no Direito Português e Comparado*. Lisboa: Livraria Sá da Costa, 1971, p. 106.
358. HALPERIN, Isaac. *El Contrato de Seguro*: seguros terrestres. Buenos Aires: Tipografica, 1946, p. 265.
359. Veja-se, por todos: ALMEIDA, J.C. Moitinho. *O Contrato de Seguro no Direito Português e Comparado*. Lisboa: Livraria Sá da Costa, 1971, p. 101-102; DONATI, Antígono. *Los Seguros Privados*: manual de derecho. Trad. Arturo Vidal Solá. Barcelona: Libreria Bosch, 1960, p. 206. Também é sustentado pela doutrina que a garantia de ato doloso importaria no reconhecimento de condição meramente potestativa, sujeita ao puro arbítrio de uma das partes, o que é vedado pelo ordenamento jurídico (art. 122 Código Civil). Nesse sentido: REGO, Margarida Lima. *Contrato de Seguro e Terceiros*: estudos de direito civil. Coimbra: Ed. Coimbra, 2010, p. 163.

Neste caso, trata-se de eventos imputáveis ao segurado, para os quais tenha contribuído com culpa (responsabilidade civil subjetiva) ou pelos quais seja civilmente responsável em razão da posição jurídica que ocupa (responsabilidade civil objetiva). Exemplificam a hipótese as diversas modalidades de seguro de responsabilidade civil, que tem como objeto a garantia de danos a terceiros pelos quais o segurado seja civilmente responsável.[360] Nesse contexto, em regra, apenas os eventos causados intencionalmente pelo segurado não são objeto de garantia.

Nem sempre, porém, foi assim. Por um longo período, admitiu-se apenas o seguro de eventos fortuitos ou de força maior, derivados de causas externas ao segurado. A garantia de sinistros para os quais o segurado tenha contribuído, ainda que por mera culpa ou não intencionalmente, era vedada. Entendia-se, na época, que não seria ético ou moral garantir as consequências da própria culpa, que a garantia de ato do próprio segurado incitaria posturas negligentes ou, mesmo, fraudulentas, e seria atentatória à ordem pública. As transformações econômicas e sociais ocorridas, porém, levaram à relativização desta concepção. Ao longo do séc. XIX, surgiram os seguros de responsabilidade civil, legitimando-se, com eles, a garantia da própria culpa. Também em outras modalidades de seguro o caráter fortuito do sinistro foi relativizado, admitindo-se, por expressa disposição contratual ou legal, a garantia de sinistros em alguma medida decorrentes de ato culposo do segurado.[361]

A vedação à garantia de ato intencional do segurado apresenta duplo sentido. De um lado, veda a contração que surge destinada à garantia de atos intencionais, hipótese em que a sua previsão contratual leva à nulidade do contrato, quando desnaturar por completo a sua causa, ou da cláusula contratual específica que preveja a hipótese quando o reconhecimento da nulidade não descaracterize, por completo, o contrato. Dispõe o art. 762 do Código Civil: "Nulo será o contrato para garantia de risco proveniente de ato doloso do segurado, do beneficiário, ou de representante de um ou de outro".[362]

De outro lado, a vedação à garantia de ato intencional proíbe que o contrato de seguro – por conta de ato voluntário ou deliberado do segurado, praticado quando da sua execução – tenha o efeito superveniente de garantir atos inten-

---

360. DONATI, Antigono. *Trattato del Diritto delle Assicurazioni Private*. Milano: Dott. A. Giuffrè, 1952, v. 2. p. 121-128.
361. DONATI, Antigono. *Trattato del Diritto delle Assicurazioni Private*. Milano: Dott. A. Giuffrè, 1952, v. 2. p. 119-123. Já tivemos oportunidade de tratar do tema em: PETERSEN, Luiza. *O risco no contrato de seguro*. São Paulo: Roncarati, p. 97-98.
362. No PL 29/2017, o art. 10 prevê: "O contrato pode ser celebrado para toda classe de risco, salvo vedação legal. Parágrafo único. São nulas as garantias, sem prejuízo de outras vedadas em lei: (...) II – contra risco de ato doloso do segurado, do beneficiário ou de representante de um ou de outro, salvo o dolo do representante do segurado ou do beneficiário em prejuízo desses".

cionais. Esta é a razão pela qual a causação voluntária do sinistro pelo segurado, ou mesmo o agravamento intencional do risco, gera, no plano da eficácia, a perda do direito à garantia. Nesse sentido, prevê o art. 768 do Código Civil: "O segurado perderá o direito à garantia se agravar intencionalmente o risco objeto do contrato". Observa-se, neste aspecto, que o direito brasileiro se particulariza por não conter norma legal que trate especificamente do sinistro intencional. O Código Comercial sanciona a fraude (arts. 677, 3, e 769), porém não propriamente a causação intencional do sinistro, tampouco o Código Civil. Isso não significa, contudo, que este comportamento não seja reprovado pelo sistema jurídico e que não haja fundamento legal para a sua sanção, o que resulta da incidência direta da *uberrima fides* (art. 765 do CC).[363]

Neste âmbito operativo da *uberrima fides*, o dolo cuja garantia é proibida é o dolo genérico. Vale dizer: o ato do segurado voluntário ou deliberado causador do sinistro, ou do agravamento do risco, ainda que praticado sem a intenção de fraude, sem má-fé, por motivos completamente alheios ao seguro. Não se confunde, assim, como o dolo específico, com a atuação do segurado de má-fé.[364]

Em alguma medida, é a vedação à garantia de ato intencional do segurado, com fundamento na *uberrima fides*, que justifica a ausência de garantia na hipótese de suicídio do segurado ocorrido nos dois primeiros anos de vigência do seguro de vida, conforme previsto no art. 798 do Código Civil ("O beneficiário não tem direito ao capital estipulado quando o segurado se suicida nos primeiros dois anos de vigência inicial do contrato, ou da sua recondução depois de suspenso").[365]

---

363. No PL 29/2017, o art. 13 prevê: "sob pena de perder a garantia, o segurado não deve agravar intencionalmente e de forma relevante o risco objeto do contrato de seguro". E o art. 16 complementa: "Sobrevindo o sinistro, a seguradora somente poderá recusar-se a indenizar caso prove o nexo causal entre o relevante agravamento do risco e o sinistro caracterizado". A provocação dolosa do sinistro, por sua vez, é objeto do art. 69: "A provocação dolosa de sinistro determina a perda do direito à indenização ou ao capital segurado, sem prejuízo da dívida de prêmio e da obrigação de ressarcir as despesas incorridas pela seguradora".
364. Como já tivemos a oportunidade de observar: "Da interpretação literal dos arts. 762 e 768 não resulta a exigência de dolo específico. No suporte fático das normas, não há referência à má-fé, tampouco à fraude (...) Diferentemente, é a previsão constante do Código Penal (art. 171, §2º, V), que, para a qualificação do tipo penal 'fraude para recebimento de indenização ou valor de seguro', exige o dolo específico. (...) A questão é da maior relevância. Na jurisprudência, são frequentes os julgados que exigem a prova da má-fé para a incidência da sanção de nulidade, de que trata o art. 762 do CC, e da sanção de perda do direito à garantia, de que trata o art. 768 do CC" (MIRAGEM, Bruno; PETERSEN, Luiza. *Direito dos seguros*. Rio de Janeiro: Forense, 2022, p. 138).
365. No PL 29/2017, a hipótese de suicídio do segurado no seguro de vida é disciplinada no art. 120 ("Art. 120. O beneficiário não terá direito ao recebimento do capital segurado quando o suicídio voluntário do segurado ocorrer antes de completados 2 (dois) anos de vigência do seguro de vida. § 1º Quando o segurado aumentar o capital, o beneficiário não terá direito à quantia acrescida se ocorrer o suicídio no prazo previsto no caput. § 2º É vedada a fixação de novo prazo de carência, nas hipóteses de renovação e de substituição do contrato, ainda que seja outra a seguradora. § 3º O suicídio em razão de grave ameaça ou de legítima defesa de terceiro não está compreendido no prazo de carência. § 4º É

No mesmo sentido, prevê a Súmula 610 do Superior Tribunal de Justiça:[366] "O suicídio não é coberto nos dois primeiros anos de vigência do contrato de seguro de vida, ressalvado o direito do beneficiário à devolução do montante da reserva técnica formada".[367]

3.2.3.2.2 Vedação à garantia de interesse contrário à moral e à ordem pública

Outra faceta do conteúdo normativo da *uberrima fides* no seguro é a vedação à garantia de interesses contrários à moral ou à ordem pública, a qual reflete no próprio conceito de interesse legítimo, elemento essencial e moralizador do tipo. Não se trata, aqui, de interesses ilícitos propriamente ditos. A proibição da garantia de atos ilícitos do segurado, que constava do art. 1.436 do Código Civil de 1916,[368] já não pode mais ser generalizada, haja vista a legitimidade reconhecida aos seguros de responsabilidade civil (art. 787 do Código Civil de 2002).[369]

O critério, aqui, é outro, mais amplo. A vedação compreende interesses cuja garantia viola a "ética comunitária", cuja garantia atenta contra os "valores sociais dominantes"[370] ou contra os valores fundamentais do sistema jurídico. Este é o caso, por exemplo, do seguro que se destine à garantia de bens ou de substâncias

---

nula a cláusula de exclusão de cobertura de suicídio de qualquer espécie. § 5º Ocorrendo o suicídio no prazo de carência, é assegurado o direito à devolução do montante da reserva matemática formada"). A respeito do debate em torno da questão no direito brasileiro: JUNQUEIRA, Thiago. O debate em torno do suicídio do segurado na experiência brasileira. *VII Fórum de Direito do Seguro* – IBDS. São Paulo: Roncarati, 2018.

366. REsp 1.334.005/GO, Relator Ministro Paulo de Tarso Sanseverino, relatora para o acórdão Ministra Maria Isabel Gallotti, Segunda Seção, DJe de 23/6/2015.

367. "Observa-se, ainda, que a vedação à garantia de ato doloso comporta exceções. Em certos casos, em razão da natureza do seguro ou da ausência de violação a preceitos éticos e morais, admite-se a garantia de sinistros relacionados a ato intencional do titular do interesse legítimo. Este é o caso dos seguros de natalidade e de casamento, em que o sinistro costuma ser um fato almejado pelo segurado. Estes casos, contudo, particularizam-se, na medida em que, para a ocorrência do sinistro, geralmente concorrem uma série de circunstâncias, não sendo o ato do segurado o único fator determinante. O sinistro, então, não é puramente intencional, não depende exclusivamente da vontade do segurado, mas também de causas externas. Outras hipóteses de garantia do dolo, admitidos em certos ordenamentos jurídicos, são, nos seguros obrigatórios, a cobertura de acidente de trânsito causado por ato intencional do segurado, em que prevalece a proteção à vítima (....) Da mesma forma, a hipótese de garantia do suicídio no seguro de vida (...) após o prazo inicial de carência, em que a própria voluntariedade do ato suicida é questionada frente a sua possível relação com enfermidades que afetam o equilíbrio mental e emocional do segurado" (MIRAGEM, Bruno; PETERSEN, Luiza. *Direito dos seguros*. Rio de Janeiro: Forense, 2022, p. 138).

368. Art. 1.436. "Nulo será este contrato, quando o risco, de que se ocupa, se filiar a atos ilícitos do segurado, do beneficiário pelo seguro, ou dos representantes e prepostos, quer de um, quer de outro".

369. Art. 787. "No seguro de responsabilidade civil, o segurador garante o pagamento de perdas e danos devidos pelo segurado a terceiro".

370. MIRAGEM, Bruno. *Direito Civil: Direito das Obrigações*. São Paulo: Saraiva, 2017. p. 155.

em relação as quais há proibição legal (tipificação penal) ou que tenha como objeto bens importados ilegalmente. Da mesma forma, a vedação abarca determinadas práticas ilícitas em relação às quais há forte reprovação social, como a embriaguez ao volante ou a prática de racha.[371] Também caracterizam a hipótese o seguro contratado com intenção fraudulenta ou de especulação sobre a vida alheia, entre outras tantas situações nas quais o segurado não é titular de um interesse legítimo, ou seja, de um interesse "juridicamente relevante",[372] reconhecido ou tutelado pela ordem jurídica.[373]

O contrato de seguro que surge destinado à garantia de interesse imoral ou contrário à ordem pública é nulo. Sem prejuízo, porém, quando o vício não desnaturar por completo a sua causa, de que seja declarada apenas a nulidade da cláusula contratual específica que preveja a hipótese. Quando, em razão de determinado comportamento do segurado, praticado quando da execução do contrato, este venha a ter como efeito superveniente garantia de interesse imoral ou contrário à ordem pública, há a cessação dos efeitos da garantia.

Nesse âmbito, há, por assim dizer, uma certa zona de sobreposição entre os conceitos de *uberrima fides* e de interesse legítimo. Ambos confluem às exigências de moralização do contrato de seguro. A despeito desta aproximação, entretanto, são conceitos, no todo, distintos. O que é revelado tanto pelas outras dimensões da *uberrima fides* (normativas e fática) quanto pelos outros pressupostos do interesse legítimo,[374] que transcendem o aspecto moralizador, a exigir uma particular relação entre o segurado e o bem objeto da garantia.

---

371. Nesse sentido, elucidativa é a jurisprudência do Superior Tribunal de Justiça, que vem consolidando o entendimento, na hipótese de seguro de automóvel e de condução do veículo segurado por condutor em estado de embriaguez, quanto à configuração do agravamento intencional do risco. Em tais casos, diante da reprovabilidade da conduta e severidade das suas consequências, entende cabível a "presunção relativa de que o risco de sinistralidade foi agravado" (REsp 1485717/SP, Rel. Ministro Ricardo Villas Bôas Cueva, Terceira Turma, julgado em 22.11.2016, DJe 14.12.2016). O mesmo ocorre em relação à prática de racha com o veículo segurado, em que prepondera a análise da gravidade e reprovabilidade do ato (REsp 1368766/RS, Rel. Ministro Luis Felipe Salomão, Quarta Turma, julgado em 1º.03.2016, DJe 06.04.2016).
372. TZIRULNIK, Ernesto; CAVALCANTI, Flávio; PIMENTEL, Ayrton. *O Contrato de Seguro*. 3. ed. São Paulo: Roncarati, 2016. p. 47-57.
373. No PL 29/2017, o par. único do art. 10 expressamente dispõe: "São nulas as garantias, sem prejuízo de outras vedadas em lei: I – de interesses patrimoniais relativos aos valores das multas e outras penalidades aplicadas em virtude de atos cometidos pessoalmente pelo segurado que caracterizem ilícito criminal".
374. MIRAGEM; PETERSEN. *Direito dos Seguros*. 2. ed. Rio de Janeiro: Forense. 2024. p. 152-161.

4
CONSIDERAÇÕES FINAIS

1. *As primeiras linhas da natureza bona fides do seguro foram desenhadas já na fase de formação do tipo na modalidade marítima. O emprego da bona fides era tópico e assistemático. Apresentou uso mais expressivo como vedação ao dolo, à fraude. Em sentido não tão preciso, assumia conotação moral*

Na fase de formação na modalidade marítima, que teve início na segunda metade do século XIV, perdurando até a primeira metade do século XVII, foram desenhadas as primeiras linhas da natureza *bona fides d*o contrato de seguro. Ainda bastante distante do significado moderno, esta característica aparece com uma pluralidade de usos e funções. Seu emprego ainda é tópico e assistemático, embora possam ser identificados alguns sentidos preponderantes e campos específicos de concreção. Por influência da *Lex Mercatoria* medieval, a *bona fides* foi introduzida na disciplina do seguro para a promoção da confiança entre segurado e segurador. Apresentou uso mais expressivo como vedação ao dolo ou à fraude. Neste particular, seu campo fértil de concreção fora no âmbito das declarações dos contratantes, especialmente do segurado, relativas ao risco objeto do contrato. A tutela da confiança, em caso de declaração falsa, ocorria por meio da exceção de dolo e as consequências eram variadas. Nessa primeira fase, a *bona fides* também foi empregada a propósito da legitimidade do pacto. Nesse âmbito, com significado não tão preciso e uma certa conotação moral, como conceito que remete aos valores superiores da ordem jurídica.

2. *A natureza bona fides do seguro recebeu desenvolvimento mais preciso e uniforme a partir da segunda metade do séc. XVIII, o que pode ser observado a partir de três tradições (inglesa, francesa e germânica). Nessas diferentes tradições, a natureza bona fides do seguro apareceu sob a tônica da fraude e especialmente vinculada aos deveres pré-contratuais de informação do segurado*

No *common law* inglês, a boa-fé seria erigida a princípio do contrato de seguro cuja função precípua era a dissuasão da fraude. Nesses termos, seria em alguma medida sistematizada pela jurisprudência, a qual impulsionaria o seu desenvolvimento como fundamento dos deveres pré-contratuais, especialmente do segurado, de revelação e não ocultamento, assim como de não fazer representações falsas.

Na tradição francesa pré-codificação, a *Ordonnance de la Marine* punia a fraude (ausência de boa-fé) do segurado em uma série de dispositivos. Os avanços dogmáticos em matéria de seguro e boa-fé ocorreriam por intermédio da doutrina (com destaque para Pothier), que apresentaria, com alguma precisão conceitual, a vertente normativa (ou prescritiva de condutas) da boa-fé, como fundamento do dever do segurado de revelação das circunstâncias do risco e de não fazer declarações falsas. Da mesma forma, a doutrina desenvolve a dimensão subjetiva da boa-fé no seguro, como estado anímico, contraposto à fraude, merecedor de tutela pelo direito.

A natureza *bona fides* do seguro também seria reconhecida na tradição germânica. A especial conotação da boa-fé no seguro era expressada pelos termos *Redlichkeit* (honestidade) e *Aufrichtigkeit* (sinceridade), sob a fórmula *redlich und aufrichtig* (honesto e sincero) ou pela locução *besondere Treue, Redlichkeit und Aufrichtigkeit* (especial lealdade, honestidade e sinceridade). Nesse sentido, o principal campo operativo da boa-fé surge relacionado ao dever inicial do segurado de informar as circunstâncias do risco ao segurador.

A natureza *bona fides* do seguro encontrou desenvolvimentos distintos nas tradições jurídicas analisadas, porém algumas funções semelhantes. Em comum, o conceito foi desenvolvido sob a tônica da fraude, exercendo a função de inibição da fraude, ora com sentido subjetivado, considerando o estado subjetivo (ausência de boa-fé) para a reprovação da conduta, ora com sentido objetivado, sem considerar o estado subjetivo dos contratantes para a reprovação da conduta (e.g. *tradição inglesa*). Outrossim, o conceito é especialmente vinculado aos deveres pré-contratuais do segurado de declaração do risco. Esses avanços dogmáticos alcançados, em estado de formação, ainda não levariam ao desenvolvimento da boa-fé como conceito central da disciplina do seguro.

3. O Direito dos Seguros contemporâneo é caracterizado por três modelos operativos da boa-fé. Neles a boa-fé aparece como conceito central da disciplina do contrato de seguro. Esses modelos evidenciam a transição conceitual da boa-fé no contrato de seguro

3.1 No primeiro modelo, próprio do desenvolvimento do seguro nos domínios do direito comercial no séc. XIX, a boa-fé estabilizou-se enquanto instrumento de tutela da confiança no seguro, apresentando dois campos operativos. De um lado, como vedação à fraude, ao dolo, âmbito no qual assume conotação subjetiva (a *contrario sensu*), como ausência de intenção de lesar o outro ou ausência de conhecimento sobre estar a lesar outrem. De outro, fundamento o dever pré-contratual do segurado de informar as circunstâncias relevantes do risco ao segurador, cujo descumprimento, sob quaisquer circunstâncias, gera o efeito liberatório do contrato, independentemente do estado subjetivo do contratante (ou seja, se tenha atuado de má-fé, de boa-fé, com dolo ou mera culpa). Dela resulta, nos diferentes sistemas jurídicos, um regime "tudo ou nada". Neste âmbito, a boa-fé assume conotação objetivada, com sentido prescritivo de condutas.

3.2 No segundo modelo, próprio da fundação do Direito dos Seguros como ramo jurídico autônomo na primeira metade do século XX, a boa-fé estabilizou-se como fundamento axiológico (central) de um sistema normativo de tutela da confiança, abrangente de todas as modalidades de seguro. Nesse sistema, as dimensões normativas e subjetivas da boa-fé aparecem articuladas. Assiste-se, porém, a um significativo movimento de subjetivação da boa-fé, o que resulta da superação do modelo "tudo ou nada", com a introdução de diferentes consequências jurídicas, em caso de descumprimento dos deveres do segurado relacionados ao risco, conforme o grau de censurabilidade da sua conduta, ou seja, conforme tenha atuado de boa-fé, má-fé, com culpa ou dolo.

3.3 Em um terceiro modelo, próprio da segunda metade do século XX, a boa-fé teria a sua função normativa (ou prescritiva de condutas) potencializada no contrato de seguro a partir do desenvolvimento do princípio geral da boa-fé (boa-fé objetiva). Trata-se de fenômeno de simbiose conceitual, que pode ser observado, com maior ou menor intensidade, nos diferentes sistemas jurídicos. Ele resulta das relações entre a *uberrima fides* (ou simplesmente *bona fides*), enquanto conceito jurídico do contrato de seguro, e o princípio da boa-fé, aplicável aos contratos em geral, tendo levado a efeito a incorporação, pelo princípio da boa-fé, de parcela significativa do conteúdo da *uberrima fides* (ou *bona fides*) enquanto dever de probidade específico do contrato de seguro.

O desenvolvimento contemporâneo do princípio da boa-fé operou a transformação do conteúdo da boa-fé no seguro. Esse fenômeno se particulariza em duplo aspecto. De um lado, a dimensão normativa da boa-fé teve seu conteúdo alargado no seguro, expandindo-se para âmbitos nos quais tradicionalmente não operava. Neste particular, foi estendida a uma pluralidade de situações contratuais até então não abarcadas pela *uberrima fides* ou pelo especial dever de *bona fides* no seguro (expansão horizontal da boa-fé, em atenção à materialidade da situação). Este é o caso do papel assumido pela boa-fé no controle das cláusulas contratuais; para fundamentar deveres de informação do segurador; ou, mesmo, limitar o modo de exercício de certos direitos ou posições jurídicas, a exemplo daquelas inerentes à regulação do sinistro.

Da mesma forma, a reciprocidade do dever de boa-fé no seguro – a qual, até então, revestia-se de caráter mais formal ou retórico – assume manifestações mais concretas, passando a vincular não apenas o segurado, mas especialmente o segurador (expansão vertical da boa-fé, entre os sujeitos da relação contratual). Por outro lado, esse fenômeno é caracterizado pela passagem de uma boa-fé preponderantemente orientada à tutela da confiança do segurador – modelo que preponderou até a primeira metade do século XX – para uma boa-fé especialmente orientada à tutela da confiança do segurado.

3.3.1 No Direito dos Seguros alemão, a dimensão normativa da boa-fé teria seu conteúdo alargado a partir da interpretação e concreção do §242 do BGB. Sua aplicação nas relações de seguro, porém, se daria sem propriamente distinguir o conteúdo normativo da boa-fé enquanto princípio geral dos contratos e enquanto conceito específico do contrato de seguro. Nesse sistema, parte-se da centralidade do princípio da boa-fé para, a partir dele, compreender o conceito de *uberrima fides*.

3.3.2 No Direito dos Seguros francês, a função normativa da boa-fé teria seu conteúdo alargado pelo reconhecimento de novos deveres de lealdade aos contratantes a partir da interpretação do art. 1.134 Código Civil (atualmente, art. 1.104). Esse sistema, entretanto, em comparação ao alemão, é caracterizado por uma maior contenção em relação aos efeitos reconhecidos à boa-fé como princípio contratual; o que explica, no campo doutrinário, a distinção entre o conteúdo normativo da boa-fé nos contratos em geral e o seu conteúdo especial no contrato de seguro. Nesse sistema, entre o princípio contratual da boa-fé e o dever de *bona fides* no seguro há autonomia conceitual.

3.3.3 No Direito dos Seguros inglês, também seriam desenvolvidas novas dimensões normativas da boa-fé. Esse movimento, especialmente influenciado pelo direito continental e comunitário europeu, se daria, porém, em constante tensão com a tradicional resistência do sistema inglês ao reconhecimento de um princípio geral de boa-fé aplicável aos contratos. Tradicionalmente, nesse sistema, parte-se da centralidade da *uberrima fides*, para, a partir dela, compreender e justificar a aplicação do princípio da boa-fé no seguro.

4. No Direito dos Seguros brasileiro, o conceito de máxima boa-fé (uberrima fides) passou por uma transição conceitual. Antes da recepção do princípio da boa-fé, preponderou a concepção subjetiva. Após a recepção, a máxima boa-fé (uberrima fides) teve o seu conteúdo objetivo (prescritivo de condutas) potencializado

No direito brasileiro, a transformação do conteúdo da boa-fé no contrato de seguro foi marcada pela recepção do princípio geral da boa-fé (boa-fé objetiva), de influência germânica, a partir da segunda metade do século XX. Até então, o dever de máxima boa-fé (*uberrima fides*) não teria, na tradição brasileira, conteúdo normativo (prescritivo de condutas) substancialmente desenvolvido, preponderando sua compreensão em sentido subjetivo, como estado de fato contraposto à fraude, à má-fé. Assim era sob a vigência do Código Comercial, cujas normas a respeito do seguro marítimo que consagravam o modelo francês "tudo ou nada" – por exemplo, a propósito da declaração inicial do risco e sob a tónica dos vícios de consentimento – eram relativizadas na sua intepretação, exigindo-se a demonstração da ausência de boa-fé do segurado para a incidência da sanção de invalidade do contrato.

Da mesma forma, sob a vigência do Código Civil de 1916. Neste particular, mesmo seu art. 1.443 prevendo, sob a influência do Código do Cantão de Zurique, o dever do segurado e do segurador de "mais estrita boa-fé e veracidade", prevalecia a concepção subjetiva da boa-fé e o dever de *uberrima fides* previsto em lei era compreendido como vedação à fraude, à má-fé. Nesses termos, a natureza *uberrima fides* (de máxima boa-fé) do contrato de seguro não apresentava consequências jurídicas concretas para além da sanção ao dolo. Esse contexto seria alterado a partir da recepção e desenvolvimento do princípio da boa-fé (boa-fé objetiva). Desde então, o dever de máxima boa-fé do segurado e do segurador – agora previsto no art. 765 do Código Civil, com redação inspirada no art. 1.443 do Código de 1916 – teria o seu conteúdo objetivo (prescritivo de condutas) potencializado. O conceito, então, passaria por uma transição de significado e o texto legal teria seu sentido atualizado.[1]

5. A uberrima fides expressa um especial dever de probidade exigido no contrato de seguro. É veículo de concretização do princípio da boa-fé no seguro. Entre o princípio da boa-fé e a uberrima fides não há sobreposição. O primeiro não esgota o conteúdo do segundo

A boa-fé apresenta especial significado no contrato de seguro. Daí a justificativa para o reconhecimento da sua natureza *uberrima fides,* a exigir, dos contratantes, que observem a máxima boa-fé ou a "mais estrita boa-fé e veracidade" na formação e execução do contrato, conforme dispõe o art. 765 do Código Civil brasileiro: "O segurado e o segurador são obrigados a guardar na conclusão e na execução do contrato, a mais estrita boa-fé e veracidade, tanto a respeito do objeto como das circunstâncias e declarações a ele concernentes".

Esse qualificativo da boa-fé deve ser compreendido a partir da ideia de que a boa-fé apresenta particular importância (intensidade) nas relações jurídicas de seguro. Essa circunstância distingue o seguro dos demais contratos, não ca-

---

1. MIRAGEM, Bruno. A contribuição essencial do direito comparado para a formação e o desenvolvimento do direito privado brasileiro. *Revista dos Tribunais*, v. 1000. fev. 2019. p. 10-11.

racterizados como *uberrima fides*, mas regidos pelo princípio de boa-fé (boa-fé objetiva).

Entre o princípio da boa-fé (boa-fé objetiva) e a *uberrima fides* (máxima boa-fé) há estreita relação. Na história do seguro, boa-fé e *uberrima fides* são conceitos entrelaçados, intimamente conectados. Na origem comercial deste contrato, sua natureza *bona fides* (*uberrima fides*) surge fortemente atrelada à boa-fé como princípio das relações mercantis. O afloramento teórico da boa-fé objetiva, enquanto princípio das relações obrigacionais, porém, ocorreria apenas no direito alemão da primeira metade do século XX.[2] Antes disso medeia espaço de tempo em que a *uberrima fides* se estabilizou como conceito autônomo no Direito dos Seguros. A partir disso, porém, a *uberrima fides* sofre os influxos do desenvolvimento teórico da boa-fé objetiva. Há, nesse sentido, simbiose conceitual.

Tanto o princípio da boa-fé (boa-fé objetiva) como a *uberrima fides* são instrumentos de tutela da confiança. A sobreposição desses conceitos no contrato de seguro, contudo, é apenas aparente. Entre eles não há aposição, mas relação de convivência. O desenvolvimento contemporâneo do princípio da boa-fé não eliminou o sentido particular da *uberrima fides* no seguro, como se a *uberrima fides* apresentasse completa correspondência com o princípio da boa-fé, tornando-se supérflua, desnecessária.

O desenvolvimento do princípio da boa-fé (boa-fé objetiva) proporcionou outros campos de tutela da confiança no seguro, antes não abarcados pela *uberrima fides*. Assim, reforçou a proteção da confiança para além daquelas situações jurídicas tradicionalmente reconhecidas a partir da *uberrima fides*. Por outro lado, a *uberrima fides* manteve a sua utilidade e razão de ser na condição de conceito jurídico autônomo: tornou-se o conceito revelador de um particular sentido do princípio da boa-fé no contrato de seguro. Esse fenômeno decorre da própria natureza relacional do princípio da boa-fé, cujo conteúdo e efeitos, segundo o "princípio da primazia da materialidade subjacente",[3] são delineados concretamente, a partir da relação jurídica subjacente e conforme o campo material de incidência.[4]

Nesse contexto, a *uberrima fides* atua como veículo de concretização do princípio da boa-fé[5] no contrato de seguro. Moldada pelo sistema interno do tipo, permite a aplicação adequada do princípio da boa-fé à relação jurídica de seguros. Neste particular, revela um dever de probidade específico a ser observado

---

2. MENEZES CORDEIRO, António. *Tratado de direito civil*. Coimbra: Almedina, 2012. v. I. p. 961 e ss.
3. MENEZES CORDEIRO, António. *Tratado de direito civil*. Coimbra: Almedina, 2012. v. I. p. 975 e ss.
4. MARTINS-COSTA, Judith. *A boa-fé no direito privado*: critérios para a sua aplicação. São Paulo: Marcial Pons, 2015. p. 270 e ss., p. 322 e ss.
5. MENEZES CORDEIRO, António. *Tratado de direito civil*. Coimbra: Almedina, 2012. v. I. p. 967.

no contrato de seguro. Traduz um especial dever de lealdade e cooperação do segurado e do segurador em relação à garantia. Trata-se de um dever de atuar com a mais estrita boa-fé e veracidade em relação ao risco e ao interesse garantidos. Este dever de máxima boa-fé, porém, é instrumental. Tendo por finalidade assegurar a regular formação e execução do contrato, em atendimento à sua causa, persegue os valores estruturantes do sistema interno do tipo. Tem seu conteúdo e efeitos moldados pelas regras e princípios que conformam a disciplina normativa do seguro.

Conforme o significado contemporâneo, a *uberrima fides* se particulariza frente ao princípio da boa-fé (boa-fé objetiva) em duplo aspecto. Qualitativamente, pois seu conteúdo não se esgota no princípio da boa-fé (boa-fé objetiva). Além de apresentar importante conotação como estado de fato (boa-fé subjetiva), apresenta sentido normativo, principiológico, que transcende a boa-fé, abarcando, também, os bons costumes e a ordem pública. Quantitativamente, pois envolve uma boa-fé mais intensa do que a exigida nos contratos em geral. A *uberrima fides*, assim, é uma boa-fé qualificada.

6. A uberrima fides desempenha função estrutural no contrato de seguro. A exigência de mais estrita boa-fé é uma característica intrínseca ao seguro, que decorre da sua natureza, da particular relação de confiança que deriva da sua causa (garantia de interesse do segurado contra riscos predeterminados)

A *uberrima fides* desempenha função estrutural no contrato de seguro. A exigência de uma atuação de mais estrita boa-fé é uma característica intrínseca ao tipo, que decorre da sua natureza, da particular relação de confiança que o caracteriza.

Essa especial relação de confiança que se estabelece entre o segurado e o segurador encontra fundamento na causa do contrato de seguro, qual seja: garantia de interesse legítimo contra riscos predeterminados.[6] As características particulares do tipo, a envolver a garantia de interesse alheio contra riscos predeterminados, colocam os contratantes, segurado e segurador, em uma especial posição de confiança – ou dependência – em relação ao comportamento honesto e esperado do outro no tocante ao risco e ao interesse garantido, ou seja, no tocante ao objeto da garantia.

---

6. MIRAGEM, Bruno. O Direito dos Seguros no Sistema Jurídico Brasileiro: uma introdução. In: MIRAGEM, Bruno; CARLINI, Angélica (Org.). *Direito dos Seguros:* fundamentos de direito civil, direito empresarial e direito do consumidor. São Paulo: Ed. RT, 2015. p. 30.

Essa relação de confiança é recíproca: envolve as partes em posição de interdependência; é estrutural: revela-se essencial à regular formação e execução do contrato, em atendimento à sua causa, à sua função econômico-social; e recai sobre as expectativas legítimas dos contratantes no tocante ao objeto da garantia. Essa relação de confiança – ou interdependência – é inerente à própria posição contratual ocupada pelo segurado e pelo segurador: o primeiro, como titular do interesse garantido e gestor do risco em concreto; o segundo, como especialista na atividade securitária (gestor do risco em abstrato) e obrigado à prestação de garantia. Dessa estrutura da relação jurídica decorre que a satisfação dos interesses do segurado e do segurador são particularmente dependentes da atuação do outro e particularmente expostos à interferência do outro.[7] A *uberrima fides*, nesses termos, é elemento intrínseco do seguro. É estrutural do tipo.[8] Revela-se essencial à própria regularidade e subsistência do vínculo contratual, em atendimento à sua causa.

Nesse sentido, é possível compreender o seguro como espécie de relação fiduciária (em sentido amplo). Este contrato exige a observância de estritos deveres de boa-fé e lealdade. Exige, tanto do segurado como do segurador, um amplo dever de informação e uma atuação de mais estrita lealdade e cooperação quando da sua execução, particularmente no tocante ao objeto da garantia, em relação ao conhecimento e à gestão do risco e do interesse garantidos. Nesse sentido, caracteriza-se pela incidência de uma boa-fé mais intensa; qualificada. Daí a sua tradicional designação: contrato *uberrima fides*, de máxima boa-fé. No direito brasileiro, esta característica é reconhecida expressamente no art. 765 do Código Civil.

7. A uberrima fides fundamenta a proteção da confiança no contrato de seguro. No direito brasileiro, é princípio do contrato de seguro e conforma um sistema normativo de tutela da confiança

A *uberrima fides* promove a proteção da confiança no contrato de seguro. Confere alcance material à confiança nas relações de seguro, concretizando os valores fundamentais do ordenamento jurídico no sistema interno do tipo. Seu papel é dogmatizar os princípios fundamentais do sistema jurídico do contrato de seguro. Polarizada pela proteção da confiança, concretiza a boa-fé (objetiva e subjetiva) no seguro, assim como os princípios dos bons costumes e da ordem

---

7. MARTINS, Maria Inês de Oliveira. *Contrato de seguro e Conduta dos Sujeitos Ligados ao Risco*. Coimbra: Almedina, 2018. p. 182-183.
8. MIRAGEM, Bruno. O Direito dos Seguros no Sistema Jurídico Brasileiro: uma introdução. In: MIRAGEM, Bruno; CARLINI, Angélica (Org.). *Direito dos Seguros*: fundamentos de direito civil, direito empresarial e direito do consumidor. São Paulo: Ed. RT, 2015. p. 30.

pública, moldados, porém, ao sistema interno do tipo, ou seja, em atenção à causa e aos vetores estruturantes do contrato.

No direito brasileiro, a *uberrima fides* encontra expressão na locução "mais estrita boa-fé e veracidade", prevista no art. 765 do Código Civil. Nesse sistema jurídico, a tutela da confiança no contrato de seguro por meio da *uberrima fides* se dá sob duas formas. Por meio de disposições legais específicas e por meio da interpretação e aplicação do art. 765 do Código Civil.

No primeiro caso, trata-se de disposições que tutelam situações típicas de confiança, conforme consolidado ao longo dos anos. Essas disposições encontram fundamento axiológico na *uberrima fides;* esta é a sua *ratio*. Muitas delas estão previstas no Código Civil, no capítulo relativo ao seguro, outras tantas, esparsas na pluralidade de fontes que conformam o direito dos seguros.

Por outro lado, a proteção da confiança no seguro também ocorre por meio da interpretação e aplicação do art. 765 do Código Civil. A norma expressa o princípio da *uberrima fides* no sistema jurídico brasileiro. Nesse sentido, orienta o intérprete na aplicação das diversas normas específicas que promovem a tutela da confiança no seguro. Da mesma forma, é o veículo pelo qual são identificadas e tuteladas outras situações de confiança, não previstas em lei, em norma administrativa regulatória ou no contrato.

Nesse contexto, operando por meio de disposições legais específicas ou do art. 765, a *uberrima fides* conforma, no Direito dos Seguros brasileiro, um verdadeiro sistema normativo de proteção da confiança. Este sistema tem como centro o Código Civil, mas deve ser compreendido de forma integrada e articulada com as demais fontes que disciplinam o tipo.

8. *A uberrima fides apresenta dupla dimensão no seguro. Assume tanto conteúdo normativo (objetivo), como princípio ou norma prescritiva de condutas, quanto conteúdo fático (subjetivo), como estado subjetivo das partes, contraposto à má-fé, relevante ao preenchimento do suporte fático de certas normas jurídicas*

A *uberrima fides* é conceito jurídico indeterminado. No direito brasileiro contemporâneo, apresenta dupla dimensão. Assume conteúdo normativo (objetivo), como princípio ou norma prescritiva de condutas, impondo aos contratantes a observância de um padrão ético de comportamento, ou, mesmo, limitando o exercício de posições jurídicas que se revelem contrárias à moral e à ordem pública. Por outro lado, apresenta dimensão fática (subjetiva), como estado subjetivo dos contratantes, contraposto à má-fé, relevante ao preenchimento do suporte fático de certas normas jurídicas. Neste aspecto: tanto qualifica a conduta das partes merecedora de proteção quanto, *a contrario sensu*, a conduta merecedora de sanção.

Na sua dimensão normativa, a *uberrima fides* promove a confiança relacional, entre as partes da relação jurídica de seguros, do que resulta a sua interseção com o princípio da boa-fé (boa-fé objetiva). Da mesma forma, promove a confiança comunitária e na ordem jurídica, no que se reconhece a sua interseção com os princípios dos bons costumes e da ordem pública.[9] Na sua dimensão fática (subjetiva), permite a identificação das posições contratuais de confiança dignas de tutela, ou das violações às mesmas merecedoras de sanção, do que deriva a sua interseção com a boa-fé subjetiva.[10] Nessa multiplicidade de sentidos e funções que assume é que se justifica o reconhecimento da *uberrima fides* como conceito jurídico autônoma no contrato de seguro, a qual não pode ser simplesmente reconduzida ao princípio da boa-fé ou, ainda, à boa-fé subjetiva, sem perder seu conteúdo substancial.

9. Na sua dimensão normativa (objetiva), como princípio ou norma prescritiva de condutas, a uberrima fides exerce quatro funções típicas no contrato de seguro: (i) é fonte de deveres anexos à garantia (função jurígena); (ii) critério de interpretação e integração do contrato (função hermenêutica); (iii) fundamenta a sanção da má-fé, da fraude (função sancionatória); (iv) e veda a garantia de atos intencionais do segurado e de interesses contrários à moral e à ordem pública (função limitativa)

9.1 Na sua primeira função (jurígena), a *uberrima fides* fundamenta deveres anexos de conduta do segurado e do segurador em relação à garantia, relativos ao seu objeto e adimplemento. Constituem deveres recíprocos de cooperação e lealdade em relação ao conhecimento do risco e do interesse garantidos e ao modo de sua gestão, que privilegiam a adoção de certo comportamento, tido como correto ou esperado pelo outro contratante, que seja necessário à regular formação e execução do contrato. Esses deveres de conduta, que permeiam toda a relação de seguros, desde a fase de formação até a fase de execução do contrato, podem resultar de disposição legal expressa, de norma administrativa regulamentar, de cláusula do contrato ou da incidência direta da *uberrima fides* (art. 765 do Código Civil). Em qualquer caso, encontram fundamento axiológico na *uberrima fides*.

Esses deveres de conduta podem ser agrupados em duas categorias: os deveres de informação em relação ao objeto da garantia e os deveres de gestão ética do objeto da garantia e do sinistro. Os deveres de informação em relação ao objeto da garantia compreendem, de um lado, os deveres de informação relativos ao estado do risco e ao interesse garantidos, que visam colocar o outro contratante,

---

9. MIRAGEM, Bruno. *Abuso do Direito*. 2. ed. São Paulo: Ed. RT, 2013. p. 155-162.
10. AGUIAR JÚNIOR, Ruy Rosado de Aguiar. *Proteção da boa-fé subjetiva*. Disponível em: http://www.ruyrosado.com.br/upload/site_producaointelectual/154.pdf. Acesso em: mar. 2021. p. 188-199.

geralmente o segurador, a par dessas circunstâncias concretas que permeiam o objeto contratual (e.g. dever de declaração inicial do risco; de comunicar o agravamento do risco; de notificar o sinistro ou a sua expectativa). De outro lado, compreendem o dever de informação, a cargo do segurador, que tem como objetivo prover, ao segurado, o conhecimento técnico-jurídico de que necessita para formar o seu consentimento (neste particular, relacionado ao conteúdo da garantia) e para que cumpra com a pluralidade de condutas que lhe são exigidas no contrato (e.g. declaração inicial do risco).

Os deveres de gestão ética do objeto da garantia e do sinistro compreendem uma pluralidade de comportamentos que visam colocar os contratantes, segurado ou segurador, em uma certa posição de controle sobre o grau de exposição do interesse ao risco, de modo que seja possível o seu controle, a prevenção do sinistro ou atenuação das suas consequências. Em geral, a partir da constatação de que o segurado é o gestor do risco em concreto, são deveres de condutas dele exigidos (e.g. de não agravar intencionalmente o risco). Porém, também podem vincular o próprio segurador quando este esteja na gestão do objeto da garantia ou do sinistro. Este é o caso da exigência de que adote medidas de salvamento, destinadas a atenuar os danos ou a evitar a ocorrência do sinistro, quando o seguro desempenhe função preventiva. Igualmente, os deveres relacionados à adequada e tempestiva regulação do sinistro (e.g. de realizar adiantamentos da indenização quando a medida se mostre adequada).

9.2 Na sua função hermenêutica, a *uberrima fides* é critério de interpretação e integração do contrato de seguro: tanto em relação ao alcance e à extensão da garantia quanto em relação ao comportamento exigido das partes. Em caso de ambiguidade, contradição ou de eventual lacuna, a *uberrima fides* implica a interpretação ou integração do contrato conforme a exigência de mais estrita boa-fé e veracidade, em vista às expectativas legítimas dos contratantes na garantia. Nesse sentido, terá importância destacada para a interpretação das cláusulas contratuais, notadamente daquelas de exclusão de riscos, assim como para a definição do modo adequado de cumprimento dos deveres de conduta ou, mesmo, dos deveres de prestação principal, a exemplo da definição do que seja o tempo razoável de que dispõe o segurado para o aviso do sinistro ao segurador, de que trata o art. 771 do Código Civil.

9.3 Na sua função sancionatória, a *uberrima fides* fundamenta a sanção da má-fé, da fraude. Dela resulta a previsão legal de um conjunto normativo sancionador de determinados comportamentos fraudulentos típicos do segurado ou do segurador, ou, simplesmente, naquelas hipóteses não previstas em lei, a coibição ao comportamento doloso mediante o exercício da *exceptio doli*. O dolo sancionado, aqui, é o dolo específico, é a conduta fraudulenta, praticada de má-fé, seja pelo segurado, com a intenção de enganar e obter vantagem indevida do segurador, seja pelo segurador, com a intenção de enganar o segurado e dele obter vantagem indevida. Quando configurada, a fraude do segurador é sancionada com a obrigação de pagamento em dobro do prêmio (art. 773 do Código Civil); a fraude do segurado, com a perda do direito à garantia e a obrigação de pagamento do prêmio vencido (arts. 766, 778 e 769 do Código Civil) ou em dobro (art. 679, Código Comercial).

9.4 Na sua função limitativa, a *uberrima fides* veda a garantia de atos intencionais do segurado e de interesses contrários à moral e à ordem pública. No primeiro caso, há interseção entre *uberrima fides* e risco. No segundo, entre *uberrima fides* e interesse legítimo. Quando a contrariedade da garantia é originária, opera no plano da invalidade, justificando a nulidade do contrato ou da cláusula específica que contenha a violação. Quando a contrariedade se dá ao longo do vínculo contratual, opera no plano da eficácia, justificando a cessação dos efeitos da garantia.

A vedação à garantia de ato intencional do segurado apresenta duplo sentido: veda a contração que surge destinada à garantia de atos intencionais (art. 762 do Código Civil) e proíbe que o contrato de seguro tenha o efeito superveniente de garantir atos intencionais. Esta é a razão pela qual a causação voluntária do sinistro pelo segurado ou, mesmo, o agravamento intencional do risco, leva à perda do direito à garantia (art. 768 do Código Civil). Neste âmbito, o ato cuja garantia é proibida compreende o dolo genérico, ou seja, o ato do segurado meramente voluntário ou deliberado, causador do sinistro ou do agravamento, ainda que praticado sem a intenção de fraude, sem má-fé, por motivos alheios ao seguro. Não se confunde, assim, com o dolo específico, objeto de sanção (má-fé).

A vedação à garantia de interesses contrários à moral ou à ordem pública apresenta sentido amplo. Compreende tanto a proibição da garantia de determinadas práticas ilícitas, em relação às quais há forte reprovação social (com a ressalva, porém, de que não é todo o ato ilícito cuja garantia é vedada), quanto aquelas situações nas quais o segurado não seja titular de um interesse legítimo, ou seja, de um interesse reconhecido ou tutelado pela ordem jurídica.

10. Na sua dimensão fática (subjetiva), a uberrima fides é estado subjetivo dos contratantes que qualifica tanto a conduta merecedora de proteção quanto, a contrario sensu, a conduta merecedora de sanção

Na sua dimensão fática (subjetiva), a *uberrima fides* também apresenta importantes consequências jurídicas no contrato de seguro. Neste âmbito, é conceito "funcionalmente ambivalente".[11] É estado subjetivo dos contratantes que qualifica tanto a conduta merecedora de proteção quanto, *a contrario sensu*, a merecedora de sanção. No primeiro caso, leva ao reconhecimento de determinado direito em favor do contratante ou, simplesmente, de uma posição jurídica mais favorável. Nesse sentido, pode atrair a incidência de certo regime jurídico favorável ao contratante de boa-fé (incidência positiva da boa-fé subjetiva) ou afastar a aplicação de determinado regime jurídico previsto que seja desfavorável ao contratante de boa-fé (incidência negativa da boa-fé subjetiva).[12] No segundo caso, a ausência de boa-fé (má-fé), como conduta reprovada pelo ordenamento jurídico, é pressuposto de incidência de um regime jurídico sancionador. Neste particular, o sistema normativo do contrato de seguro é especialmente orientado à sanção do comportamento de má-fé do segurado – violador dos deveres anexos à garantia – com a perda do direito à garantia.

11. Da interação entre as dimensões normativa (objetiva) e fática (subjetiva) da uberrima fides, decorre a conclusão de que esta pode, no contrato de seguro, a um só tempo, ser fonte de deveres anexos à garantia e estado subjetivo revelador das consequências jurídicas em caso de descumprimento desses mesmos deveres

Da dupla dimensão (normativa/objetiva e fática/subjetiva) da *uberrima fides* no contrato de seguro decorre a conclusão de que esta pode, a um só tempo, ser fonte de deveres anexos à garantia e estado subjetivo revelador das consequências jurídicas em caso de descumprimento desses mesmos deveres. Essa circunstância particulariza o contrato de seguro e resulta da articulação das funções jurígena e sancionatória da *uberrima fides*.

A hipótese é evidenciada com clareza pelo regime da declaração inicial do risco (art. 766 do Código Civil): trata-se de dever legal cujo fundamento axiológico é a *uberrima fides* e cujo descumprimento produz diferentes consequências jurídicas conforme a boa-fé (subjetiva) do segurado, ou seja, conforme tenha omitido ou prestado as declarações inverídicas de boa-fé (por desconhecimento ou mera culpa) ou de má-fé (com intenção de lesar o segurador). Em caso de má-fé, a conduta é sancionada com a perda do direito à garantia e o segurado permanece obrigado ao pagamento do prêmio vencido. Em caso de boa-fé, o segurador tem direito à resolução do contrato ou à cobrança, mesmo após o sinistro, da diferença do prêmio.

---

11. MENEZES CORDEIRO, António. *Da Boa-fé no Direito Civil*. Coimbra: Almedina, 2013. p. 513.
12. AGUIAR JÚNIOR, Ruy Rosado de Aguiar. *Proteção da boa-fé subjetiva*. Disponível em: http://www.ruyrosado.com.br/upload/site_producaointelectual/154.pdf. Acesso em: mar. 2021. p. 197.

REFERÊNCIAS

ABRAHAM, Hans Jürgen. *Das Recht der Seeversicherung*. 1. Band. Hamburg: Cram, de Gruyter & Co., 1967.

AGUIAR JÚNIOR, Ruy Rosado de Aguiar. *Proteção da boa-fé subjetiva*. Disponível: http://www.ruyrosado.com.br/upload/site_producaointelectual/154.pdf. Acesso em: março 2021.

AGUIAR JÚNIOR, Ruy Rosado de. A boa-fé na relação de consumo. *Revista de direito do consumidor*, v. 14. São Paulo: Ed. RT, abr./jun. 1995.

AGUIAR JÚNIOR, Ruy Rosado de. Seguro regulação: a função do regulador e a boa-fé. In: LUPION, Ricardo; ARAÚJO, Fernando (Org.). *15 anos do Código Civil*: direito de empresa, contratos e sociedades. Porto Alegre: Fi, 2018.

ALMEIDA, J. C. Moitinho. *O Contrato de Seguro no Direito Português e Comparado*. Lisboa: Livr. Sá da Costa, 1971.

ALVIM, Pedro. *O Contrato de Seguro*. 2. ed. Rio de Janeiro: Forense, 1986.

ALVIM, Pedro. *O Contrato de Seguro*. 3. ed. Rio de Janeiro: Forense, 1999.

AMARAL, Francisco. *Direito Civil*. Introdução. 8 ed. Rio de Janeiro: Editora Renovar, 2014.

AMZALAK, Moses Bensabat. *O tratado de seguros de Pedro Santarém*. Tradução do original em latim de Pedro Santarém por Miguel Pinto de Meneses. Lisboa, 1958.

AZEVEDO, Antonio Junqueira de. *Negócio Jurídico*. Existência, validade e eficácia. São Paulo: Saraiva, 2014.

BECKMANN. Generaleinführung. In: BRUCK/MÖLLER (Coord.). *Versicherungsvertragsgesetz*. Erster Band. §§1-32. Berlin: De Gruyter Recht: 2008.

BENETTI, Giovana. *Dolo no direito civil*. Uma análise da omissão de informações. São Paulo: Editora Quartier Latin do Brasil, 2019.

BENNETT, Howard. *Mapping the doutrine of utmost good faith in insurance contract law*. 1999. Disponível: https://www.i-law.com/ilaw/doc/view.htm?id=365505. Acesso: fev. 2022.

BENNETT, Howard. The Three Ages of Utmost Good Faith. In: MITCHELL; WATTERSON (Ed.). *The World of Maritime and Commercial Law*. Hart Publishing, 2020.

BENSA, Enrico. *Il contratto di assicurazione nel medio evo*: studi e ricerche. [1884]. Whitefish: Kessinger Publishing; LLC, 2010.

BETTI, Emílio. *Teoria Geral do Negócio Jurídico*. Trad. Ricardo Rodrigues Gama. Campinas: LZN, 2003.

BEVILÁQUA, Clóvis. *Código Civil dos Estados Unidos do Brasil*. 5. tir. Rio de Janeiro: Ed. Rio, 1973.

BEVILÁQUA, Clóvis. *Em defesa do projecto de Código Civil Brazileiro*. Rio de Janeiro: Livraria Francisco Alves, 1906.

BIGOT, Jean (Dir.). *Le contrat d'assurance*. Paris: L.G.D.J. 2002. t. 3.

BIRDS, John. *Modern Insurance Law*. 9. ed. London: Sweet & Maxwell, 2013.

BLOCH, Marc. *A sociedade feudal*. Trad. Laurent des Saes. São Paulo: Edipro. 2016.

BLUNTSCHLI, Johann Caspar. *Privatrechtliches Gesetzbuch für den Kanton Zürich*. Das zürcherische Obligationenrecht. 3 Band. Zürich: Schulthess, 1855.

BLUNTSCHLI. *Deutsches Privatrecht*. Besorgt von Felix Dahn. München: Literarisch-Artistische Anstalt, 1864.

BONOLIS, Guido. *Svolgimento strorico dell'assicurazione in italia*. Firenze: Bernardo Seeber. 1901.

BOTES, Johan Hendrik. *From Good Faith to Utmost Good Faith in Marine Insurance*. Frankfurt am Main: Peter Lang, 2006.

BRUCK, Ernst; MÖLLER, Hans (Hrsg.). *Versicherungsvertragsgesetz*. Erster Band. §§1-31. Berlin: De Gruyter Recht: 2008.

BRUCK, Ernst. *Das Privatversicherungsrecht*. Manheim: J. Bensheimer, 1930.

BRUHN. *Sammlung von Entscheidungen des Oberappellationsgerichts zu Lübeck in Lübecker Rechtssachen*. Lübeck: v. Rohden, 1858, Band.

BURKE, Peter. *Hibridismo Cultural*. São Leopoldo: Editora Unisinos, 2016.

BURNS, Alexander. *Privatversischerungsrecht*. München: C.H.Beck, 2015.

CANARIS, Claus-Wlhelm. *Die Vertauenshaftung im Deutschen Privatrecht*. Munique: Beck, 1971.

CARVALHO SANTOS, J. M. *Código Civil Brasileiro Interpretado*. 10 ed. Rio de Janeiro: Freitas Bastos, 1981. v. XIX.

CASAREGIS, Josephi Laurentii Mariae de (1707). *Discursus legales de commercio*. Venetiis: Typographia Balleoniana, 1740. t. 1.

CAVALCANTI, Bruno Navaes. *O Princípio da boa-fé e os Contratos de Seguro*. Recife: Nossa Livraria, 2000.

CHALUB, Melhim. *Alienação Fiduciária – Negócio Fiduciário*. 7. ed. Rio da Janeiro: Forense, 2021.

CHAUFTON, Albert. *Les assurances*. Paris: Librairie A. Marescq Ainé, 1884. t. II.

COÊLHO RODRIGUES, Antônio. *Projeto do Código Civil Brazileiro*, precedido de um projecto de lei preliminar. Rio de Janeiro: Imprensa Nacional, 1893.

COÊLHO RODRIGUES, Antônio. *Projeto do Código Civil*. Parecer da comissão, exposição de motivos, refutação do parecer e resposta pela comissão dada à refutação. Rio de Janeiro: Imprensa Nacional, 1893.

COMPARATO, Fábio Konder. *Ensaios e pareceres de direito empresarial*. Rio de Janeiro: Forense, 1978.

COMPARATO, Fábio Konder. *O Seguro de Crédito*. São Paulo: Ed. RT, 1968.

COMPARATO, Fábio Konder. Substitutivo ao capítulo referente ao contrato de seguro no anteprojeto do Código Civil. *Revista de Direito Mercantil, Industrial, Econômico e Financeiro*. São Paulo: n. 5, ano XI, p. 143-152, 1972.

COSTA, Mário Júlio de Almeida. *Direito das obrigações*. 12. ed. Coimbra: Almedina, 2009.

COUTO E SILVA, Clóvis V. do. *A obrigação como processo*. Rio de Janeiro: FGV Editora, 2007.

COUTO E SILVA, Clóvis. O princípio da boa-fé no direito brasileiro e português. In: FRADERA, Vera (Org.). *O direito privado brasileiro na visão de Clóvis do Couto e Silva*. 2. Ed. Porto Alegre: Livraria do Advogado, 2014.

DONATI, Antígono. *Los Seguros Privados*: manual de derecho. Trad. Arturo Vidal Solá. Barcelona: Libreria Bosch, 1960.

DONATI, Antigono. *Trattato del Diritto delle Assicurazioni Private*. Milano: Giuffrè, 1952. v. I-II.

EGGERS, Peter; PICKEN, Simon. *Good Faith and Insurance Contracts*. 4. ed. Abingdon: Informa Law from Routledge, 2018.

EHRENBERG, Victor. *Versicherungsrecht*. Leipzig: Verlag von Duncker & Humblot. 1893. v. 1.

EMERIGON, Balthazard Marie. *Treatise Insurances* (1783). Translated from the french by Samuel Meredith. Henry Cutterworth: London, 1850.

ENTSCHEIDUNGEN DES REICHS-OBERHANDELSGERICHTS. Hrsg. von den Räthen des Gerichtshofes. Stuttgart: Enke. 1873. Band. 9.

ENTSCHEIDUNGEN DES REICHSGERICHTS IN ZIVILSACHEN. Hrsg. von den Mitgliedern des Gerichtshofes und der Reichsanwaltschaft. Leipzig: Veit, 1885. Band. 13.

ENTSCHEIDUNGEN DES REICHSGERICHTS IN ZIVILSACHEN. Hrsg. von den Mitgliedern des Gerichtshofes und der Reichsanwaltschaft. Leipzig: Veit, 1884. Band. 10.

ESPINOLA, Eduardo. *Dos contratos nominados no direito civil brasileiro*. 2. ed. Rio de Janeiro: Conquista, 1956.

FERREIRA, Waldemar Martins. *Tratado de Direito Mercantil Brasileiro*. 2 ed. Rio de Janeiro: Freitas Bastos, 1948. v. 1.

FOERSTER, Gerd. *O trust do direito anglo-americano e os negócios fiduciários no Brasil*: perspectiva de direito comparado. Porto Alegre: Sergio Antonio Fabris, 2013.

FRADA, Manuel António de Castro Portugal Carneiro da. *Teoria da confiança e responsabilidade civil*. Coimbra: Almedina, 2004.

FRANCO, Vera Helena de Mello. *Lições de Direito Securitário*. São Paulo: Editora Maltese, 1993.

FRIEDMANN, Daniel. The transformation of 'Good Faith' in Insurance Law. In: BROWNSWORD, Roger; HIRD, Norma J.; HOWELLS, Geraint (Ed.). *Good Faith in Contract*: Concept and Context. Aldershot: Ashgate, 2006.

GOLDBERG, Ilan. Reflexões a respeito do contrato de seguro. In: CARVALHOSA, Modesto (Coord.). *Tratado de direito empresarial*. Contratos mercantis. 2. ed. São Paulo: Ed. RT, 2018. t. IV.

GOLDSCHMIDT, Levin. *System des Handelsrechts mit enschuluss des Wechsel –, See-und Versicherungsrechts im Grundriss*. Stuttgart: Verlag Von Ferdinand Enke, 1891.

GOLDSCHMIDT, Levin. *Storia universale del diritto commerciale*. Trad. Vittorio Pouchain e Antonio Scialoja. Torino: UTET, 1913.

GOMES, Orlando. *Transformações gerais do direito das obrigações*. 2. ed. São Paulo: Ed. RT, 1980.

GROTIUS, Hugo. *Le droit de la guerre et de la paix*. Paris: PUF, 2005.

GROTIUS, Hugo. *The jurisprudence of Holland* (1631). Trad. R. W. LEE da segunda edição de 1631. Oxford: Clarendon Press. 1926.

HALPERIN, Isaac. *El Contrato de Seguro: seguros terrestres*. Buenos Aires: Tipografica, 1946.

HANSSON. The doctrine of uberrima fides in insurance law – a critical evaluation. *MLR*. v. 32. p. 615-637, nov. 1969.

HEISS, Helmut. *Treu und glauben in Versicherungsvertragsrecht*. Wien: Orac, 1989.

HEISS, Helmut. VVG §28 – Verletzung einer vertraglichen Obliegenheit. In: BRUCK, Ernst; MÖLLER, Hans (Hrsg.). *Versicherungsvertragsgesetz*. Erster Band. §§1-31. Berlin: De Gruyter Recht: 2008.

HESPANHA, António. *Cultura jurídica europeia*: síntese de um milénio. Coimbra: Almedina, 2018.

JAQUES, Daniela. A proteção da confiança no direito do consumidor. *Revista de Direito do Consumidor*. v. 45-2003. p. 100-138. jan./mar. 2003.

JOBIM, Marcio Felix. *Confiança e contradição*: a proibição do comportamento contraditório no direito privado. Porto Alegre: Livraria do Advogado, 2015.

JUNQUEIRA, Thiago. O debate em torno do suicídio do segurado na experiência brasileira. *VII Fórum de Direito do Seguro – IBDS*. São Paulo: Roncarati, 2018.

JUNQUEIRA, Thiago; GOLDBERG, Ilan. *Temas atuais de direito dos Seguros*. São Paulo: Ed. RT, 2020.

JUNQUEIRA, Thiago. *Tratamento de Dados Pessoais e Discriminação Algorítmica nos Seguros*. São Paulo: Ed. RT, 2020.

KOCH, Robert. *Insurance Law in Germany*. The Netherlands: Wolters Kluwer, 2018.

LA TORRE, A. *L'assicurazione nella storia delle idee*. 2. ed. Milano: Dott. A. Giuffrè Ed. 2000.

LAMBERT-FAIVRE, Yvonne. *Droit des Assurances*. 11. ed. Paris: Dalloz, 2011.

LARENZ, Karl. *Derecho de obligaciones*. Trad. Jaime Santos Briz. Madrid: Revista de Derecho Privado, 1958.

LEHR, Ernest. *Code Civil du Canton de Zurich de 1887*, Traduit et annoté. Paris: Imprimerie Nationale, 1890.

LIMA, Alvino. *A fraude no direito civil*. São Paulo: Saraiva, 1965.

LISBOA, José da Silva (Visconde de Cayru). *Principios de Direito Mercantil e Leis da Marinha*, 6. ed. Rio de Janeiro: Typographia Academica. 1874. t. II.

LORENZETTI, Ricardo. Redes Contractuales: conceptualizaciòn jurídica, relaciones internas de colaboracion, efectos frente a terceiros. *Revista da Faculdade de Direito da UFRGS*. Porto Alegre, v. 16, p. 161-202, 1999.

LUHMANN, Niklas. *Confianza*. Trad. Amada Flores. México: Anthropos, 1996.

M. CORVETTO, Conseiller d'État. *Exposé des motifs des Titres IX et X du Livre II du Code du Commerce*, preésentés au Corps législatif. Séance du mardi 8 septembre 1807. Disponível em: https://books.google.com.br/books. Acesso: jan. 2021.

MAC-DONALD, Norberto. Anotações sobre a interpretação dos contratos conforme a boa-fé. In: JOBIM, Marcio; ESTEVEZ, André. *Estudos de Direito Empresarial*. Homenagem aos 50 anos de docência do Prof. Peter Walter Ashton. São Paulo: Saraiva, 2012.

MACKAAY, Ejan; ROUSSEAU, Stéphane. *Análise econômica do direito*. 2. ed. Trad. Rachel Sztajn. São Paulo: Atlas, 2015.

MALCOLM; Clarke. *The law of insurance contracts*. 6. ed. London: Informa, 2009.

MALCOLM; Clarke. *The law of insurance contracts*. London: LLP, 1989.

MARQUES, Claudia Lima; BENJAMIN, Antônio Herman; MIRAGEM, Bruno. *Comentários ao Código de Defesa do Consumidor*. 3. ed. São Paulo: Ed. RT, 2010.

MARQUES, Claudia Lima. *A nova crise do contrato*: estudos sobre a nova teoria contratual. São Paulo: Ed. RT, 2007.

MARQUES, Claudia Lima. *Contratos no Código de Defesa do Consumidor*: o novo regime das relações contratuais. 8. ed. São Paulo: Ed. RT, 2016.

MARQUES, Claudia Lima. *Contratos no Código de Defesa do Consumidor*: o novo regime das relações contratuais. 6. ed. São Paulo: Ed. RT, 2011.

MARTINS-COSTA, Judith. *A boa-fé no direito privado*: critérios para a sua aplicação. São Paulo: Marcial Pons, 2015.

MARTINS-COSTA, Judith. *A boa-fé no direito privado*: critérios para a sua aplicação. 2. ed. São Paulo: Saraiva, 2018.

MARTINS-COSTA, Judith. *A boa-fé no direito privado*: sistema e tópica no processo obrigacional. Ed. RT, 2000.

MARTINS-COSTA, Judith. Boa-fé e regulação do sinistro. *VII Fórum de Direito do Seguro José Sollero Filho – IBDS*. Lei de contrato de seguro: solidariedade ou exclusão? São Paulo: Roncarti, 2018.

MARTINS-COSTA, Judith. Princípio da boa-fé. *Revista da Ajuris*. Porto Alegre. v. 50. 1990.

MARTINS, Maria Inês de Oliveira. *A Imposição Contratual de Condutas de Controle do Risco*: A experiência europeia em diálogo com o ordenamento brasileiro, Vigente e Prospectivo. São Paulo: Roncarati, 2019.

MARTINS, Maria Inês de Oliveira. *Contrato de seguro e Conduta dos Sujeitos Ligados ao Risco*. Coimbra: Almedina, 2018.

MARTINS, Maria Inês de Oliveira. Seguro e Responsabilidade Civil. In: ROSENVALD; RUZYK (Coord.). *Novas Fronteiras da Responsabilidade Civil. Direito Comparado*. São Paulo: Editora Foco, 2020.

McGURK, Brendan. *Data profiling and insurance law*. Oxford: Hart Publishing, 2019.

MELIS, Federigo. *Origini e Sviluppi delle assicurazioni in Italia*. Roma: Ist. Nazionale delle Assicurazioni, 1975.

MENDONÇA, Carvalho de. *Tratado de Direito Comercial*. J. X. 6. ed. Posta em dia por Roberto Carvalho de Mendonça. Rio de Janeiro: Freitas Bastos. 1960. v. VI. Parte I.

MENDONÇA, M. I. Carvalho de. *Contratos no direito civil brasileiro*. 3 ed. Atual. José de Aguiar Dias. Rio de Janeiro: Forense, 1955. t. II.

MENDONÇA, M. I. Carvalho de. *Doutrina e prática das obrigações*. 4. ed. Rio de Janeiro: Forense, 1956.

MENEZES CORDEIRO, António. *Da Boa-fé no Direito Civil*. Coimbra: Almedina, 2013.

MENEZES CORDEIRO, António. *Direito dos Seguros*. 2. ed. Lisboa: Almedina, 2016.

MENEZES CORDEIRO, António. *Direito dos Seguros*. Lisboa: Almedina, 2013.

MENEZES CORDEIRO, António. *Tratado de direito civil*. Coimbra: Almedina, 2012. v. I.

MEYER, Rudolf. *Bona fides und lex mercatoria in der europäischen Rechtstradition*. Wallstein Verlag Göttingen. 1994.

MIRAGEM, Bruno. *Direito das obrigações*. 3. ed. Rio de Janeiro: Editora Forense, 2021.

MIRAGEM, Bruno. *Direito civil: direito das obrigações*. São Paulo: Saraiva, 2017.

MIRAGEM, Bruno. *Teoria Geral do Direito Civil*. Rio de Janeiro: Editora Forense, 2021.

MIRAGEM, Bruno. *Abuso do Direito*. 2. ed. São Paulo: Ed. RT, 2013.

MIRAGEM, Bruno. *Curso de Direito do Consumidor*. 8. ed. São Paulo: Ed. RT, 2019.

MIRAGEM, Bruno. *Direito Administrativo aplicado*: a nova administração pública e o direito administrativo. 3. ed. São Paulo: Ed. RT, 2016.

MIRAGEM, Bruno. A contribuição essencial do direito comparado para a formação e o desenvolvimento do direito privado brasileiro. *Revista dos Tribunais*, v. 1000. fev. 2019.

MIRAGEM, Bruno. Ruy Rosado de Aguiar Júnior: renovador do direito privado brasileiro (1938-2019). *Revista de Direito do Consumidor*, v. 131. São Paulo: Ed. RT, set./out 2020.

MIRAGEM, Bruno. O Direito dos Seguros no Sistema Jurídico Brasileiro: uma introdução. In: MIRAGEM, Bruno; CARLINI, Angélica (Org.). *Direito dos Seguros*: fundamentos de direito civil, direito empresarial e direito do consumidor. São Paulo: Ed. RT, 2015.

MIRAGEM, Bruno; PETERSEN, Luiza. *Direito dos seguros*. Rio de Janeiro: Forense, 2022.

MIRAGEM, Bruno; PETERSEN, Luiza. *Direito dos seguros*. 2. ed. Rio de Janeiro: Forense, 2024.

MIRAGEM, Bruno; PETERSEN, Luiza. Regulação do sinistro: pressupostos e efeitos na execução do contrato de seguro. *Revista dos Tribunais*, v. 1025, p. 291-324. São Paulo: Ed. RT, 2021.

MIRAGEM, Bruno; PETERSEN, Luiza. Alteração do risco no contrato de seguro e critérios para sua qualificação: agravamento e diminuição relevante do risco. In: GOLDBERG, Ilan; JUNQUEIRA, Thiago (Org.). *Temas Atuais de Direitos dos Seguros*. São Paulo: Ed. RT, 2020. v. 1.

MIRAGEM, Bruno; PETERSEN, Luiza. O Código do Cantão de Zurique e o Direito dos Seguros brasileiro (parte 1 e 2). *Conjur*. Coluna Seguros Contemporâneos. 2021. Disponível em: https://www.conjur.com.br/secoes/colunas/seguros-contemporaneos.

MIRAGEM, Bruno; PETERSEN, Luiza. O contrato de seguro e a lei geral de proteção de dados. *Revista dos Tribunais*. v. 1018, p. 61-106. São Paulo: Ed. RT, ago. 2020.

MIRAGEM, Bruno; PETERSEN, Luiza. Seguro e inteligência artificial: novo paradigma tecnológico e seus reflexos na causa e na estrutura do contrato de seguro. In: TEPEDINO, Gustavo; GUIA, Rodrigo da. (Org.). *O direito civil na era da inteligência artificial*. São Paulo: Ed. RT, 2020.

MÖLLER, Von Hans. Versicherung und Treu und Glauben. *Kernfragen der Versicherungs--Rechtsprechung*, Berlin: E.S Mittler & Sohn, 1938.

MONTI, Alberto. *Buona Fede e Assicurazione*. Milano: Giuffrè, 2002.

MOREIRA ALVES, José Carlos. A boa-fé objetiva no sistema contratual brasileiro. *Revista Ibero-Americana de Direito Público*, Rio de Janeiro, v. 4, n. 12, p. 169-181, out./dez. 2003.

NEGREIROS, Teresa. *Fundamentos para uma interpretação constitucional do princípio da boa-fé*. Rio de Janeiro: Reovar, 1998.

NORONHA, Fernando. *O direito dos contratos e seus princípios fundamentais*: autonomia privada, boa-fé, justiça contratual. São Paulo: Saraiva, 1994.

O DIREITO, v. 70, maio/ago. 1896.

O DIREITO, v. 90, jan./abr. 1896.

PARDESSUS, Jean-Marie. *Collection de Lois Maritimes Antérieures au XVIIIe Siècle*, Paris, L'Imprimerie Royale, 1831. t. I, II, III, IV, V, VI.

PARK, James. *A system of the law of marine insurances*. London: Saunders and Benning, Law Booksellers, 1842. v. 1.

PARK, Semin. *The duty of disclosure in insurance contract law*. England: Dartmouth, 1996.

PASQUALOTTO, Adalberto. *Contratos Nominados III*. Seguro, constituição de renda, jogo e aposta, fiança, transação e compromisso. São Paulo: Ed. RT, 2008.

PASQUALOTTO, Adalberto. *Garantias no Direito das Obrigações*: um ensaio de sistematização. Tese (Doutorado em Direito) – Faculdade de Direito, Universidade Federal do Rio Grande do Sul (UFRGS). Porto Alegre, 2005.

PETERSEN, Luiza. *O risco no contrato de seguro*. São Paulo: Roncarati, 2018.

PETERSEN, Luiza. Expectativas legítimas tuteladas pela boa-fé: critérios para qualificação. *Revista de Direito Privado*. v. 105, p. 119-142, 2020. São Paulo, 2020.

PETERSEN, Luiza. Diálogo das fontes e interpretação sistemática no direito dos seguros. In: MARQUES, Claudia Lima; MIRAGEM, Bruno (Org.). *Diálogo das fontes*: novos estudos sobre a coordenação e aplicação das normas no direito brasileiro. São Paulo: Ed. RT, 2020.

PICARD; BESSON. *Les Assurances Terrestres*. 4. ed. Paris: L.G.D.J., 1975. t. I.

PINTO, Carlos Alberto Mota. *Teoria geral do direito civil*. 4. ed. Coimbra: Almedina, 2005.

PINTO, Mota Paulo. *Interesse contratual negativo e interesse contratual positivo*. Lisboa: Coimbra Editora, 2008. v. 1.

POÇAS, Luís. *O Dever de Declaração Inicial do Risco no Contrato de Seguro*. Coimbra: Almedina, 2013.

PONTES DE MIRANDA, Francisco Cavalcante. *Tratado de direito Privado*. 3. ed. São Paulo: Ed. RT, 1984. t. XLV e XLVI.

PONTES DE MIRANDA, Francisco Cavalcante. *Tratado de direito Privado*. Atual. Bruno Miragem. São Paulo: Ed. RT, 2012. t. XLV e XLVI.

PONTES DE MIRANDA. *Fontes e evolução do direito civil brasileiro*. 2. ed. Rio de Janeiro: Forense. 1981.

POTHIER, R. J. *Tratado de las obligaciones*. Tradução da edição francesa de 1824. Dir. M. Dupin. Rev. M. C. Cuevas. Buenos Aires, Editorial Atalaya, 1947.

POTHIER. *Traité du Contrat D'Assurance* (1766). Marseille: Roux-Rambert, 1810.

PRÖLSS; ARMBRÜSTER. Vorbemerkung zur Anwendung des Versicherungsrechts. In: PRÖLSS; MARTIN (Hrsg.). *Versicherungsvertragsgesetz*. Band 14. 28. ed. Müchen: Verlag C.H. Beck, 2010.

PUFENDORF, Samuel. *De iure naturae et gentium*. Libri Octo. 1684.

RAYNES, Harold. *A History of British Insurance*. London: Sir. Issac Pitman & Sons Ltda, 1954.

REALE, Miguel. *O projeto do novo Código Civil*: situação após aprovação pelo Senado Federal. 2. ed. São Paulo: Saraiva, 1999.

REDDIE, James. *Historical View of the Law of Maritime Commerce*. London: William Blackwood and Sons, 1844.

REGO, Margarida Lima. *Contrato de Seguro e Terceiros*: estudos de direito civil. Coimbra: Ed. Coimbra, 2010.

REGO, Margarida Lima. A boa-fé na contratação de seguros: deveres das partes nas fases de celebração e execução do contrato. In: TZIRULNIK; BLANCO; CAVALCANTI; XAVIER (Org.). *Direito do Seguro Contemporâneo* São Paulo: Contracorrente/Roncarati, 2021. v. 1.

RENAUX, M. *De la réticence et la fausse déclaration dans les contras d'assurances*, Paris: Librarie nouvelle de droit et jurisorudence, 1906.

ROCCUS, Francesco. *A treatise on ships and freight and a treatise on insurance* (1655). Translated from the latino of Roccus. With notes by Joseph Reed Ingersoll. New Jersey, The Lawbook Exchange Ltd., 2007.

ROSSETTI, Marco. *Il Diritto delle Assicurazioni*. Milano: Cedam, 2011. v. 1-3.

SANTERNA, Petro. *Tractatus de assecurationibus et sponsionibus mercatorum. Coloniae Agrippinae* (1552), anno M. D. XCIX.

SCHIAVO, C. A. (2003). *Principios generales de los contratos comerciales aleatorios el contrato de seguro y el instituto de la reticencia*. Tesis doctoral, Universidad Católica Argentina, Facultad de Derecho, Argentina. Disponível em: http://bibliotecadigital.uca.edu.ar/repositorio/tesis/principios-generales-de-los-contratos-comerciales-aleatorios.pdf.

SCHNEIDER, Albert. *Privatrechtliches Gesetzbuch für den Kanton Zürich*: auf grundlage des bluntschli'schen kommentars. Zürich: Schulthess, 1888.

SCHNEIDER, Nicole. *Uberrima fides*. Treu und Glauben und vorvertragliche Aufklärungspflichten im englischen recht. Berlin: Duncker & Humblot, 2003.

SCHREIBER, Anderson. *A proibição de comportamento contraditório*: tutela da confiança e "venire contra factum proprium". 2. ed. Rio de Janeiro: Renovar, 2007.

SILVA, Luis Renato Ferreira da. *Revisão dos Contratos*: do Código Civil ao Código do Consumidor. Rio de Janeiro: Forense, 1999.

SILVA, Ovídio A. Baptista da. *O seguro e as sociedades cooperativas*. Relações jurídicas comunitárias. Porto Alegre: Livraria do Advogado, 2008.

SILVEIRA, Alipio. *A boa-fé no Código Civil*. São Paulo: Editora Universitária de Direito. 1972. v. 1.

SILVEIRA, Alipio. *A boa-fé no Código Civil*. São Paulo: Editora Universitária de Direito. 1973. v. 2.

STIGLITZ, Rubén. *Derecho de Seguros*. 3. ed. Buenos Aires: Abeledo-Perrot, 2001. t. I e II.

STRACCHAE, Benvenuti. *Tractatus de assecurationibus*. Venetiis, M. D. LXIX. 1569.

STRÄTZ, Hans-Wolfgang. *Treu und Glauben I* – Beiträhen und Materialien zu Entwicklung von Treu und Glauben in deutschen Privatrechtsquellen vom 14. Bis zur Mitte des 17. Jahrhunderts. Paderborn. 1974.

TEIXEIRA DE FREITAS, Augusto. *Regras de Direito. Selecção Clássica, em Quatro Partes, renovada para o Império do Brazil, até hoje*. Rio de Janeiro: Garnier, 1882.

TEPEDINO, Gustavo; SCHREIBER, Anderson. A Boa-fé Objetiva no Código de Defesa do Consumidor e no Novo Código Civil (arts. 113, 187 e 422). In: TEPEDINO, Gustavo (Coord.). *Obrigações*: estudos na perspectiva civil-constitucional. Rio de Janeiro: Renovar, 2005.

TEUBNER, Gunther. Legal Irritants: Good Faith in British Law or How Unifying Law Ends Up in New Divergences. *The Modern Law Review*, v. 61, n. 1, jan. 1998.

TOMASEVICIUS FILHO, Eduardo. *O Princípio da boa-fé no direito civil*. São Paulo: Almedina, 2020.

TRAKMAN, Leon. *The law Merchant*: the evolution of comercial law. Littleton: Fred. B. Rothman 7 Co, 1983.

TZIRULNIK, Ernesto; CAVALCANTI, Flávio; PIMENTEL, Ayrton. *O Contrato de Seguro*. 3. ed. São Paulo: Roncarati, 2016.

TZIRULNIK, Ernesto. *Seguro de riscos de engenharia*: instrumento do desenvolvimento. São Paulo: Roncarati, 2015.

TZIRULNIK, Ernesto; BOAVENTURA, Vítor. Uma indústria em transformação: o seguro e a inteligência artificial. In: FRAZÃO, Ana; MULHOLLAND, Caitlin (Org.). *Inteligência Artificial e Direito. Ética, regulação e responsabilidade*. São Paulo: Ed. RT, 2019.

TZIRULNIK, Ernesto. O Contrato de seguro. In: COELHO, Fábio Ulhoa. *Tratado de Direito Comercial*. São Paulo: Saraiva, 2015.

VALIN, René-Josué. *Commentaire sur L'Ordonnance de la Marine*, du mois d'aout 1681 (1760). Poitiers: F.-A. Saurin, Imprimeir-Libraire. 1829.

VASCONCELOS, Padro Pais de. *Em tema de negócio fiduciário*. 1985. Disponível em: https://pedro-vasconcelos-p2j3.squarespace.com. Acesso maio 2022.

VAUGHAN, Emmett J; VAUGHAN, Therese M. *Fundamentals of risk and insurance*. 7. ed. New York: John Wiley & Sons Inc, 1996.

VEIGA COPO, Abel. *Tratado del contrato de seguro*. Navarra: Civitas, 2017. t. I.

VEIGA COPO, Abel. *Seguro y tecnología. El impacto de la digitalización en el contrato de seguro*. Navarra: Thomson Reuters, Civitas, 2020.

VIVANTE, Cesare. *Del Contratto di Assicurazione*. Torino: UTET, 1936.

VON ZIEGLER, Alexander. The "utmost good Faith in marine insurance law on the continent. *Marine Insruance at the turno of the Millennium*". Antwerp: Marc Huybrecht, 2000. v. 2.

VON ZIEGLER, Alexander. The duty to disclose in insurance law. *The law quarterly review*, v. 109. out. 1993.

WALDEMAR FERREIRA. *Tratado de Direito Comercial*. São Paulo: Saraiva, 1960. v. 1.

WATSON, Alan. *Legal Transplant*: an approach to Comparative Law. 2. ed. Athens: University of Georgia Press, 1993.

WIEACKER, Franz. *El principio general de la buena fe*. Trad. Jose Lus Carro. Madrid: Civistas, 1977.

WIEACKER, Franz. *História do direito privado moderno*. 2. ed. 1967. Trad. A. M. Hespanha. 4. ed. Lisboa: Fundação Calouste Gulbenkian. 2010.

WOLF; NEUNER. *Allgemeiner Teil des Bürgerlichen Rechts*. 10 Auflege. München: Verlag C.H Beck.

WOLFGANG, Fikentscher. *De fide et perfidia*. München, 1979.

ZIMMERMANN, Reinhard; WHITTAKER, Simon. Good faith in European contract law: surveying the legal landscape. In: ZIMMERMANN, Reinhard; WHITTAKER, Simon. *Good Faith in European Contract Law*. Cambridge: Cambridge University Press, 2008.

ZWEIGERT, Konrad; KÖTZ, Hein. *An Introduction to Comparative Law*. New York: Oxford University Press, 2011.

ANOTAÇÕES